哈佛中国学

HARVARD UNIVERSITY

经济与社会卷

张冠梓 主编
张泽 黄畅 副主编

中国社会科学出版社

目录
contents

中国经济：阶段性特征和关键性问题 001

受访人——德怀特·珀金斯(Dwight H. Perkins, 1934—)

——中国的城市化水平与处于同等发展阶段的国家相比要低得多，很大程度上就是因为户籍制度的人为限制。

——一个覆盖所有国民的良好的医疗卫生系统最终将使整个中国受益。迄今为止，中国还是很幸运的，因为艾滋病和妓女等问题看起来还不太严重，至少尚未导致重大问题。我觉得中国高层领导已经非常努力地试图改变现状了，但要把这方面的事情做好，难度是很大的。

——回到贫富差距的话题上，要点是你可以通过再分配政策帮助最贫困的人脱贫，因为这样做的成本并不是很高，也不会伤害到任何人。你也可以通过税收政策对高端人群略施影响，然而即使在美国，理论上我们有累进税制，但在实践中它所能实现的再分配也是相当有限的，因为富人们可以通过各种税法漏洞逃税。高端人群纳的税往往并不比中产阶级高。

中国经济的内生增长 ———————————————— 053

受访人——沃伦·麦克法兰（F. Warren McFarlan,1937—   ）

——洁净的空气和洁净的水源对中国的下一代非常重要，这个问题需要认真加以解决。解决这个问题很重要的一步是要决定中国应该允许交通业以什么样的速度发展，以何种方式发展。中国人民需要汽车，但是现有的汽车非常消耗石油资源，而且污染空气。中国需要新型的交通工具，一种介于自行车和现在的汽油驱动车辆之间的交通工具。

——一个国家的繁荣取决于增加其产业的附加值。中国经济最大的梦魇将是中国成为世界的血汗工厂。中国进步的关键在于进行产业链升级，使用更多的信息技术，创造更多有高附加值的服务。我认为这种观点是正确的。中国已经对网络和信息技术进行了巨大的投资，但是中国以后还应该继续进行投资，直到能充分利用这一技术带来的好处。

——如何能够为新的高附加值产业的发展创造良好的环境，同时帮助原有产业的工人接受培训并融入新的产业。问题是年纪大的工人在适应新产业的过程中会有很多麻烦。往往是只有年轻的一代能够比较容易地适应新技术。中国需要担心的就是社会的平衡问题。

探索发展的多样性制度建设道路 ———————————— 069

受访人——彼特·霍尔（Peter A. Hall,1950—   ）

——能够取得经济上的成功的制度不是唯一的。资本主义的多样性研究表明，取得经济成功不是仅有一种路径。人们可以以不同方法组织经济，同样可以保持较高的经济生产效率。

——目前至少有两种途径可以取得经济上的成功。

一个是建立在市场竞争为导向的自由市场经济,另一个则是建立在合作协调为导向的协作市场经济。他们都是市场经济,但制度特点不同。后者建立的基础是工会和公司之间的重要关联。我们的研究解释了市场经济内不同的制度形态同样可以塑造很有效率的经济。

——中国经济中的小与大的分层很清楚。在一些产业领域,一些较小的企业占据主导,这些小企业经营自由,但在很大程度上并没有与国际资本市场接轨。在另一领域中有规模较大的国有企业,与国际资本市场相连。中国经济包含了协作和自由市场经济的不同特征。

克服衰退,实现经济再平衡　　083

受访人——彼得·鲍泰利(Pieter P. Bottelier,1937—)

——中国很快就会成为世界第二大经济体,并且已经成为第二大贸易国。同时,一定要记住中国社会仍然并不富裕,仍然要面对既要维护社会稳定又要实现国家现代化的挑战。中国仍然必须解决国内经济问题,同时要兼顾全球的利益。

——中国要想成为一个像美国那样的经济大国,人民币的国际化是一个先决条件。你不能想象一个资本市场都不完善的国家会成为世界经济的领路人,当然也不要指望存在一个没有任何风险的汇率制度。

——预计到2030年,中国的城市人口将接近9亿人,比印度多50%,几乎是美国的3倍。中国必须作出正确的城市发展、交通运输和能源长期规划。数量有限的拥有高能源效率的建筑和公共交通系统的超大规模城市,加上中小规模城市网络,可能是中国日渐严峻的空间、能源和环境问题的答案。教育、医疗的机会平等和向农村移民与城

市贫民提供足够的低成本住房,将是维持经济竞争力、社会稳定、公共健康、犯罪控制和人力资源发展的必要条件。中国巨大的规模和仍然很少的人均收入使得这些挑战是独一无二的。没有任何模式可以借鉴。

中国经济崛起的现实和幻象 099

受访人——盖保德(Albert Keidel,1945—)

——中国强大的内需力量将推动其经济持续高速增长,而高能耗、污染、城乡差距、腐败,甚至缓慢的政治体制改革等,都不会阻碍中国在2035年成为全球第一大经济体,并在贸易和投资上接过美国的领导棒。无论使用什么样的计算方法,中国都将成为全球最大的经济体。北京将取代华盛顿,成为全球的政治中心;上海将取代纽约,成为全球的金融中心,这将是2035年的全球经济版图。

——中国金融业的开放主要是通过建立健全国内相关机构,并经过测试对其能力有清楚的把握之后,才能放开让它充分发挥自身功能,赋予其运作大规模经济系统的重任,所以,这一过程需要很长一段时间。如果开放速度慢一些,对科技、管理技术以及操作经验都有巨大帮助;反之,如果开放过快,可能会严重破坏中国的过渡性金融体系和经济的发展。这次金融危机已经证明了中国金融改革政策的正确性,这毋庸置疑。

——中国应该强调的是:发达国家的政治和经济制度以及治理方式并不是十全十美的,需要全世界一起合作来找出最佳的经济和政治治理模式,我们需要的是应用科学的方法解答我们在治理过程中遇到的问题,而不是意识形态的斗争。

全球经济的复苏与中国因素 ······ 109

受访人——理查德·库珀(Richard N. Cooper,1934—)

——人们有了高收入就更愿意消费,消费提高就会增加对产品的需求,从而推动技术革新。从短期来看,世界经济的两大内在推动力分别是美国的消费和中国的投资。"中国的投资"不是指推动出口的投资,而是指中国国内房地产建筑业的投资。

——人民币升值的直接影响是降低进口货物价格,间接影响是减轻经常项目盈余导致的流动性问题,同时允许更多资本外流,也有助于减少外汇储备的增长。给中国开的药方是加快货币的升值和放松资本的外流,都有利于减轻通货膨胀问题。

——偶尔发生危机,没有关系,这是一个成长、成熟的过程。政策制定者不应过度谨慎,不是要不惜一切代价,以管得越来越多来避免金融危机,而是要控制危机,实现危机损害最小化;借助危机,改善金融管理和监管体制。中文"危机"一词由"危险"的"危"和"机遇"的"机"构成,我喜欢这个中文词。危机包含危险,但是也创造机遇。对政策制定者而言,应该准备好抓住机遇,降低损失,继续前行。

效率与公平:中国的渐进式变革 ······ 127

受访人——怀默霆(Martin King Whyte,1942—)

——中国在从计划经济向市场经济转型的过程中,不但取得了连续30年GDP年均9.8%的增长率,而且成功避免了苏联和东欧国家那样的政治风波。应该说,中国创造了经济增长和体制转型的"双奇迹"!我想这与中国所选择的渐进式变革的道路和策略有关。

——我认为改革开放30多年来,中国经济增长的成功

案例表明,没有"放诸四海而皆准"的发展战略与制度体系;照搬照抄其他国家的发展模式未必能取得成功;与其照搬照抄其他国家的发展模式,不如客观分析本国的历史传统和现实国情,在此基础上量体裁衣,选择适合本国的发展政策与制度。

——尽管农民处于中国社会的底层,但改革开放仍然为他们带来了很多在计划经济时期所没有的新的机会。他们不再是人民公社时期的"社会主义的农奴"。在某种意义上,市场化改革把农民从计划经济时期的严格控制中解放了出来,使得他们的生活不可能变得更差,而只可能更好。

弘扬文化传统与培育社会价值　　　　159

受访人——约瑟夫·奈(Joseph S. Nye,1937—　)

——一个国家的软实力有三个来源:文化(能够吸引他者)、政治价值(当国家内政外交都坚持的时候)以及对外政策(当他者认为其有合法性和道德权威的时候)。

——对中国来讲,发展软实力也是明智战略。中国传统文化一直以来具有吸引力,社会和谐、礼仪、孝道、同情原则等儒家价值广泛传播并深深影响了东亚地区。但今日中国在软实力方面,却恐怕远远不是美国或者欧洲的对手。因为美国和欧洲是公民社会,有很多非政府组织。软实力主要掌握在非政府组织和公民社会中。中国要想增强软实力,必须调整对文化、新闻和舆论的控制。

——软实力不必是一个国家获益而其他国家受损害的零和游戏。例如,如果中国和美国都更加相互吸引,双方冲突的可能性就会减小。如果中国软实力的崛起降低了双方冲突的可能性,就是一个正和(互利)关系。

转型时期的中国金融 **171**

  受访人——欧维伦（William H. Overholt, 1945— ）

    ——10年前，中国银行体系的不良贷款和低效率曾经对经济构成了很大的威胁。而现今，刘明康等人领导的伟大的变革已经从根本上改变了这一状况。

    ——正如中国的银行体系改革，中国的股票市场改革有很长的路要走，但是中国改革的步子与其他新兴市场国家比起来并不慢。我认为最重要的问题是中国的资本市场仍然在很大程度上只对国有企业开放。但是中国经济中增长最快的并不是国有企业。如果私营企业也能被鼓励上市的话，中国本来已经很快的经济增长可能会更快，而改革带来的红利也能更好、更广泛地得到再分配。

    ——对于政治改革和经济改革的关系而言，经济进步会改变社会，而社会的改变也会改变政治。西方（可能也包括日本）的问题是人们会把整个问题想得过于简单。事实要复杂很多。

金融改革的机遇与挑战 **197**

  受访人——杰弗里·弗兰克尔（Jeffrey A. Frankel, 1952— ）

    ——中国应该做的，公平地讲，也是中国已经开始做的，是扩大内需，将经济结构调整转向那些长期以来被忽略的领域，如医疗、教育和环境，更加全面地扩大社会保障，推动服务业的发展。

    ——10年或20年内，人民币很有可能像英镑或瑞士法郎那样成为真正的国际货币。50年后，人民币甚至有可能成为取得在国际货币领域像美元一样的地位。

    ——除非某一大国将特别提款权作为本国货币（这好像不太可能，但是欢迎中国去尝试），否则特别提款权将只能是

货币体系中的世界语。美元的成功和特别提款权的不成功,就如英语和世界语一样,其原因并不在于某些内在的品质,而是在于它依附于一个人口众多而且非常重要的国家。

中国和印度:企业家的角色与作用　　　　　　　　　　211
受访人——韩太云(Tarun Khanna,1968—　)

——当今世界越来越强调多元化,要尊重各种不同意见,来达成最终的共识。多元化是印度的优势,在印度有很多不同的想法和意见,这使印度人更容易融入多元化的国际社会,这也是印度能迅速走近西方社会的重要原因。中国更多体现的是相对的一元化,特别是中国政府的单一性,需要学习接受多元化的世界。

——尽管没有什么能够限制中国只是世界工厂,印度只是服务供应商,但中、印发展模式中的一些核心差异不会在短时间内消失。中国会继续发挥制造业优势,沿着现在的"世界车间"供应链向上发展,有更多的研发,有更多的专业制造,有更多的知识产权,提供具有更高价值的服务产品。

——中国实施海外"走出去"战略的主要障碍不是英文,而是对西方文化缺乏足够的了解。中国国内大学的建设水平让其他发展中国家羡慕,但中国新一代需要与外面世界有更多的交流和互动。只有中国有了更多熟悉西方文化的人才,中国企业才能真正走向世界。把中国的"和谐社会"模式向全世界推广,这对中国和全世界都有价值。

中国的粮食安全　　　　　　　　　　　　　　　　　229
受访人——阿马尔·库瑞西(Ajmal Qureshi,1942—　)

——随着13亿中国人逐渐走向富裕,中国能否成功应对农业挑战将对食品价格在中国以及全球能否得到控制产生巨大影响。从这个意义上来看,中国是关键。

——中国的粮食安全会是一个长期性的全球关注的议题,而这其中主要问题集中在中国能否满足日益增长的粮食需求上。中国经济不断增长、生活不断繁荣,饮食生活习惯发生改变,而同时每年有1000万人口的增长,于是粮食问题的核心就成了可持续性问题。

——对于中国领导层和中国人民来说,粮食安全可以和人类安全相提并论。粮食安全毫无疑问对经济和政治稳定有着重要意义。我相信有了致力于创新研究的中国科学家,中国能通过提高玉米和大米产量,推广有效利用农业投入和增加清洁环境投资来面对这个挑战。

中国的环境问题 _____ 251

受访人——戴尔·乔根森(Dale W. Jorgenson, 1933—)

——像中国其他很多事情一样,中国的气候政策也是非常独特的,是与其他国家不同的。中国应该集中精力于解决煤炭使用带来的问题。在制定与煤炭相关的监管制度时,中国政府应该同时考虑政策对传统环境污染和造成气候变化的二氧化碳排放的影响。

——中国需要一个总体的框架。在这个框架下一系列环境税将利用市场的力量来处理污染问题。这是一个非常自然的步骤,正像随着中国经济发展,市场会逐渐取代计划和统筹经济。

——我认为中国正像过去的日本和美国一样,在生态灾难的边缘。也只有这种情况才能产生行动。所以我还是乐观的,因为中国的环境状况现在已经足够糟糕,已经能对中国的政治体系产生足够的压力来最终实现变革。但是,现在我们需要的变革会如何发生还不清楚。

国家与医疗、能源和税收　　　　　　　　265

受访人——戴尔·乔根森（Dale W. Jorgenson，1933—　）

——中国医疗的问题仅在于对不断增长的人口以及不断增长的收入提供更多相应的医疗提供者。人们希望消费更多的医疗保健服务。因此，中国需要做的是建立一个可提供额外供应者的医疗教育系统，并使这些人与中国境内外工作的药品研发科学界人士保持联系。所以基本上政府需要追求的是供给侧的策略。因此我认为政府可以起到很大作用，有时是国家发挥主要作用，有时是省政府和大城市的政府发挥主要作用。

——在电力公用事业等行业，中国应该建立一个以市场为基础的体系，逐步消除价格管制，能源的选择是基于市场观念而不是某个人对绿色经济的想法。但这与中国目前的情况不符。

——中国的确需要自下而上考虑其税制，建立平等的税收制度，在各种不同的资本之间找到适当的平衡，对不同种类的资本一视同仁。但展望未来，应当允许省市政府发展自己的税收来源，可以是消费税、营业税。但是，中国不应再对商业活动进行不必要地补贴，而应更注重居民的需求。

全球健康与中国的医疗卫生　　　　　　　275

受访人——白瑞·布隆（Barry R. Bloom，1937—　）

——疾病无国界，很多健康与疾病问题无论出现在发达国家还是发展中国家都会影响全人类的健康。目前世界上没有一个国家不受到持续不断上升的医疗费用的威胁，这是人口老龄化与技术不断发展的不可避免的结果。

——对于世界上任何一个国家，特别是中国，最首要的问题就是医疗卫生服务的公平性问题、贫富差距的问题。这些经济、社会和医疗服务上的不公平,将会导致社会的动荡。

——我很少用"帮助"这个词。因为我并不觉得中国需要的是帮助,中国的医改是中国政府的责任。我们的意图并不是希望中国和美国一样,而是客观地分析美国在改革中存在的问题,找出其中的不足与失误,以此为中国的改革提供思路。

中国医疗卫生的改革与发展 293

受访人——刘远立(1960—)

——国际经验充分证明,按项目付费是导致医疗费用上涨过快的主要原因之一。因此,付费方式改革的核心目标是让供方不再从提供过多的、不必要的医疗服务中获利。鉴于各种不同付费方式的优缺点以及不同的实施条件,应当鼓励各地方在试点过程中,大胆创新,科学评估,探索出一套有中国特色的付费方式"组合拳"。

——所谓"入世"就是要对现实社会充满好奇、关心和责任。很多学者满足于歌功颂德或揭露阴暗,但我总要在找到了解决问题的"良方"后才真正有一种成就感。但与此同时,作为一个学者,还应该坚定地保持自己的独立性。

——事业上的成功和物质生活的富裕当然能给人带来一时的、有限的幸福,但最为持久而无限的幸福来自你感到能让这个世界变得更加美好而不断地做出贡献。

口腔医学在中国的发展与期待 321

受访人——艾提·若沃斯(Athanasios I. Zavras)

——维护口腔卫生不仅仅是口腔健康的需要,也是全身系统性的健康保障。口腔健康是人的权利,也是一种责任,是全身健康的重要组成部分,同时也是国家整体健康水平、社会文明程度和国民素质的重要标志之一。

——中国的人口超过世界的1/5,这么大的一个国家,在短短30年中一跃成为世界经济大国,一系列重要经济指标跃居世界前列,在国际政治经济和文化生活中扮演着日益重要的角色,这是一个了不起的发展成就,不仅实现了国富民强的发展目标,而且发展得非常平稳和谐,可以说是20世纪世界现代化进程中的一个奇迹。

——中国的医改方案是非常务实而有力的,但是我们需要的是结果。例如美国历史上,从罗斯福到杜鲁门,从约翰逊到克林顿,发动了一次又一次的改革推行全民医保,结果是一次又一次的失败。最终奥巴马能否成功实现美国人"全民医保"的梦想?就像中国这次医改一样,我们只能拭目以待。

谁将影响中国未来的发展 339

受访人——约翰·瓦特(John R. Watt,1934—)

——在全球经济中对美国至关重要的国家就是中国,中国是重要的贸易伙伴,支持着美国的国债。几乎美国经济的各个方面都有中国的参与。

——不折腾,我的理解是:生活很不错,为什么要动摇其根基呢?我认为这就是胡锦涛为什么要提倡"不折腾"的原因。这使得生活更简单容易一些。

——胡锦涛说"不折腾"是对的。这使得作家、艺术家和商人能够去做他们想要做的事情。而他们想要做的,我认为,有时候比政治家所做的对中国更有影响,因为中国人正在重新审视自己的心灵和灵魂。这些人将唤醒中国人的灵魂,而政治家只是解决他们的温饱问题。

中国的历史沿革与未来模式 *363*

> 受访人——傅高义（Ezra Feivel Vogel, 1930—2020）
>
> ——过去，进行地区研究的人群都是一些"古怪"的人，他们主要是为了自己的兴趣爱好而研究。但是二战以后情况发生了改变，美国政府开始意识到自己的国际责任，需要多了解全球的情况，美国的社会科学也应该加强对全球各个地区的研究。因而，地区研究已经不再单纯受学者个人意愿的驱使，而是一种国家有意识推动的研究计划。我认为美国当时的情况很接近中国改革开放初期，当然具体动机有所不同。
>
> ——研究中国问题的博士生开始使用当时最先进的研究方法和最好的理论来研究中国问题，以显示他们在这个学科领域研究得很深，学问做得很好。在我这样较老一辈的人看来，这种研究方法可能太专太狭隘了。现在的社会科学的博士生很多，可以用很严谨的研究方法，也使用很高深的理论，但是普通人读不懂他们的文章。他们发表文章好像只是为了表示他们是真正的专家，是为了专家而写。我们最早开始研究中国的目标不仅是为了我们学者本身，还担负着让美国和美国民众多了解世界的责任。
>
> ——中国的确有独特的做法。中国的历史这么长，规模这么大，发展这么快，1978 年后，中国在共产党的领导下进行改革开放，走向市场经济，这个过程的确有其独特的方面。但是另一方面，我个人认为中国的经济和社会发展与台湾地区及日本、韩国有很多相似之处。

塑造国际新秩序是全世界的共同责任 *377*

> 受访人——傅高义（Ezra Feivel Vogel）
>
> ——很不幸，两国有发生武装冲突的可能性。尽管没

人希望这样的局面发生,而且这将导致所有人的失败。如果我们回顾第一次世界大战发生的历史就可以看到这样的可能性:一战始于一件小事,并很快波及多个大国,尽管它们并未计划参战。

——我认为中美两国的历史任务是塑造一个国际新秩序,这也是两国共同的责任。这就像奥运会比赛里,运动员们会非常激烈地竞争,但他们不是在打架。所以,找到一种"竞争而非打架"的共存方式,是中美领导人当下共同的历史使命。

——美国独大的"单极"时代正在结束,美国不可能像以前那样拥有巨大的影响力并领导全球所有事务。这就意味着,中国需要同美国和其他国家合作,为世界提供一个全面的新秩序。在这个秩序中,世界不会被分为敌对的几块,因为这对所有国家来说都会是灾难,世界应该在一个整体架构中团结起来。

不可能"脱钩",中美应同舟共济 387

受访人——傅高义(Ezra Feivel Vogel)

——中国行动和态度上的改变,相应也改变了美国的行动和态度。中国的壮大和军事力量的延伸确实增加了美国的担忧。这种担忧始于奥巴马政府的最后几年,并在特朗普政府时期得以延续。

——实际上,中国是一个强大的国家,在世界各地做的贸易都很好,甚至超过美国。世界太小,小到密不可分。美中或不得不合作,而且双方要找到合作的路径。这是我的观点。"世界是平的",换句话说没有一个国家可以和另一个国家相互完全切割,彼此均是全球化的一部分。我更喜欢强调我的表述——那就是美中要同舟共济。既然美中无法相互回避，就不得不相互适应。

——我认为，中美要双赢没有简单的解决方案。这意味着中美双方要做大量的努力，要相互理解，官员们要加强对局势的正确判断。目前尚不清楚中国将在多大程度上扩大海外军事力量，以及将在多大程度上努力影响美国的媒体。当然，美国必须捍卫自己的利益，但为了两国和世界的利益，美国又应努力与中国在很多问题上合作。我们必须从中找到既适用于中国也适用于美国的解决方案。美中双方密不可分，我们意识到彼此在同一条船上，就要同舟共济。

高速城市化：中国发展中的重大挑战　　397

受访人——穆赫辛·穆斯塔法维（Mohsen Mostafavi, 1954— ）

——目前西方的研究者们对于北京和上海给予了很多的关注，但问题是我们并不了解中国其方面的多样性，例如食物、历史、风俗，等等。我很想了解这种多样性以及不同的民族表达自己的方式。同时由于如此高速的增长，也许在中国，城市的发展会在全球化、信息化中趋同。我希望哈佛大学设计学院的研究也可以更多地关注这个方向。

——尽管当下中国在提供基础设施、住宅、商业等基本需求的问题上面临着很大的压力，政府也不应当一次把它们都建设完，而应该为未来不确定的情况预留一些空间。在中国，国家很强势，带有很明确的目标，它想要把事情做完。但预留一些空间对设计和规划而言未必是一件坏事，因为建筑和空间将会存在很久，这些预留的地方可以留给我们一些余地来犹豫、怀疑以及思考，将来是否可以用其他的方式来做这件事情。发展一种能够容纳未来有机增长的规划策略也许是一种有趣的规划方法。

——对中国的城市建设而言,仅仅拥有基本的东西是不够的。城市不应该只有基础设施、住宅、商业,城市还需要公共空间,不同种类的公共空间。政府需要思考艺术、文化等方面的发展,休闲活动是制定规划时需要考虑的一部分,城市应当是让它的公民具有振奋感的地方。

全球化时代,什么是中国的价值　　409

受访人——黄万盛(1950—　)

——当世界从"民族国家"转向全球社会的时候,什么是中华民族的贡献?什么是中华民族的文化信息?可是,来源于中国学界的声音是如此的微弱,高分贝的喧嚣仍然是盗版的西方学术在中国的大合唱,嘈杂并且浮夸。因此我们能够讨论一些大问题,是非常有价值的。

——现在若从学术的角度去看,我们会发现很多方面出现脱节,即中国社会发展的速度比学术的进展要快得多。中国的经济今天已经在西方有很大影响,但是中国的学术和文化产品在西方有影响吗?几乎还没有起步,学术的发展仍然跟在西方后面走。一个正在成长的大国不能只是经济动物,它应当有文化贡献。

——对一个社会而言,经济的价值当然有,而且很重要,但是价值更高的是文化气质和精神面貌。我们是不是有文化资本可以和经济资本一起参与到世界的转型和发展之中?如果没有这一点,钱再多,也不过是醉生梦死,也不过是更加惨烈的朱门酒肉和路边冻骨的差距。

中国的和平崛起与新时期对外关系　　457

受访人——柯伟林(William C. Kirby,1950—　)

——中国人在采用西方管理技术方面非常到位,不管是采取股份有限公司形式,抑或是董事会制度,中国人都特别善于利用国际化的商业组织形式。但是,中国的某些传统在家族企业、小规模的企业中也在运行,也就是说,中国的商业管理不仅要看商业运作,而且要看人际关系、交际圈等。换句话说,中国的公司组织形式(硬件)可能很西方化,但是软件却是非常中国化的。

——中国崛起是必然的,但是实现中华民族伟大复兴中国梦仍然要建立在20世纪中国发展的基础之上。其实,无论是中国梦,抑或是美国梦,最大的挑战在我看来就是如何凝聚和激发社会精英人士的力量。中美两个社会中的精英人士都处于一种迅猛增长的状态,甚至中国的精英人士增长较美国要更加迅速,可是,你看中国,例如北京大学、清华大学,来自贫困家庭或者农村家庭背景的学生比例却在逐年递减,将会是一个问题。

——中美关系是世界上最重要的双边关系,我觉得双方对形势都要有一个清晰的判断,在一些领域要坚持合作。但是,我认为中美两国在一些政治问题上会持续存在争端,因为两国的政治体制差异太大了。现在在中美两国都有一些事件。我希望特朗普先生不要赢得大选,因为特朗普先生代表了美国的新民族主义,我觉得他的思想是很危险的。中美关系现在的挑战就是中美双方要尽可能在众多有着共同利益的领域形成合作,比如贸易、投资领域等。

附录　本卷采访人、合作者简介　　　　　　　　　　471

中国经济：阶段性特征和关键性问题

受访人——德怀特·珀金斯（Dwight H. Perkins）
采访人——陈津竹

德怀特·珀金斯教授

德怀特·珀金斯，美国哈佛大学政治经济学教授、哈佛大学文理学院终身荣誉教授、哈佛大学东亚研究中心副主任。哈佛国际发展研究会会员；同时担任东亚研究委员会的执行委员，经济学系所属艺术与科学学会和肯尼迪政府学院的成员，剑桥能源研究协会首席研究员。为哈佛大学经济系近 20 年来唯一的中国问题专家。他还曾担任韩国、中国、马来西亚、越南、埃塞俄比亚和巴布亚新几内亚的经济政策和政府改革的咨询顾问。珀金斯于 1956 年获康奈尔大学中东研究学学士学位，于 1961 年、1964 年分别获得哈佛大学经济学硕士和博士学位。1977 年担任哈佛大学经济系主任；1980—1995 年担任哈佛大学国际发展研究所所长。他对中国古代到近现代的农业经济发展有过系统的研究，著有《现代化的中国——毛以后的改革和发展》、《中国经济改革透视》（*The Economic Transformation of China*）、《1368—1968 年的中国农业发展》（*Agricultural Development in China, 1368—1968*）等著作。

主编手记

2009年5月，哈佛大学政治经济学教授德怀特·珀金斯应邀接受了哈佛大学经济系博士生陈津竹的采访。凭着他对中国古代到近现代农业经济发展的系统研究，珀金斯教授表达了自己对中国很多方面的问题的看法，主要涉及中国的农业和农村改革、城市化、科学发展观、中国在世界的地位等问题。

一　农业、农村的改革与发展

陈津竹：我们知道，中国的大部分人口还是农民，而改革开放最早也是从农村开始的。早在中国农村改革以前，您就对其中的一些重要问题做过比较系统的研究，并得到了世界银行和中国政府相关决策部门的充分肯定。前不久，中共十七届三中全会通过了《中共中央关于推进农村改革发展若干重大问题的决定》，对改革30多年来的农业和农村改革经验进行了系统总结，对进一步推进农村改革与发展的一些主要方面进行了新的部署。在这样一个新的历史时期，作为一个曾经系统研究过中国农业和农村问题并就此发表过许多有影响力的著作的专家，如果让您对中国30多年农村改革作一个基本评价的话，您会怎么看？进一步讲，在30多年改革的基础上，您认为中国农村深化改革的重点又在哪里？在深化农村改革的过程中，您对中国的相关决策者又有什么样的建议？

珀金斯：纵观30多年的中国农村改革，真正的核心变革发生在改革开始后的最初4—5年时间里，因为当时的政策措施引导中国农业迅速走向了繁荣。当时的主要改革包括实现家庭联产承包责任制，开放农村集贸市场，以及在

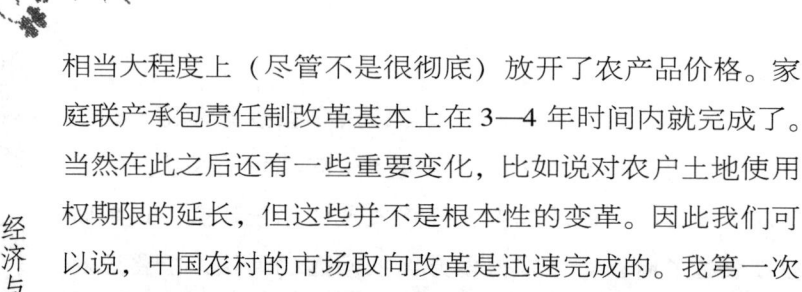

相当大程度上（尽管不是很彻底）放开了农产品价格。家庭联产承包责任制改革基本上在3—4年时间内就完成了。当然在此之后还有一些重要变化，比如说对农户土地使用权期限的延长，但这些并不是根本性的变革。因此我们可以说，中国农村的市场取向改革是迅速完成的。我第一次去中国是在1974年，还是"文化大革命"期间。那次去的是苏州。我有一天清晨外出散步，碰到了一个向当地居民兜售鸡蛋的人。那是我在中国最早看到的自由市场。

陈津竹：那就是黑市喽？（笑）

珀金斯：（笑）是的，可以说是黑市。我还拍了照片，尽管这在当时是不允许的。但仅仅5年之后，也就是在1979年夏天，我记得我们驾车到离北京不远的清东陵一带——那次纯粹是作为游客去的，距北京城大约100英里（1英里=1609.31米）。当我们经过一些村庄时，就看到那里已经出现了真正的自由市场。我们去的那天正好是一个赶集的日子，大概有500—1000个农民在路边进行繁忙的交易。而在1974—1975年，同样是去乡下，除了一点零星的贸易外，我看不见任何活跃的市场。因此，一旦市场开放了，它们立刻就开始蓬勃发展。这也调动了农民生产各种农副产品和蔬菜的积极性，这在改革前往往是受到抑制的——我是说，理论上来说，它们是被允许的，但事实并非如此。这些就是最主要的变化，之后的改革也经历了多次微调，包括多处细节上的调整，比如土地使用权的"大稳定、小调整"等。

陈津竹：听上去像是"剧变"之后再逐步调整与完善。

珀金斯：是的，尽管我并不喜欢使用"剧变"这个词（笑），因为我认为采用"剧变"方式使东欧国家脱离共产主义是一个坏主意，或者说至少不是一个好主意。不管怎么说，中国的农业改革确实比较迅速地完成了。这是因为农村的基本生产单位非常简单——就是家庭，因此在农业部门领域，基本上真正需要做的就是排除政府干预，然后它就自动地走上了正轨。反之，如果改革对象是一个有着上万员工及管理人员的工厂，那就没这么简单了。你得改组企业，其管理人员也必须学习全新的经营管理模式，等等。相比之下，农村的一家之主根本用不着再去学习如何增加家庭收入，因为他们早已清楚该怎么做。只要政府不干预他们，他们就知道该如何做。

陈津竹：（笑）中华民族5000多年的文明史使得这几乎成为一种与生俱来的本能了。

珀金斯：是的，这正是经典经济学教科书中供应者—消费者模型理论的一种应用。实际上，在中国共产党的领导下，农业生产技术在改革开放前已经有了很大进步，但问题在于激励机制不好。即使在大部分时间里生产队是名义上的"基本核算单位"，但激励问题仍然没有得到解决。坦率地说，当我在20世纪六七十年代写关于中国农业问题的著作时，我并未意识到激励方面所存在的严重问题，但从实行家庭联产承包责任制后农产品产量的大幅上升来看，显然这个问题是非常重要的。当然，由于农户向国家缴纳一定数额粮食的规定在改革初期仍未改变，这就限制了他们从生产粮食作物转向生产经济价值更高的其他农作物的可能性。现在与过去的主要不同表现为，政府开始向农村地区投入相当多的资金，特别对农村贫困地区更是如此。我曾经去过贵州，并且到过那里的山区贫困县。当时我还走过数英里的泥泞小路，现在是走不动了（笑）。近年来，中国政府已经投入了很多资金，用于建设乡村道路和电气线路，但对农业生产的各种直接补助方式越来越重要，包

括废除农业税、减免学杂费——理论上所有学杂费都由政府承担，但我相信实际上很难完全做到。

陈津竹：所以您认为政府已经由一个服务提供者转换到更像是一个资金提供者的角色了？

珀金斯：是的，现在的补贴比较多。譬如说，政府已经承担了农村教育费用的主要部分。当然，我们经常看到这类政策本身是非常好的，但实际执行情况却总会打些折扣。比如说，九年制义务教育已经实施多年了，可是在像贵州、甘肃的一些农村贫困地区，尽管大多数孩子都能上得起学了，但赤贫家庭的孩子显然还无法做到。因此农村改革的一项重要内容就是要设立各种补贴项目。我觉得这是一个相当不错的主意。成本不高，却能极大地改善许多陷于贫困的人的生活。大概只需数十亿美元，或者说几百亿元人民币，就可以给中国农村贫困地区居民的生活质量带来翻天覆地的变化。当然，这不能解决所有问题。贫困的最大成因，或者说促使人们陷入贫困的主要根源，就是高昂的医疗费用。中国已经将推行农村医疗保险制度作为一项国策，但要贯彻落实还有很长的路要走。不过，在城市地区，至少有很大一部分人口是享有医疗保险的，尽管还远远不是所有人。在这方面，中国还有一些相关问题需要解决，例如，医院和卫生部门的一项重要收入来源即药品销售，这就给了药房利用过量开药等手段以谋利的机会。中央政府其实已经充分意识到了这些弊端，并且多次立法取缔，但往往令行而禁不止，因为找不到可行的替代途径使医院保持收支平衡。这说着又跑题了。回到农村地区的话题上，政府开始对农村基础设施的投资比补贴要早得多。当我于1974—1975年首次到中国时，甚至连主干道都只有两个车道，很多还是石子路。

陈津竹：（笑）现在已经很难想象了。

珀金斯： 但你们现在已经拥有了确实很宏伟的高速公路系统，不过我更看重的是那些通到山区和村庄等的支线道路。还有一些地区尚未联入交通网络，但和30多年前相比，已经有了巨大的改变。因此说，第一步的投入主要集中在基础设施建设上，而现在重心开始向补贴方向偏移了。

陈津竹： 会不会是因为重大基础设施项目已经基本完成，所以政府才有可能将其工作重心移向后者？

珀金斯： 这可能是原因的一部分。我的意思是，虽然中国政府已经兴建了大量的基础设施，但我相信如果想建设更多的话，总是能找到理由的。中国现在有一个庞大的刺激经济计划，其中仍然涵盖了许多基础建设项目。如果现在日本实施同样的刺激计划的话，大部分的基础设施投资很可能会不起作用，因为日本现有的基础设施已经非常完备了。他们也希望通过土木工程项目刺激经济，却苦于需求不足。他们至今还没有找到一种更具建设性的刺激经济的方式。这就是为什么在日本建筑公司拥有非常强大的政治势力的原因。中国可以建设的项目仍然很多，但坦率地讲，现在真正的第一要务并不是说中国还需要大量的新机场。我曾去过中国许多省会机场，其中大多数都富丽堂皇，有着美轮美奂的新候机厅，但使用率通常都比较低。比如说南昌、贵阳等地的机场都是这样的情况。

陈津竹： 或许他们必须得造一个，就像五星级酒店必须得有一个游泳池一样。

珀金斯： 是的，如果他们希望我去的话，至少得有一个机场（笑）。这又跑题了。我们还是回到农村改革的话题上，我认为其中一些措施的部分目的固然是扶贫，却也关系到当下中国最重要的话题，即如何处理人口流动的问题。

这是关系中国变迁的另一个主要方面，而且我认为中国的高层领导现今都已意识到了。从与韩国、日本的数据比较来看，很明显，在今后20年这样一个非常短的时期内，中国的农业人口比例将从现在的50%左右降到10%。可能实际会稍慢一点或更快一点，但大致会是这么一个情况。要想让农村人口长期享有较高收入，唯一的办法就是让他们当中的大多数人迁入城市。现在，很多人可能按户口划分还算是农村人口，但他们实际上已在城里从事非农职业多年了。

陈津竹：这也取决于如何定义农村人口。

珀金斯：由于城市地区已经有相当多的持农村户口的居民了，所以我从不觉得目前的城市统计数据有多大的用处，因为你无法确定它们到底指什么。相比之下，我觉得就业数据能够更好地反映真实情况。现在中国以农业作为主要职业的人口实际上已经少于总人口的50%了，这个数据还将继续下降到10%。城市人口将随之上升到总人口的约70%，另外20%的人口可能居住在小城镇，但实际上从事非农职业。目前，中国控制人口流动的基本方式仍然还是户籍制度。这一制度曾经是防止人口流动的非常有效的手段：只要还处在公社制度下，只要城市里还实行定额配给，只要还有公安机关，这一制度就比较有效。不过这些前提条件早已不复存在了——这当然是一件好事。可是当你希望人口流入城市时，目前的户籍制度就显得无能为力。

陈津竹：所以说，在不同的政策目标下，户籍制度的功能和效率是大不一样的。

珀金斯：是的。中国的城市化水平与处于同等发展阶段的国家相比要低得多，很大程度上就是因为户籍制度的人为限制。许多人认为户籍制度是一件好事，因为通过它可以限制农村人口进城，从而节省城市基础设施建设投资。但是，一旦快速的工业化过程开始启动，服务业也迅猛发展，人口城市化就成为一种必然。然而中国目前仍保留了户籍制度的大部分规定，这就使得来自农村的人口在城市地区无法获得同等的受教育的机会。因此如果你把孩子带进城的话，就得同时想办法创建自己的学校，而事实上他们也这么做了，那就是城市里的"农民工子弟学校"。除此之外，农村人口在城市还无权享受医疗保险，也基本上无法获得住房补贴，而仅凭自己的经济实力，他们一般是负担不起城市的住房费用的。因此，他们通常不得不把老人和孩子留在乡下，这意味着父母与孩子长年骨肉分离，这样的坏处之一是容易引起多种家庭问题。同时，这也意味着他们在乡下还保有一块土地。他们不想放弃这块土地，因为这是他们的终极安全保障。但身在城市的他们也无法亲自耕作，因此只能托亲戚朋友代耕。这就造成中国农村相当数量的土地使用效率低下。中国现在要努力解决的问题就是如何进行制度改革，以使其更好地服务于现实需要。政府已经意识到这套系统必须废止，但该问题尚未得到解决。而且，即便中央政府认识到了必须摆脱这套系统，如何让地方政府贯彻落实仍然并非易事，因为许多城市的领导都希望自己治下的城市是一个现代化的精美城市。他们明白移民问题早晚得解决，却不想在自己任内为此投入太多。我以前在很多场合也都提到过这一点。我曾认为上海在这个问题上是处理得最差的城市了，但后来有个朋友告诉我，他听说上海正准备划出郊区一大片地块用于修建民工住房，这也将成为上海为农民工解决住房问题的第一项重大举措。究竟最终能否实现仍然是一个未知数，因为城市管理者还是有很强的动机不好好做这件事的，甚至干脆什么也不做。

陈津竹：所以您认为，最终的出路就是让农民迁移到城市地区，同时设法使他们享受到更好的待遇？

珀金斯：是的，反正这些人不管怎样都会向城市迁移的。人们迁移的原因是因为城里收入更高——即便是做城里最差的工作，也比他们当中的大多数人在农村赚得多。

《星岛日报》2009年5月刊登此次访谈活动的消息

陈津竹：的确，"看不见的手"在这里操控着呢。

珀金斯：对的。从这个意义来讲，中国的人口流动没有什么特别的，除了它的规模之外——这是人类有史以来规模最大的一次迁移了。我们还得回到农业的话题上，因为中国的土地制度在人口流动方面也起到了重要作用。中国现在的政策已经开始允许农民出租甚至转卖土地了，但必须保持其作为农业用地的用途不改变。当然，由于土地权力有很大一部分掌握在地方官员手里，而使用土地也往往需要和村镇干部协商，因此对于政策放宽造成的地方政府权力强化的利弊还是有争议的。其中，腐败问题很严重。我认为这个问题的确很重要，但更重要的是，如果你允许农民转卖土地，然后假设他们卖了个好价钱后迁居到城里，你得保证他们的卖地所得能够使他们在城里过上更好的生活。可现实很可能是：他们把地卖了，之后又在城里失业了，并且没有任何生活保障，也没有住房。因此他们仍然需要保留乡下的土地以避免无家可归的悲惨结局（在农村只是土地征用出现了失地农民，而不是农民主动卖地——编者注）。当然，如果他们有任何可行的办法在城里站稳脚跟，可能就不再需要乡下的土地了。城里的失业者通常是不会跑到离城市200公里远的乡下去种地的，而是会继续在城里寻找工作。而且只要他们有合适的技能，一般是能找到工作的。这是一个一般均衡问题：你得解决农村问题，但是要解决农村问题——哪怕只是让土地制度良好运作——你需要同时解决城市问题，因此你得有处理移民问题的一揽子方案。这里的前提假设应该是这些人永久性地迁移到城里，因此你需要给予他们城市永久居民的待遇，这就意味着要让他们住得起房子。市场上的房价和租金却远远超出了他们的支付能力范围，就连给城市户口持有者的优惠价他们也是付不起的，所以他们需要享受城里人曾经享受过的福利——城里人当初买房时支付的是一个政府规定的成本价，没有人付市场价。我是说，当年房改时使用的交易价格不是市场价，而是一个低得多的政府定的成本价格，大概只有市场价的20%—30%。

陈津竹：看起来正是那些最需要社会保障和福利的人

结果反而没有得到。

珀金斯：的确如此，就是那些被边缘化了的人，那些收入最低的人。如果他们没有房子住，那么他们就不算拥有真正意义上的安身立命的基础，所以他们需要保留对乡下土地的控制权，以确保至少有处可去。这样，他们就会把家人留在乡下，这就意味着他们的小孩得上农村学校。政府正努力通过高薪等手段鼓励更多的教师下乡，可是就像世界上任何其他地方一样，教师大多是不愿意住在农村的。（笑）

陈津竹：（笑）是的，尽管政府做了很多宣传工作。其实这就引出了我的下一个问题。您可能知道，我们已于2006年启动了"建设社会主义新农村"的新战略。可是不少人认为，既然中国的农村人口和劳动力正不断流出农村、进入城市，就没有必要再花费大量的人力、物力去建设一个新农村了。您对这个问题怎么看呢？

珀金斯：我认为有几个原因促使你们仍然必须在这上面花些钱。首先，农村有大量的老年人，他们显然不会迁出农村。移民将主要由年轻人构成——越是受过好的教育的、年轻的移民越是有机会。四五十岁的人还有可能会移居城市，即使他们以前从未这样做过，但五六十岁的人肯定是不会再搬迁了。因此，将会有数量庞大的老年人仍然留在乡下。其次，你不希望人们是因为在农村过不下去了才迁徙，而希望他们迁徙的原因是城里有更好的机会，这就要求你维持足够适意的农村生活，以使其成为城市生活的一个较好的替代品。因为对有些农村人来说，移居城市并不是一个可选项，而他们往往承担着抚育孩子的任务，这也是提高中国人力资本的重要组成部分。人力资本的提升一部分靠正规教育，但父母和祖父母扮演的角色也很重要，所以不应该让这些人生活在赤贫之中。

陈津竹：更好的解决办法岂不是设法让农村移民把孩子一起带走？

珀金斯：噢，那是绝对的，绝对应该这么做！因为他们在城里可以获得更好的老师和更好的学校。但罗马不是一天内造起来的。曾有两个很不错的为移民提供住房的案例，一个是中国香港，还有一个是新加坡。我于1961—1962年住在香港，当时那里的山坡盖满了棚屋，机场四周也是棚屋遍布。那时候，香港一场火灾可能烧毁上万人的住房，一场暴雨可能在一两天内淹没且摧毁数以千计的房屋。那时情况真的很糟糕。香港政府费了很大力气开始建造大型公屋群——那些巨大的混凝土块（指公屋）非常丑陋，但是至少你有了一个牢固的屋子，有地方住，单元楼里头有自来水，有做饭设施和其他一些基本设施。它们说不上舒适，但比起棚屋的确是巨大的改进。之后随着香港越来越繁荣，政府就把这些人逐渐迁到了我们所说的公寓楼里。香港建公屋时的人均收入——他们开始于20世纪五六十年代——和中国内地今天的人均收入是一样的，因此中国内地不会因为太穷而做不到这一点。新加坡需要迁移的农民比较少，但他们的做法基本上与中国香港是一样的。

陈津竹：您说的是扣除通货膨胀后的数字吗？

珀金斯：是的，我说的是购买力。那时——我忘了具体数据——大约两三千美元。但我感觉中国还没有下定决心大力推进这类补贴移民住房的行动。我个人认为，比起中国政府那4万亿元救市计划中的某些规划用途，可能把大部分资金用于此处会更具实效。

陈津竹：我记得这的确是刺激计划的十大领域之一，对吗？

珀金斯：政府说的是"廉价住房"，但关键问题是对象是谁，因为迄今为止所有的廉价住房可能都只提供给拥有城市户口的贫困居民。有很多政府已经做了的事情方向是正确的，比如说现在获得城市户口要比过去容易多了，但只是对或多或少拥有永久性城市职业的人士而言。我不认为在建筑工地上干活的农民工也有这样的机会。因此，最终城乡分割的体制与制度必须从根本上打破。可能出于公共安全考虑还会需要某种形式的户籍登记系统。就连在美国，因为存在大量来自墨西哥的非法移民，也有关于是否应该给合法居民发登记卡的争议呢。（笑）

陈津竹：（笑）我相信这个提案将很难通过。您刚才提到的农村老年人问题是值得继续把钱花在农村地区的原因之一，那还有没有其他原因呢？

珀金斯：当然还有，比如说农村的卫生保健问题就是另一个重要原因。一个覆盖所有国民的良好的医疗卫生系统最终将使整个中国受益。中国已经做了大量这方面的工作，并已消灭了大部分的传染病。在所有主要传染病中，如今最危险的一种应该算是艾滋病。这是一个典型的人口迁移可能导致严重问题的例子，特别是在城里有上百万甚至更多单身男性四处流动的情况下。迄今为止，中国还是很幸运的，因为艾滋病和妓女等问题看起来还不太严重，至少尚未导致重大问题。我觉得中国高层领导已经非常努力地试图改变现状了，但要把这方面的事情做好，难度是很大的。

陈津竹：我们现在假设政府有一个固定的财政预算用以解决"三农"问题，那么采取更激进的做法，比如说像您刚才提到的废除户籍制度并给农村人和城里人平等待遇，岂不比将同样一笔钱锁定在农村地区效果更好？因为10

年、20年后，农村地区很可能就没有那么多人享用这笔钱带来的好处了——即使如您所说，这个转变不可能在一夜之间完成。

珀金斯： 首要原因是人道主义方面的考虑。既然仍会有许多人留在农村，而这些留下的人通常又属于最弱势的群体，仅仅赋予他们权利往往并不能真正给他们带来多大好处。如果他们食不果腹、贫病交加且不能获得医疗保险等，就会成为一个大问题。此外，很多人会把小孩留在农村相当长的时间，尽管这些孩子在大多数情况下最终还是会进城的。另外，投资农村建设的部分重要原因还在于中国的一些领导人和老百姓仍然认为在一定程度上做到粮食自给自足是很重要的。我用了"粮食自给自足"这个说法，是因为它不同于粮食安全。你可以通过储备大量外汇以获得粮食安全，中国也买得起所需的食物。如果中国今天进口1亿吨粮食，世界市场价格固然会因此上扬——虽然不一定能高过过去几年——但后果不过是你花的价钱不再是200美元1吨了，而是四五百美元1吨。这样总的算起来就是500亿美元嘛，还不到中国出口额的5%。粮食价格高企的确会使非洲一些依赖进口的穷国陷入困境，但是中国不会。这样看来，中国唯一真正需要囤积粮食的时候就是在战争状态下，敌方的潜水艇把你们的船都炸沉了，从而切断了所有其他粮食来源。在那样的情况下，你们当然需要基本的粮食储备。你可能会觉得这很可笑，不过你要知道，有些国家的人天天都在为这样的事情担惊受怕。

陈津竹： 我刚才笑了是因为目前对中国而言，战争不是不可能，但可能性不是很大。

珀金斯： 这的确不太现实，但你还是不会因此放弃粮食自给自足，转而大量依赖进口。不过总的来说，要想维

持稳定且较高水平的生活，拥有大量外汇要比通过本国生产满足大部分粮食内需重要得多。像日本就是通过一种很荒谬的方式获得粮食自给自足的，他们付给本国农民数倍于世界粮食市场的价格以保证他们愿意继续种稻子。中国也可以那么做，但这是对财力的极大浪费。

陈津竹：特别是在我们不像日本有那么强势的农业利益团体的情况下。

珀金斯：在政府实行民选之前，你们都无须像日本那样对农业进行大量补贴。我岳父曾在爱荷华州有一块地，他去世后就由我太太和她的兄妹继承。他们决定将这块地的大部分闲置起来。联邦政府承担了全部的土地闲置成本，并且付给他们足额的在土地不闲置情况下所能赚取的市场价收入。尽管他们仍能保留土地的所有权，也能把它卖了，但他们不能种这块地。

陈津竹：也就是说他们因为不种地而取得收入？（笑）

珀金斯：（笑）对的，联邦政府以补贴形式来鼓励他们不种地，而他们仍可以转卖给别人用作娱乐用途等。我可以就这个问题一直讲下去，不过简单地说，美国的农业政策像这样子已经很久了。

陈津竹：您觉得我们的农业也应该向美国学吗？（笑）

珀金斯：（笑）我觉得你们可以从中学到很多反面教训。欧洲、北美和日本都没有好的农业政策。欧洲最为糟糕。他们对农业采取的是全面补贴政策，而这又更多的是由政治原因决定的。美国也是这样。那些农业大州可以获得很多补贴，尽管它们并没有那么多农民。关于什么是最理性的农业政策的问题，还是得以民众福利为出发点来考虑。

陈津竹：我们刚才讨论了中国正在进行的农村投资和

建设问题。我知道您曾经研究过韩国类似的运动，其实中国"建设社会主义新农村"战略中的很多元素也是借鉴了韩国新村运动的基本做法。作为一个韩国问题专家，您是否可以就中韩在这个问题上的比较谈谈自己的看法？

珀金斯：中国向韩国借鉴的更多的是贸易和工业政策。韩国是我所知的唯一一个真正发动过一场知名运动的国家，对此政治上的支持力度也很大，这就是新村运动。20世纪70年代我在韩国工作时，他们的主要方式就是提供给村民物质材料以使他们作出一些根本改变。他们也可能提供了一些资金补贴，不过我不大记得了。他们希望每户人家都把茅草屋顶换成瓦制屋顶。这对旅游业来说不是件好事，因为茅草屋顶更具观赏性，但对于生活在里面的人来说，瓦制屋顶要强多了。他们还开辟了更加安全可靠的水源，修复了当地的道路等等。这些都发生在韩国快速城市化的同时，所以随着新村运动的进行，农村人口也不断减少，20年后实际留在农村的人口将从50%降到10%。总的来说，我认为这是一件合理的事情，这无疑使得农村人的生活水平有所提高。事实上，我感觉从中国的设计目标来看，当前的努力更为全面，而且很可能投入的资金也更多。韩国当时基本上就是修建了一些简单的基础设施，他们的想法是可以通过动员当地劳动力以相当低廉的成本实现这一点。韩国当时也有选举，新村运动可能有助于被选举人从农村获取一些支持。这是一次大动作，也做了大量的宣传。它的意义更在于政治需要，而并非任何形式的社会福利或经济原因。我从来不认为这是造成韩国改变的一件主要事情。真正改变了韩国的是以出口为导向的制造业的发展和工业化。这也是正在改变中国的东西。

陈津竹：所以您的意思是说，建设社会主义新农村运动不会成为将中国从传统农业社会推向现代化和城市化的一个主要力量？

珀金斯： 对的，它主要是出于政治与公众关系的考虑。新农村运动的背后肯定是有很多这方面的考虑的。通过这样的方式，一个像韩国那样主要关心城市化和工业化的政府就可以说，你看，我们还是关心农村的，我们正在做些什么，我们还有一个重大的新农村发展计划呢。

陈津竹： 所以说韩国的新农村运动更多的是为了宣传效果而不是真实效果？

珀金斯： 还是得有一定实效的，否则宣传工作也开展不下去。说到中国正在做的增加农村投资这件事，中国已经比过去做的要多得多了。毫无疑问，这里头是有实打实的东西的。至于是否应该称它为"建设社会主义新农村"或别的什么，我不搞宣传，我也不是政治家，所以我不清楚，但我感觉这可能是一个很好的政治策略。即使是从经济角度来看，这样做也是很有意义的。曾经有一个中国期刊问了我一个问题——那是一次电邮访谈的一部分——是关于凯恩斯主义的，目前美国和中国的政策算不算凯恩斯主义，还有这样的政策是否正在把美国变成一个社会主义国家。我说，不管是在什么样的政治体制下，好的经济政策都是一样的。如果你想刺激一个由大萧条造成的就业不充分的经济，那么财政政策刺激往往是非常重要和有效的。显然，财政刺激政策的理论基础源自凯恩斯宏观经济理论。而不管有没有理论指导，政府都得这样做，因为只有他们才有能力调用足够资源。如果你管这叫社会主义，可以，或者如果你说这是拯救资本主义，也可以。（笑）

陈津竹： 我想这些概念一开始就定义得很模糊，也正是出于同样的原因。

二　科学发展观

陈津竹：我们刚才已经在农村问题上花了很长时间了，那么就像中国的经济改革顺序一样，让我们把重点逐步转移到其他问题上吧。正是在这个不断改革的过程中，中国的决策者和中国人民逐步认识到了城乡统筹发展的意义和建立和谐社会的重要性，进而初步确立了科学发展观的新思维。您长期以来为世界银行和联合国的一些重要部门从事决策咨询工作，能否就当初这些组织是如何逐步意识到这样一个问题并在其发展战略的制定与国际援助计划中实施这一思想给我们一些"内幕信息"？此外，这一新概念如何能进一步在全球范围内实施呢？

珀金斯：社会和谐意味着维护社会稳定，科学发展主要是指协调发展。我的意思是，科学发展观应该主要指的是如何做到协调发展工业和农业，而和谐社会指的是这样做的同时如何保持稳定的社会状态。如果不能维持充分的社会稳定的话，很可能经济也发展不了，因为一旦陷入混乱甚至内战，战乱不断，整个社会都会受累，虽说经济发展有时也是可以与一定程度的社会动荡并存的。以韩国为例，20世纪80年代，学生们整天在街头抗议示威，政府还对他们使用催泪瓦斯。当时的总统全斗焕最终承认，他无法继续统治了，而且这样下去的话，他的继任者也将无法控制局面。我有一个朋友参加了那次会议，全斗焕在会上说，好吧，给他们该死的选举吧。这样韩国才实现了第一次真正意义上的总统选举。那是民主在韩国的开始。

陈津竹：这倒是一段有趣的历史。

珀金斯：和谐是成功发展的一部分。在20世纪六七十年代，特别是在 60 年代，还可以说一个成功国家的压倒性政策主旨就是增长。对收入分配和人民福利的重视其实也是包括在迅速的工业化进程里面的。"和谐"这样的概念一直都有，只不过在不同国家、不同时期的受重视程度不同罢了。在东亚的韩国、中国台湾、新加坡等地，之后是在印度尼西亚、中国大陆和越南的经济飞速增长开始时（越南是最近的事了），他们的重点一直都是放在增长上的。老实讲，如果没有增长，福利政策是不可能发挥很大作用的。印度是在 15—20 年前开始迅速成长的——也许是 10—15 年前吧——在此之前他们有许多关于处理社会福利和再分配问题的非常有新意的想法，很多是由非政府组织提出的。这多多少少改善了赤贫人群的生活状况。但如果没有增长而贫困又很严重的话，坦率地说，仅凭再分配是没有太多资源作出太大改变的，因为只有在快速增长的背景下才可能拿出大量资金用于再分配。如果处于一个相对停滞的经济状态下，那你就根本没有多少东西用于再分配了。那些已经拿到钱的既得利益集团将完全束缚住你的手脚，因此许多打着再分配旗号做的事情往往不是为了穷人，而是为了那些已经很有钱的官僚机构。那些有权势的人会说，噢，我们要帮助穷人，所以政府得扮演一个更重要的角色，所以需要更多的资金。实际上呢，可能有一半的钱都进了他们自己的口袋，剩下的即使用于扶贫项目，可能效果也不会很好。这样的事在发展中国家很常见。而当你在迅速增长时，人们就会认识到仅有快速的经济增长是不够的，因为从纯粹的福利角度来说，很多穷人就被甩在后面了，而你希望他们至少能分享一点快速增长的成果。这就需要各种形式的社会福利项目。以韩国为例，公平地讲，在头 20 年的经济增长过程中，社会福利基本上是被忽略了的。工会被镇压，工人的工资被压得很低——尽管工资主要是由市场决定的，但仍被压得很低——这是纯粹的经济增长。随着城市人口受教育程度越来越高——他们现在已经拥有了全世界受教育程度最高的国民，80%的年轻人受过某种形式的高等教育，比美国高多了——人们就会说，这个制度不好，我们需要更多地关注贫困、关注社会福利、为人民提供基本医保等。我觉得在中国经历了头15—20年的纯经济增长之后，我们已经看到了——尤其是在目前的政府领导下——一个更多关注社会福利的重要转变正在中国发生。人们有时会把这解释为胡锦涛和温家宝都曾有相当长的职业生涯是在贫困地区度过的，这固然有一定的道理。但很显然，如果没有前20年的快速经济增长，他们也没有能力开展像现在如此大规模的农村投资项目和社会福利项目。我想他们就会直说，我们花不起这个钱。如果放在1980年，就更是无钱可花了。因此，我们可以把中国现在的发展称为科学发展。但若要问世界银行或联合国的战略是否从根本意义上讲是科学的，而不仅仅只是一个口号，我会说，他们做了大量认真的分析研究，但很多结果是错误的。至今世界银行在非洲还没有一个可行的发展战略，我认为原因是世界银行并不具备向其他国家提供可行性战略的能力。这应该由这些国家自身的领导人提供，而他们也必须负责执行。世界银行可以参与进来并告诉他们该做些什么，但若是他们出于某种原因不想这样做，效果是不会好的。在世界上的某些地方，问题在于有许多政府真正关心的并不是发展，无论这里的发展指的是纯经济增长还是增长加再分配。单是分配本身并不构成一种可行的战略或想法，如果一定要给它加个名字的话，可以称之为革命。中国在1949年就这样做过，其他国家也做过。日本和韩国

经历了相当多的再分配过程，但它们都曾为此付出了战争的代价。日本有再分配是因为美国在第二次世界大战中打败了日本并迫使它进行再分配。

陈津竹：因此，从某种意义上讲日本战败对它自己是件好事。

珀金斯：它的确帮助日本稳定了下来，还有一些别的好处。但是在通常情况下是无法做得这么彻底的，也很少会有人建议通过打一场第三次世界大战的方式来重新分配财富。可能会有人建议来一场革命或是打一场内战，但这不是世界银行该说的话。我的角色肯定不应该是到处鼓吹人们互相残杀20年，然后重新分配财产。如果内战之类的革命由于别的什么原因发生了，肯定大部分是坏事，但有一点好处就是它可以带来某种形式的再分配。至于科学发展，世界银行可以参与进来，然后说，你看，这样做才能造出一个牢固的大坝，这样做才能修成一条好的公路，这样才是一个使你在修路过程中不至于有很多腐败和浪费很多钱的订立合同的合理方式。这些世界银行都能做，但它不能做的是，比如说，跑到肯尼亚对现任的基库尤族（Kikuyu）的总统说，你必须吸纳更多的卢奥人（Luo）或卢赫雅人（Luhya）进内阁，而且你必须真诚地拿出一个不偏袒基库尤人而是让卢赫雅人和马赛人（Maasai）实际分享权力的政策。

陈津竹：我原以为世界银行有时会用这些要求作为提供贷款的前提条件呢！

珀金斯：世界银行永远也不会做这么政治化的建议。他们不会说，你们需要一个更加种族平衡的内阁。他们可能会说的是，你们需要一个更加负责任的政策，你们必须采取措施打击腐败，你们得缩小财政赤字，你们必须停止补贴这个或那个，你们必须摆脱国有企业——这是他们在整个非洲以至世界各地都会提的一些建议。

陈津竹：所以他们提出目标，然后让各国政府自行寻找途径实现这些目标。

珀金斯：对的，他们只是确立目标。接着这个国有企业的问题往下说，他们的建议通常是甩掉国有企业包袱并将它们私有化。毫无疑问，在非洲许多地区，民营企业的运营明显优于国有企业或政府的其他机关单位，因为它们的政府往往是腐败的。即使国有企业没有腐败问题，它们的运作也往往服务于政治目的，从而造成了人浮于事、任人唯亲等种种问题。可是你知道为什么大多数非洲国家政府不喜欢私有化吗？猜猜看？

陈津竹：是不是因为政府想要保住控制权？

珀金斯：他们的确想要控制权，但他们这样想是有原因的。这其中的原因和社会主义没有任何关系，尽管他们会说这是社会主义，也会自称是社会主义者。在东非，主要原因是民营部门是由亚洲人主导的，像印度人和巴基斯坦人，但他们不被看作"真正的非洲人"，因此如果国有企业民营化了，得利的将不是"真正的非洲人"。

陈津竹：因此，他们担心私有化将导致这些所谓的"非非洲人"分享权力。

珀金斯：私有化会把权力分给他们出于某种原因不喜欢的人，而他们真正希望帮助的是"自己人"。他们不把某些人看成是自己人。当然，世界银行是不会介入这样的问题的。

陈津竹：看起来政府这样做是出于善意。

珀金斯：这要看情况，因为最终你可以通过一种较为温和的方式达到一些相同的目的。通过这样温和的方式，亚洲人会继续发财，但许多非亚洲人也可以因此而致富。这些亚洲人已经定居在非洲了，因此应该也算是非洲人。

陈津竹：是啊，我最近听一个朋友说，为了感谢一位中国工程师为当地经济作出的贡献，有个非洲部落选了他当首长。所以，他应该算是"定居"在那里了。（笑）

珀金斯：（笑）我对这背后的动机很感兴趣。

陈津竹：可能是出于对技术的渴求吧。不过还是让我们从非洲回到中国吧。刚才提到中国的城乡统筹发展问题。我们知道改革开放使得城乡居民的生活质量都得到了提高，但不可否认，也不可避免的是，改革的成果并没有均衡分配，最凸显的表现就是城乡贫富差距扩大。联合国人居署《世界城市状况报告（2008/2009）》指出，中国是当今世界城乡收入差别最大的国家，城市居民的人均收入比农村地区高出3倍。地区之间的不平等程度也在加剧。中国的基尼系数近几十年来也在快速上升，从1978年的0.3攀升到1988年的0.38和2002年的0.45（编者按——据2016年国家统计局公布的基尼系数已达0.465）。那么，您对中国改革带来的贫富差距拉大，以及这一现象对于中国社会的影响有何看法？对于今后的走势您又有何预测？

珀金斯：造成目前不平等的主要原因有两个。其中一个，也是我觉得人们首先会想到的，就是城里有很多人通过经商获取了大量财富，如今中国在福布斯的亿万富翁榜上已经有好些人了，这部分造成了城市地区日益扩大的贫富差距。因为现在的工资是由市场决定的，20世纪50—70年代在中国实施了20多年的旧制度早就是过去式了，有技能的人就能赚取高薪。例如，拥有西方学历的清华大学教授工资就非常高。

陈津竹：终于知识等于金钱了。（笑）

珀金斯：（笑）是啊，当然成功的商人无论在世界上的任何一个地方都能找到自己的一席之地。不过实际上不平等的相当大一部分源自正在扩大的城乡收入差距。如果你仔细分析基尼系数的推动因素——我最近没有做相关计算——很大一部分是由城乡差距造成的。而这将在一定程度上逐步得到自然解决，因为总体来说，随着更多人迁入城市地区，二三十年后，90%的人口都将成为城市居民，因此留在农村地区的人口平均所拥有的土地和其他资产将不断增加，从而使得农业生产更加有利可图。类似地，在发展的早期阶段，一个拥有高学历的人是一种稀缺资源，因此能得到非常高的薪水。但随后获得大学学位或更高学位的人会越来越多，而人均受教育水平不可能永无止境地提高，因为一般来说，人们不会想要两个以上博士头衔的。

陈津竹：嗯，大多数人不会。（笑）

珀金斯：是的，大多数人不会。如果你读过两个甚至三个博士，那么你的收入通常会降低而不是更高。事实上，仍然会有一个精英阶层，他们或是有着特殊技能，或是有着特殊天赋（比如像美国的电影明星、棒球手），或是有着特殊权力。大公司的经理层可以付给自己任何他们能说服董事会同意的薪金，而这个国家（指美国）的董事会通常处于弱势。所以，会有一个相对较小的能赚数十万甚至数百万美元的精英群体，比如说一流律师事务所的律师等。但对大多数受过教育的人来说，他们不再能仅凭本科学历就获取高薪——当然比起只有高中文凭的人，他们还是会多赚一些的。在美国，麻烦的是我们正在经历一个不同类型的结构性变化，我们有一大批人——包括移民，但也有非移民——没有高中以上学历，有些甚至连高中学历都没有，他们的工资一直没涨，甚至还在下降，因此他们和受

过更高教育的人的工资差距正在拉大。

陈津竹： 这主要发生在过去的10—20年，对不对？如果看得更远些，在此之前的半个世纪中，熟练工人和非熟练工人的工资差距实际上是先缩小了的，之后才又拉开的。

珀金斯： 是啊，是啊，特别是在像中国这样的国家，这通常是发展早期会出现的情况。一个刚开始在清华大学工作且拥有美国博士头衔的副教授，起薪大概会是5万美元左右，我猜，这可能好几倍于一个自始至终都是在国内受的教育而且现在又在某所二流大学任教的副教授甚至教授。但二三十年后这样的差异将不复存在了，因为海归高学历人士将不再是那么稀缺的资源了。你知道在20世纪80年代后期甚至90年代初期，中国有多少从西方学校毕业的经济学博士吗？

查尔斯河畔的秋色

陈津竹： 您指整个国家？几十个？

珀金斯： 只有一个，林毅夫。后来他创建中国经济研究中心（CCER，即现在的国家发展研究院）时，易纲回来了，张维迎也大约是那个时候回来的。从那时起，体制开始被打破，如今已有数以百计这样的人回国了——我说的还只是经济学界。当然，中国自己的博士质量也在不断提高。不管怎么说，现在中国受过高等教育的人数依然很少。我头一回去韩国时——我跟钱颖一、李稻葵等人也说过这事——那是1969年，整个国家总共只有六个拥有博士学位的经济学家。如今，在这个远远小于中国的国家，已经有数千这样的人了。至于那头六个人，其中两个后来出任副总理，那两个副总理之一又当上了总理；有一人成为一家大型企业集团的社长，旗下子公司之一是韩亚航空公司；另一个是大宇创始人的兄弟，而大宇直到破产之前一直是一家巨型企业；第五人是一个百万富翁——我说的是美元；第六人我也不知下落。但关键是，在发展初期你还是一件非常稀罕的"商品"，可是随着时间的推移，现在在韩国，仅仅拥有美国博士学位已经不够了，但要是你连这个都没有，就没什么机会在大学经济学院找到教学职位了。

陈津竹：（笑）那您是不是觉得我该开始担心自己未来的就职前景了呢？

珀金斯： 不用，中国像你这样的人仍然很少，而中国很大。当然，如果你很有本事，那我说的这些都不会影响到你，但是你面对的竞争可能就会和在美国一样激烈了。人们不会再说，哇，这个人是哈佛大学的经济学博士，所以他肯定是个天才，即使他实际上整个儿就是一个笨蛋。总之，回到贫富差距的话题上，要点是你可以通过再分配政策帮助最贫困的人脱贫，因为这样做的成本并不是很高，也不会伤害到任何人。你也可以通过税收政策对高端人群略施影响,然而即使在美国,理论上我们有累进税制,但在实践中它所能实现的再分配是相当有限的,因为富人们可以通过各种税法漏洞逃税。高端人群纳的税往往并不比中产阶级高。

陈津竹: 联系到中国,您刚才为我们描述了一个相当乐观的发展前景。即使这意味着我未来的职业道路上竞争将更为激烈,但对整个国家而言,拥有一个更大的人才库显然是件好事。而且正如您所说,这同时也有助于减少不平等现象。

珀金斯: 是的,这就像那些前殖民地,独立之前都是由外国殖民者占据高位,而独立之初突然就留下了权力的真空,结果那些在殖民政府中担任下级官员的本地人就被推举上去了。在像巴布亚新几内亚这样的国家,连有本科学历的人都极少,因此就让一个26岁的年轻人当上了财政部的一把手。但这只是暂时现象,随着时间的推移自然会消失。不过这并不意味着基尼系数将大幅下降。城乡差距缩小最终会使基尼系数下降。累进税制度也许会有所帮助,至少在穷人的福利政策方面。目前,以越来越大的强度和资源在农村开展的政策可以消除大部分赤贫。在美国,食品券和各种福利补贴相结合的政策解决了一些最严重的贫困,欧洲的某些国家可能在这方面做得更好。

陈津竹: 我想这又回到我们的主题了,也就是说,只有在经过一个足够长的快速增长期从而积累了丰富的资源后,才有可能有效地进行重新分配。

珀金斯: 是的,你所要做的就是一个简单的复利计算。通过简单的再分配,你可以把巴西变成世界上最平等的国家。如果你把巴西的所有财富重新分配成和瑞典一样的收入结构,穷人的收入——我现在只是凭感觉说,因为我手头没有数据——可能会增加 50%。可如果你的人均收入在 20 年中每年增长 7%——每个人或多或少都能受益——这些人的收入将翻两番，也就是 300% 的增长。增长比再分配要有力得多这一事实已是无可争议的了。再分配还是需要的，但要是不结合增长，它是不会有太大作用的。

三　政府定位与政府权力

陈津竹：这也需要政府的投入。说到这个，比起西方发达国家以及像印度、南美诸国等发展中国家，中国政府拥有更为集中的权力，从而也具有更强的决策和执行能力以及对经济的宏观调控能力。中国过去 30 多年的飞速发展——或者像您在一篇论文中形容的，迅猛发展——与此也有着不可分割的联系。那么中国发展到今天的程度，您认为接下来政府对自己的角色最合适的定位应该是什么样的呢？特别是，国家的控制力应该加强还是减弱呢？

珀金斯：这可是个大问题啊（笑）。不过，问题倒也不复杂，大部分经济和社会的活力并非来自政府，而是来自从事商业和其他各行各业的人们，比如说在城市里辛勤劳动的农民工，还有一般的工人、农民、公务员和教师等。在一个市场经济体系里，很大一部分经济活力确实是自下而上的。这里，自下而上可能包括丰田汽车的董事长，但他和政府还是不一样的。政府的职责首先就是创造一个能让人人尽其才的环境，其次是找出私人生产无法满足需要的一些领域，然后予以提供或补充。

陈津竹：您是指市场失灵？

珀金斯：市场失灵是更广义的说法。当然，政府还得制定游戏规则。最能体现这点的地方就是金融行业。你希

望银行有高度的自治权，能自行决定把钱借给谁，等等，但在某些事情上你不想让银行有自主权。你不希望银行成为贷款是否为良性的唯一判定者，而还需要有别的力量来制衡。破产的银行总是趋向于说它们的资产是良好的，以寄希望于其市价真的会上涨，从而使它们表面上看起来很好（笑），然后他们就能操纵经济以达到任何他们想达到的目的了。因此，你需要制定规则。你需要那些显而易见的规则，比如说经理人员不能监守自盗，当然你也需要许多其他规则，比如说关于如何进行并购的规则。一个对所有股东、雇员等都公平的并购过程是相当复杂的，因此你需要这方面的规则。然后，你还需要有一个这些规则的执行系统。这个系统有时以政府监管机构的形式出现，有时以法院的形式出现。随着各种关系变得越来越复杂，一个强有力的法律体系也变得日益重要。这是政府的部分职能。规则是必需的，政府需要制定这些规则。至于政府如何制定规则，取决于政府的性质。而规则的执行本身就是制定规则的一部分，一般来说，在这个问题上你不会希望中央集权，这就是为什么你宁愿由法院而不是高度集中的公安机关负责执行的原因。你希望有一个相对独立的监管机构，这也是政府工作的一部分。另外，在发展中国家，通常在发展的早期阶段私营部门被允许修建基础设施但却没有足够的资源，而且有能力承建这些项目的大公司也不够多。

陈津竹：同时还有"搭便车"的问题吧？

珀金斯：是的，"搭便车"问题使得你无法把基础设施的修建直接交给当地社区——你可以把它交给地方政府，但不能是当地社区。因此，通常在基础设施投资中政府的角色是很重要的。中国基础建设的私人投资实际上已经比许多发展中国家多了，但政府仍然占据压倒性地位，比如像公路、机场等的建设。然后，政府通常需要有某种形式的福利计划。一个更有争议的领域是政府的工业政策。所有政府都有工业政策。美国当下正在苦苦挣扎于是否要采取一项工业政策，就是应不应该紧急援助通用汽车，以及我们应该期待紧急援助会出现什么样的效果。这是一个非同一般的工业政策，它已经远远超出了美国的工业政策通常涉及的范围，而我们这样做的唯一理由就是此前一些糟糕的财政政策导致了情势的混乱与失控。对于中国而言，要关心的是政府在决定哪些产业应该发展以及由谁来发展的问题上到底应该有多大影响力的问题。对于这个问题，通常人们认为可供借鉴的模型就是日本或韩国，特别是20世纪50—70年代的日本，还有六七十年代以及在一定程度上80年代的韩国。日本的国际贸易及工业部（MITI）、韩国的经济企划院（Economic Planning Board）和总统实际上先制定产业目标，之后向私营公司提供大量补助以实现这些目标。许多韩国和日本过去采用的政策现已被世界贸易组织（WTO）明文禁止了。

陈津竹：不过其实这两个国家指定的目标产业最终也没成为真正畅销全球的民族产业，对不对？比如说日本，两个最突出的例子就是汽车和电子行业。它们原本都不是政府的目标产业，但后来却表现卓越，现在几乎已成为日本在世界市场的代名词了。

珀金斯：的确是这样。经济学家最津津乐道的例子就是汽车行业。日本政府实际上尝试过整合该行业，但被业界拒绝了，因此那是一次流产的工业政策。这对日本也是一件好事。不过我花过很长时间研究韩国重工业对经济的推动作用，在20世纪70年代，重工业正是最受政府扶持的产业。韩国的经济学家们至今仍不喜欢这项政策，而它也的确对经济造成了扭曲，但事实上它却创造了大量在国际市场上颇具竞争力的公司。浦项制铁集团可以说是世界上最好的钢铁企业之一——它在70年代创建伊始还是一家国有企业，而且保持了很长时间的国企身份。当然，我们可以就为什么韩国的产业政策如此成功这个非常有意思的问题讨论上一阵子，不过这就跑题了。中国的问题是，大部分的经济活力来自国营部门之外——不是所有的经济活力，有的国有企业也是很不错的——但主要的活力最初来自乡镇企业，之后是外资企业等，现在是大型私营企业。中国产业的推动力有相当大一部分来自私营部门，因此帮助其成长对中国来说是至关重要的。可中国政府目前还在继续以各种方式大力支持国营部门，力争使其更具竞争力。因此，目前还不清楚中国能否从关键性工业政策中得到多少好处。韩国和日本都成功地创建了一个有效运作的汽车工业，而在刚开始的时候，韩国的汽车行业是受到大力保护的。很明显，韩国汽车当时在国际上缺乏竞争力，现代汽车当初甚至没有能力生产出一辆可以拿到国际市场上卖的汽车。韩国当时所做的就是坚持要求每家企业最终都必须出口，大多数情况下期限为5年，而汽车行业得到了更长的宽限。通过这样的方式，他们培养出了一个颇具竞争力的产业。在汽车行业，中国本质上正在做一件类似的事情——你们的汽车业尚不具备国际竞争力——牵头的不是北京（中央政府），而是由上海以及其他各地方政府提供主要支持。我没有研究过他们究竟是如何在不招惹世贸组织的前提下做到这一点的，不过显然他们很有办法。

陈津竹：是的，我肯定这是另一个有意思的论题。不过当我刚才提出那个关于中央集权的问题时，我想的更多的是政府在提供公共产品方面的作用。例如，如果政府在大型公共建设项目上的决策能够更加灵活，就会大大有助于推进发展——如果他们的决策是正确的话。而在美国，情况就不是这样的，比如说剑桥市（哈佛大学所在地）议会一直以来都想拆除我租住地附近的一幢危房，但它花了很多年时间才最终通过了这项议案，并在之后又花了很久才把那片地拍卖掉。尽管这可以确保每一个最小的因素都能被考虑到，但这样缓慢的决策速度在中国几乎是不能容忍的。所以我在想，或许在这方面中国政府的做法会有一定优势。而我的问题是，将来还会是这样的吗？或是因为某些根本性的社会变化，我们必须有所改变呢？

珀金斯： 关于这一点，我觉得主要是一个应该由中央还是地方政府作为主导，还有应当给地方政府什么样限制的问题。毫无疑问，中央政府比起地方政府能够动员更多的资源。至少在中国的体制下确实如此。没有来自国会的实质性的诘难，它的行动能够更为迅捷；而在美国，一项议案要想获得国会批准，可能会非常耗时耗力。话说回来，迅捷的行动有可能导致重大错误，而不是巨大的成功。在美国，州际高速公路系统是一个全国性而不是地方性的项目。其中大部分是经由国会通过的，而其执行过程也比较系统。联邦政府还参与过其他一些项目，但所需资源通常是由当地政府提供的。联邦政府在机场建设中有所参与，但实际投资来自管理机场的港务局通过机场运营所取得的收入。因此，美国经济大部分是高度分散的，而且一般来讲，我认为美国人的观点就是让本地人自主决定自己想要什么。这可能会带来延误——他们花了一二十年时间才得以在洛根机场（Logan Airport，波士顿的国际机场）修建另一条跑道，因为东波士顿地区的居民担心它会造成噪声污染而一直持反对态度。这是一类问题，而中国并不受这类政治因素的困扰。但要论你们真正需要投资多少大项目，在一个像中国这样规模的发展中国家，特别是当其还处于发展的早期阶段时，你可能需要很多。你当然不会希望由中国的每一个县来决定是否要修建自己境内的那段省际公路，或是该有什么样的航空公司系统，以及国民医疗保险——国民医保必须是某种形式的全国性项目。美国还没有一个全国性的医疗保险计划，但愿这最终能够实现。教育不需要是全国性的——它经常是全国性的，但美国系统不是。美国的系统甚至不是州立的，而是通常由当地社区和学区主导，不过它部分算是州立的，因为州政府需要给学校拨款。这个系统有利有弊。我想美国的基本观念是地方自治有助于加深对当地情况的了解，从而更能对症下药，但有时也会事与愿违，因为地方自治也可能意味着标准的降低。因此，在国家或州一级政府应该强制实行哪些标准以及应该给地方政府多少自治权力这个问题上永远存在着矛盾。这是一个有关政府职能的大问题。所有国家都会讨论这个问题，而且由于各个国家的问题和需要不同，不同国家可以有不同的解决方案。对于中国而言，政府在产业决策中扮演的角色可能仍然偏重。我认为，现在正是对国有企业放手的时机。到了今天，它们已经有过足够的时间提高自身竞争力，那些有能力存活的企业不管怎样都会存活下去，因此让它们面对更多的竞争是件好事。在这个问题上，中国的条件大大优于越南，因为中国很大，所以单是国内市场就不可避免地会有一定竞争——除了对像中石油和中石化那样的石油大公司而言，大多数国家只有一家钢铁公司，而中国有好多家，这也是对中国有利的一件事。中国的优势在于有一个巨大的国内市场。竞争是有效生产力增长和经济增长的关键，如果消灭了竞争，那么实际上也就等于是扼杀了增长。

四 当前的经济危机与中美的应对之策

陈津竹：是的，我想我们已经有过教训了。我的下一个问题是，在改革战略推进的过程中，会不断遇到新的情况和新的问题，世界各国都是如此。目前我们就面临着十分严重的全球性经济危机问题。美国政府率先采取了一系列措施，中国政府最近也出台了许多刺激国内需求增长的政策，包括我们刚才提到的4万亿元刺激方案。作为一个宏观经济学家和国际经济学家，您认为引发这次全球性经济危机的基本因素是什么？姑且不谈别的国家，目前中、美两国政府的政策措施是否妥当？这样一次大的冲击对中国的改革发展进程又会产生什么样的影响？

珀金斯：一个对这次危机性质的全面解释会很长，但其核心显然关系到金融产业。而在金融产业，其核心问题是房市的泡沫——住房价格的一路上扬再加上几乎全无监管的按揭贷款业务和无人真正能懂的新兴金融工具。这一切便导致了大批次贷和其他住房按揭贷款的产生，与此同时，金融机构的员工有极大动机推动贷款的发放，即便他们明知这些贷款很有可能成为坏账，因为他们将因拉拢客户而获得巨额奖金，而在市场崩溃时他们早已脱离干系了。这个游戏的规则是错的——在某些情况下是规则太少，在另一些情况下，规则本身就是错误的。金融机构内部的激励措施是错误的，而对这些公司缺乏足够的监管也是问题的一部分。之后整个系统崩溃了，而那时泡沫已变得如此之大，以至于房贷市场崩盘对整个经济产生了巨大而深刻的影响。这暴露了欧洲和美国银行系统的脆弱。亚洲要好得多，因为那里的国家没有陷得那么深。当然，一旦欧洲和美国都已卷入危机，世界其他地区也难免被殃及。

陈津竹：是的，这里有个连锁反应。

珀金斯：连锁反应是通过贸易传播影响的，特别是在中国——不过还有别的许多国家——原来的出口市场已不复存在，但它也影响到了像日本这样的高收入国家。丰田公司可能会借此一统美国的汽车市场，但整个汽车市场的需求量已缩水很多。

陈津竹：是啊，他们虽抢到了更大的份额，却是一个小得多的市场的更大份额。

珀金斯：所以日本现在正在衰退中。

陈津竹：说起美国和中国政府，您会如何评价他们面对危机采取的政策？比如说现在备受争议的美国财政援助？

珀金斯：美国政府现在基本上已别无选择，除非能找到某种方法拯救金融体系以阻止其崩溃。做得好不好暂且不论，我觉得他们大致已经做了我们所能指望他们做的，但他们也可能犯一些错误。对于美国，这是一个全新的挑战，因此他们也是在摸索应对之策。原财长保尔森（Hank Paulson）不会承认自己只是在摸索，但其实他就是这样做的，从某种意义上说，他是在凭猜测做事，伯南克（Ben Bernanke）等也是这样。归根结底，他们是在努力恢复民众的信心，包括银行家等的信心，以使其重新开始放贷；以及其他民众的信心，以使其恢复消费和投资。说到底，最重要的就是人们的心理。希望这些具体措施能够改变投资者、消费者和银行家的心理，但它们尚未起到这样的作用。因此，我们要等等看。不过我认为他们做了应该做的。他们将会出台一项大规模刺激方案，因为需求下降得很厉害。现在看来靠货币政策显然已经不够了，必须还要有一个经典的宏观财政刺激计划。至于应不应该采取财政紧急援助，则是一个更为复杂的问题，而且正反两方面都可以找出理由来。不过我个人认为某种形式的救助是必需的，以确保汽车行业能够渡过难关，之后再对其进行重组。但目前尚没有真正能让汽车行业支撑下去的明确战略。对于银行体系，我们非常清楚会发生什么（指政府财政援助），而迄今的证据也表明这些已经在开始发生。因此，我认为对于美国，所需的措施是一个财政刺激以及长期对监管环境进行改革的结合。对于中国，我认为这次经济危机的作用是迫使其作出一些迟早都得做的决策，其中之一自然是经济刺激计划。而我对这4万亿元救市计划的最大疑问就是，所有这些方案——除了税收政策外，这确实是新的——所有其他的项目是否都是真正的新项目。所以问题是，这次刺激计划的性质是什么？是否主要是新增项目？如果都是新增项目的话，那么这就是一次对经济真正的刺激，而且可能是一次相当可观的刺激。或者他们只是把目前已经在进行的项目包装一下，这和前者是有区别的。不过我的猜测是他们将增加一些项目和投资，而且加速项目实施的进度，因为中国需要这么做。而这次经济危机迫使中国面对的，也是中国早就知道自己必须面对的事情——中国官方也是这么说的——那就是必须扩大内需所占的比重。中国不能指望出口额会继续迅速扩大了。

陈津竹： 这本来会是我的下一个问题，既然我们这么平稳地过渡到这里，那就再好不过了。

珀金斯：（笑）中国在1975年出口量只有97.5亿美元，在这样的基数上，20%—30%的年增长率可以保持相当长一段时间，因为对世界市场而言中国的分量太轻了，还不足以出现难题。而2008年的出口额已达到1.2万亿——

1.3万亿美元，而且仍在以超过20%的速度增长，也就是说中国的出口额每年增加2500亿美元。这意味着在六七年内，将达到4万亿美元。这自然会产生一个问题，那就是这么大的产量会给想要吸收它的国际经济造成很大混乱；而且中国也不太可能为那么大的出口量找到足够大的市场。现在7%的实际增长率已经算相当高了，可以让中国的出口额在10年内再翻一番。中国的出口增长速度迟早得放缓——我本以为这会发生得更早一些。事实上，外界将迫使中国放缓出口增长，除非中国和世界其他各国采取以邻为壑的政策，就像发生在20世纪30年代的情况那样，当时就导致了世界经济的大衰退，而且最终也没能提高任何国家的出口，因为整个世界的贸易额严重下跌。但是好的一面是，中国有很多能轻松扩大内需的可为之事。那个4万亿元的计划仅仅只是一个开端。我计算过为所有城市移民建造住房所需要的资金——为所有这些人建造住房是不现实的，因为其中一半甚至更多的人可能通过某种途径自己找到住处。但是现在让我们假设你们需要修建所有住房，并且依照和城市低价住房完全相同的成本标准——这些数字都是现成的，那么，要想在20年内将1000万户——我想是1300万户，也许是2000万户，我不记得具体数据了——迁入新住房，总共需要27万亿元，也就是4万亿美元。这是很大一笔钱，但如果你将它平摊到20年，1年就只是2000亿美元。所以我想说的是，单是这个项目每年就需要超过1万亿元的投入。筹措资金会遇到一些麻烦，但还是有办法的。而且造房所需的所有物资都是国内生产的：国产钢材、国产水泥、国产玻璃、本国劳动力等，不需要进口任何生产资料。所以这能为当前的需求结构带来一个重大转变。还有一系列其他事情可做。你不会希望由政府主导一切，因为这多半会造成效率低下。要解决的问题是如何让民众更多地消费。这当然是更为困难的一件事,因为这牵涉到如何降低储蓄率的问题。20年后,人口的老龄化将开始加速,而储蓄率将因为生命周期的影响自然下降。但不幸的是——在其他方面对中国而言是幸运的,但在这方面是不幸的——中国在很长一个时期内老年抚养比(65岁及以上人口与劳动年龄人口的比率)不会很高,因此这在未来15年内是不会发生的。但在此之后,人口老龄化问题就会开始凸显,而到那时你们需要面对的就是养老金问题了。你们必须解决医疗保险问题,以使得人们不必存很多钱来应付生一场大病所需的开支。不幸的是,要想解决这一问题需要更多的时间。但目前的危机实质上使得这些事情更为紧迫,因为如果你想保持别说是年均11%,就算是7%的增长的话,你也需要维持高水平的投资率和需求,而这反过来又会刺激投资。

五　中国与世界

陈津竹:我们知道,最近20国领导人齐聚华盛顿,协力探讨问题的解决方案。这对于推进中国进一步融入世界当然是非常有意义的。那么在一个全球化的背景下,您认为中国会在哪些方面获得更大收益?中国对于世界的意义又主要体现在哪里?中国在这一过程中又该采取一种什么样的态度?

珀金斯:究竟这对中国有利还是不利实际上并不完全清楚,但有一点却是可以肯定的,那就是中国将成为未来各种国际谈判的一分子。现在已经很难想象哪个重大国际经济行动能够不包括中国在内了。如果中国现在还没加入世贸组织的话，那就一定会有人想办法把它拉进来的，因为中国在国际贸易方面扮演了如此重要的一个角色。在金融方面，中国握有巨额的美国债券储备，这对中国或美国是不是一件好事姑且不论，但毫无疑问的是，这是很大的一笔投资，而且正起着至关重要的作用，中国也将因此而参与国际政治决策。这对中国是好是坏尚不明朗，因为也许让美国继续做世界经济的领头羊会更好。美国的这一地位赋予了它做某些事情的自由，例如，美元是世界上主要的储备货币这一事实意味着美国可以廉价"生产"数千亿美元的纸质货物，因为人们会用汽车或其他商品换取乔治·华盛顿的头像（指美元）。因此，美国的政策实际上有点不负责任，比如过低的储蓄率。这对世界是个问题，对美国也是个问题。因此，我们确实需要改变，而改变是不容易的。尽管利弊还不清楚，但我想我们现在讨论的问题是中国能否成为国际政治舞台上的一个重要角色。如果是，那就意味着中国政府将拥有更多的发言权。如果中国政府表现出色，那就是件好事；如若不然，那就是件坏事。（笑）

陈津竹：（笑）那您觉得我们目前的表现怎样呢？

珀金斯：我认为到目前为止，你们做得不错，因为中国已成功地融入世界。你们非常有效地利用外贸推动了国家的总体改革。例如，我认为在朱镕基担任总理期间，他和其他政府官员加快了中国入世这一事实是迫使国有企业面对竞争的关键。我认为从某种程度上讲，中国的领导层觉得单纯通过行政命令改革国有企业阻力太大，最好的办法是借用外力制造竞争以迫使它们改变，然后领导人就可以说，我也没办法啊，那是世贸组织的规定。

陈津竹：因此通过引进像世贸组织这样的超国家力量，

政府可以迫使企业改革而免受责难？

珀金斯：当然，当然。我认为这已经收到了相当大的成效，因此我觉得到目前为止一切都很顺利。中国不会对外汇储备采取任何激进的做法，我的意思是，如果他们总是折腾这些外汇的话，可能会造成相当大的混乱，但若他们突然脱手美元而把外汇储备转换成欧元或日元，究竟会带来什么影响，将是一个复杂的宏观问题。美国的利率几乎肯定会上升，投资率会下降，而这又将引起一系列的连锁反应。但是，中国并没有做任何这样具有破坏性的事，事实上中国在这方面的表现一直相当稳健，所以对于国际市场而言，中国是一个建设性的积极力量。在1997年的金融风暴中，中国并没有采取竞争性贬值措施。我认为中国在处理会影响到其他国家的关键性宏观经济措施方面表现得很好。看起来中国是相当有责任感的，而并非所有国家都能做到这点。而且我觉得中国从总体上讲还是受益于此的。至于中国未来的领导人是否能同样负责任，我们还要拭目以待。

六 经济学教育和经济学家

陈津竹：（笑）这也取决于谁将是未来的领导人。既然我们已经谈到了领导者的话题，那么我想再问一个相关问题。众所周知，实施改革开放政策30多年后，中国共产党和中国政府主要领导人的决策水平和能力都有了很大的改善和提高，也因此得到有些国外媒体很高的正面评价。我想，那些曾在美国高校留学后又返回中国的人在其中也作出了一定贡献，而哈佛大学正是一个最好的例子。这里的经济系曾经培养了一批出类拔萃的中国学者，而他们又在中国的大学里培养出了一批非常优秀的经济学者，其中不少人当下正是中国经济决策的中坚人物。哈佛的肯尼迪政府学院和中国中央政府以及大学等研究机构合作，近年来直接为培养中国新一代领袖人物做了许多非常有益的工作。作为曾经担任哈佛大学经济系主任的您，对于中国的经济学教育有什么样的建议呢？

哈佛大学图书馆内景

珀金斯：我曾为中国经济学会就这个话题写过一篇短文。总之，对于中国的经济学家，特别对于那些接受过西方博士项目培训的经济学家来说，主要的挑战在于如何将书本上的知识应用到对中国至关重要的实际问题中。要做到这一点，他们就必须思考什么是对中国真正重要的问题，而并非什么是当时在西方学术界最热门的话题。如果你根据在美国的经验认定你所应该做的就是照搬哈佛经济系或麻省理工经济系最有名的五位经济学家的模型，那就错了。

当然你可以这么做，而且这也有可能为你博得在国际学术界的声望，但也很可能意味着你的研究对中国就不会那么重要了，因为中国面临的问题和美国有很大的不同，而后者往往主导了政策经济学家的研究方向，这些理论经济学家反过来又强化了这种趋势。中国经济学家想要这么做也不是不可以，但它本身对中国的任何实际问题是不会有重大贡献的。所以，如果你是很认真地想为中国作出直接贡献，那就得想想什么样的技能是中国最需要的。而且通常来说，答案会比美国任何一所典型的大学经济系教育更偏重于应用。

陈津竹：不过在美国的博士生就业市场上，这类非主流的研究恐怕就不那么吃香了。

珀金斯：是的，不过实际上即便在美国的就业市场上，也有非常优秀的实证经济学家，他们也能找到很好的工作。但刚刚读完博士第二年并通过口试的人往往倾向于认为只有成为理论家才能获得成功。

陈津竹：这是否表明这个教育系统下研究生选题时的考虑和实际的市场需求有一些脱节呢？

珀金斯：是的，美国研究生院的经济学博士项目所鼓励的研究方向是相当清楚的。如果你能成为一个非常好的理论家，特别是在年轻的时候，就能比实证经济学家更早成名。但事实上，很少有人能够真正成为优秀的理论家。大量在这个系甚至这整个国家被归为理论家的人所做的贡献都不大，因为理论是非常难做的。研究经济学的聪明人有很多。迄今为止，在我这一代我所知道的最聪明的一个就是保罗·萨缪尔森（Paul Samuelson）。他正好在一个经济学家还很少的年代崭露头角，因此能够在非常年轻的时候就在很多领域作出贡献。我想不出任何人能够在经济理论

这一块作出哪怕有萨缪尔森10%的贡献，无论是在哈佛还是其他大学的经济系。

陈津竹：即使只有萨缪尔森10%的成果，也足以让一个人成为世界顶级的权威经济学家了。

珀金斯：任何人只要有萨缪尔森10%的成就就能获诺贝尔奖了。之所以他只拿过1次诺贝尔奖，是因为给他10次就说不过去了。但无论是做理论研究还是政策研究，基本要求都是要真正作出贡献。你已经掌握了合适的经济学工具，但还需要找到切合中国国情的运用方法，而绝不能仅仅成为西方学术界的附庸。我可以举一个例子。当我第一次在韩国开发研究院（Korean Development Institute）工作时——它是1971—1972年成立的——我们有3个人于1972年花了夏天的部分时间协助其成立：我整个夏天都在韩国，西蒙·库兹涅茨（Simon Kuznets）停留的时间很短，而罗伯特·多尔夫曼（Robert Dorfman）花了一个多月在韩国帮助他们。他们之前从西方招募了12名经济学博士，其中11人来自美国，1人来自德国。这已经让韩国有博士学位的经济学家数目长了3倍，从6人变成18人，当然可能还有其他一些人。他们付给这些经济学家在当时看来非常高的薪酬以吸引他们回国。在回国后的头六七个月内，他们所做的几乎全是生搬硬套他们在美国做过的研究，以及他们所认定的一个"好的经济学家"应该做的事。坦白地说，他们的大部分工作是毫无用处的，尽管从理论上讲是没有问题的。我们3个人的主要工作就是阅读他们所有的报告论文，然后一位姓金的经济学博士——我不太记得他的韩国名字了，他拿的是密苏里大学（University of Missouri）的经济学博士学位，也是首批返回韩国的6名经济学博士之一，后来当上了副总理——把那些新募韩国开发研究院的经济学家单独叫进来，然后库兹涅茨、多尔夫曼和我就开始详细剖析我们所认为的问题症结。我们批评的底线是，我们不会无礼地说，看吧，你们对韩国一无所知。但我们会说，你们这样干不行；你们没有花任何时间，也没有做任何了解韩国国情的努力，你们只不过是从书架子上拿了一些现成数据，之后就靠这个到处糊弄别人，而你们甚至都不知道这些数据是否可靠。你们不清楚韩国的问题到底是什么，也没有取得任何特别有用的成果。你们一定要走出办公室，去寻找真正关系到大局的一些问题。要知道，你们是政府的高级智囊团，因此有机会获得各种资源，你们只需要做点实事。其实金博士并不需要我们告诉他问题是什么，但若由他本人跟他们说这些，他们就会说，他懂什么啊，他不过有个密苏里博士头衔，那算什么？在美国的排名也就是第四五十位，或是一百位；而且他还是韩国人，所以他什么都不懂。但现在有三位哈佛的教授告诉他们，你们得这样做，于是他们就会照我们所说的去做了。这些人对当时韩国经济的发展产生了重大影响——到了今天可能余留的影响已经不大了，但在当时的影响却是很大的。对于如今所有回国的年轻的中国经济学家，他们面临的挑战基本上也是一样的。

陈津竹：您刚才所说的主要是针对像我这样在国外接受高等教育并打算学成回国的人的情况而言的，那您对在中国接受教育的人又怎么看呢？或者更广泛地说，您如何评价中国现在的高等经济学教育系统呢？

珀金斯：它已经改进了很多。在20世纪80年代，一些在计划经济下接受训练的人实际上具备了很强的能力。你知道董辅礽吗？他是在武汉接受教育的。他具有真正的分

析能力，可以提出一些西方经济学家想不到的问题，比如说，什么是恰当的投资水平？在美国，通常人们就会把实际数据或是由市场运行产生的数据视为理所当然的了，而他却会提出一些结构性的问题。当然还有其他一些人，比如黄达，他是人民大学的教授，后来还当上了人民大学的校长。他在宏观经济方面完全是自学成才的，但他是一个很优秀的经济学家。因此说，有一些"国产"经济学家也是受到了良好培训的。他们很聪明，也有能力迅速调整以适应新的局势。对于在国内接受教育的人来说，特别需要做的就是多往外跑跑，增长国际经验，并借此认知国外的世界。我认为，在技术层面，一个清华学生现在所接受的理论训练已经和哈佛学生一样好了，特别在数学方面，他们很可能比绝大多数在美国接受数学训练的人都要强。但要说他们的经济学水平到底怎样，那就是一个更复杂的问题了。现在你们已经有很多懂得现代经济学和西方经济学的人了，他们的执教水平显然不会差——像中国经济研究中心就有不少这样的人才，清华大学现在也有不少了，其他地方无疑还有一些，比如复旦大学——我曾在那里待过很长时间。所以我的猜测是他们得到了很好的技术上的训练，至于在创造性研究和政策研究方面的训练是否同样优良，那就很难说了。再次以韩国为例——因为我对它的了解更深——我感觉大多数优秀的韩国经济学家都有西方学位。在某些领域，比如说历史学，韩国的博士项目可能会优于西方教育，但也并非总是如此。当然在经济学领域的情况就完全不同了。事实上，韩国大学也极少鼓励他们最优秀的学生留在国内攻读博士学位，而是会鼓励他们出国留学。这些大学通常授予他们硕士学位，然后把他们送出国。他们这样做并不是因为自己教不了技术知识，而是因为觉得只有韩国的教育经历就过于狭隘了。像哈佛这样一流大学的优势从很大程度上来讲就在于它现在是一所国际性大学。如果回到1920年，哈佛大学还是由新英格兰地区富有的本科生占据的，这在当时当然也是一件不错的事，因为这使得我们获得了很多钱。（笑）

陈津竹：这就是我们刚才所说的纯经济增长，在起步阶段是必要的（笑）。在我看来，可以用规模经济解释这一点，因此一流大学才能积聚越来越多的人才。

珀金斯：是的，毫无疑问，在哈佛大学的学习阶段，你能从同学身上学到的不比从教授那里学到的少。而通过接触这里在各个领域处于研究前沿的教授，也会获益匪浅。这样的学者在中国要少得多，而密苏里大学也是一样。不过还有一些你可能不会选择的但实际上非常好的学校——因为你上的都是牛津、哈佛这样的名校——比如伊利诺伊大学（University of Illinois）就有一些杰出的经济学家，也为中国培养了一些重要的经济学家。从很多方面来讲，我们在哈佛国际发展研究所（Harvard Institute for International Development）有过的一名最优秀的研究员就是毕业于伊利诺伊大学的博士。在中国，我记得现任中央银行副行长的易纲就是伊利诺伊大学的博士。他是在印第安纳大学（Indiana University）获得终身教授职位的，但他的博士学位是在伊利诺伊大学获得的。

七 中国进一步的改革与发展前景

陈津竹：从中共十一届三中全会到十七三中全会，整整经历了30年时间。以我非常有限的学识和经历，都已强烈感受到了这30年来中国所发生的变化甚至超过了此前的一个多世纪,甚至更多。那么,据您更丰富的经验和在亚洲经济和社会发展史方面更为全面的研究,您认为过去30年在中国改革的历程中有哪些主要的亮点和遗憾?未来中国的改革又会面临哪些挑战?或者更放开来讲,您觉得中国再过30年又会是怎样的一种景象?对于中国人民以及对于全世界,"中国"这个词又将意味着什么?

珀金斯:说到如何看待中国的发展经验,或者说整个东亚地区的发展经验,你可以批判其某些方面,但总的来说这是一个令人惊叹的成功故事。几周前,我在北大作过一次演讲。我说,即便是"文化大革命"也有其积极的一面。我的意思是说,它造成的破坏是如此之大,以至那样的政治动员方式基本上完全被推翻,从而催生了后来的改革。如果那次运动并没有沉重打击到那么多人,特别是那么多共产党的精英,要想实现之后的变革就要困难得多。因此,基本上我觉得中国的发展历程没有什么遗憾的。但如果我身在中国,我肯定会对"文化大革命"感到遗憾(笑)。展望未来,假设国际和国内局势能保持一定程度的稳定的话,我认为不难想到将会发生什么样的经济变化。重头戏将是中国的城市化进程,它将从根本上改变中国广大人民群众的生活。我预期高速增长将继续保持15年左右,之后才会逐渐放慢——这里的放慢是相对于现在的速度而言,而这将导致经济的持续转型、生活水平的进一步提高、国内生产总值的继续增长、中国在世界经济中作用的持续增大,等等。这种预测是很容易的。你可以设想出各种可能与这种预测不符的情况,但现实可能性不大。这是积极的一面。而比较难决断的问题是,我不认为中国可以长时间保持目前这样的统治方式。我不知道"长时间"到底是 10 年还是 50 年——应该会长于 10 年，但少于 50 年——我不知道确切数字会是多少，但这样的方式是不可能一直维持的。你可以通过这样的方式管理哈佛大学。在一定程度上，哈佛就是由六个自我任命的人在管理的。你知道哈佛是怎样运作的吗？

陈津竹：我知道哈佛大学是由理事会和董事会管理的。

珀金斯：有两个机构。其中之一是督学委员会，这是由校友选举的，没有实权。另一个是哈佛理事会，这就是那个由六名完全自我任命的人管理的机构。当其中一人退休时，他们就再任命一人。这也包括理事会主席。如果该理事会当时决定不理会教员的反对而力挺劳伦斯·萨默斯（Lawrence Summers）继续担任哈佛校长的话，那他就能当下去。如今，在哈佛大学，有很多决策权已下放给了各院系，所以校长不再是大权独揽。理事会实际上并不干涉学术业务，但他们负责决定要修建哪些建筑，决定教职人员的薪酬，以及很多其他重大事项。你可以这样管理哈佛。但你不能这样管理一个有着 13 亿人口的国家。在一定程度上中国仍然是这样运作的，当然不是由六个人，而是一个大一些的团体，但在重大问题上还是由政治局常委掌握最终决定权的。你可以这样管理新加坡和中国香港——也许中国香港不行，但新加坡政府就非常成功地像运营一家公司一样地运作了这个国家，而且做到了把所有顶尖人才都吸纳进政府；他们也有选举，但执政党通过恐吓反对派以防止他们与之抗争。但从长远看来，你不能以这种方式治理中国。我认为，从总体上来看，中国在过去的几十年里一直运行得相当良好——这包括经济领域，但并非仅限于

经济领域。我认为中国政府在处理汶川地震一事上真的在很多方面都做得非常漂亮，而且温家宝总理在地震发生后几小时内就抵达该地区，并和很多相关人士开会讨论救援方案。这些都是当天晚上发生的，而且超过12万的军人在几天内就抵赴现场，武警甚至到得更早。这是令人印象非常深刻的。如果改变统治方式，中国可能会损失一些效率，但也能因此纠正许多当前政府效率低下的地方。在未来的20年、30年或40年内，中国需要找到别的出路。简单地讲，就是中国必须找到一种能让大部分人参与政治的方法——必须是真正的参与，而不能仅仅停留在口号上。即便是像选谁当国家领导人这样的重大问题，政策决定在一定程度上也必须下放。部分难点在于如何设计出能做到这点的一整套系统，而另一部分困难则在于如何顺利过渡到这样一个新的系统。我刚举过韩国的例子，在经历了数年的暴乱和催泪瓦斯战后，军政府最终退出了。的确，那不是最好的办法，但韩国政府从此至少有了一个反对党，国会中也有了反对派。虽然他们总是在逮捕反对党成员，但至少反对党是存在的，而且也能在选举中当选，因此韩国实际上开始了竞争性选举。中国如今在中央委员会层面的选举中已经有了一点竞争，但不多，因此还有一条很长的路要走。我不知道如何能够到达彼岸，但在我看来这将是中国前进道路上最大的挑战。现在的问题是，大多数政治家都有很强的动机把长远问题搁置一边留给他们的继任者。对于任期4年或8年的政治家来说，这是一个弊端，因为他们的视野很短，往往也不会考虑20年后会发生什么事情。中国在此方面可能有一定优势，因为其主要领导人能够看得较远，但也还是不够远。所以我认为这是个大问题，只有极富创造性的领导人才能应付这一问题。

陈津竹：非常感谢您接受采访，我从中受到了很多启发。

珀金斯：噢，我很享受这个访谈过程，而且我所做的不过就是高谈阔论而已。（笑）

中国经济的内生增长

受访人——沃伦·麦克法兰（F. Warren McFarlan）
采访人——李湛

沃伦·麦克法兰教授

沃伦·麦克法兰，毕业于哈佛大学商学院，获工商管理博士学位。现为阿尔伯特·戈登（Albert H. Gordon）工商管理教授，曾任哈佛商学院高级副院长及亚太地区总经理。

麦克法兰于1959年在哈佛大学获得学士学位，并于1961年和1965年在哈佛商学院分别获得工商管理硕士和工商管理博士学位。他在将管理信息系统的相关课程引进哈佛商学院的过程中起到了关键作用。管理信息系统课程1962年在哈佛商学院正式设立。他长期执教"高级管理项目"、"提供信息服务"暑期高级管理培训项目和工商管理硕士第二年课程"在中国经商"。

麦克法兰教授在哈佛商学院担任了很多高级领导职位，包括高级管理项目主管、所有高级工商管理项目的主管（1977—1980年）、分管研究的高级副院长（1991—1995年）、分管外部联系的高级副院长（1995—2000年）、分管亚太地区的高级副院长（1999—2004年）。另外，他还是T. J. Dermot Dunphy Baker 基金会工商管理讲座教授、阿尔伯特·戈登工商管理名誉讲座教授。2009—2015年，麦克法兰受聘担任清华经管学院中国工商管理案例中心客座教授。

麦克法兰教授发表出版了很多专著和论文，他也是若干企业和非营利组织的董事会成员。

主编手记

2009年1月,哈佛商学院副院长沃伦·麦克法兰教授应邀接受了哈佛大学统计系的博士候选人李湛的访谈。主要涉及中国经济未来的发展、政府面临的挑战、公司治理和信息技术等方面的问题。

一　总体趋势

李湛：首先,我有一些关于经济总体趋势的问题想请教您。现在正是世界经济的一个困难时期,大家都很担心经济衰退的问题。在这种情况下,您是怎样看待中国经济未来发展的呢？现在似乎中国的经济也受到了美国和其他工业国家衰退的影响。

麦克法兰：你的问题非常有意思。中国经济在过去30多年中取得了举世瞩目的发展成就,年经济增长率经常是10个、11个或12个百分点。中国经济增长面临的问题是中国经济很大程度上是出口导向型的。中国和美国之间有这样的长期合作关系：中国乐于持有美国的债务,而美国也乐于用借来的钱来购买中国的产品,这样做的结果是现在中国拥有非常完善的基础设施和加工制造能力。中国同时也拥有了大量的外汇储备。

中国面临的很重要的挑战是如何在美国需求下降的情况下保持经济的内生增长。中国的消费率过低而相应的储蓄率过高。现在的问题是如何打破这个循环。解决这个问题很重要的一步就是建立医疗保险和退休养老保障制度。当这些社会机制都到位了以后,中国人民就不用像现在一样拥有大量的储蓄,他们可以花钱来带动本国消费的增长。现今中国的状况是很多人仍然游离在医疗保险之外。例如

他们要去做一个阑尾切除手术，如果没有医疗保险，他们就必须向医院交纳现金，没钱就不给做手术。中国未来需要改变这一情况。

但是我非常看好中国经济的前景。我认为目前问题的解决方案，一是要刺激国内消费，这一点正是我前面描述的；二是要为经济增长确保足够的自然资源。中国现在在能源上不能自给自足，而且中国自给能源大多数依靠烟煤，这也造成了很严重的环境问题。因此，中国的非洲战略、澳大利亚战略对中国获得必需的原材料、保持经济发展非常重要。

关于中国面临的挑战，我最后要指出的是中国有很严重的环境问题。大多数人认为环境问题就是空气质量问题，但是实际上，水质问题更加严重。但是，在注意到问题的同时，我们也应该看到中国的劳动力素质对这些问题有缓解作用。中国的教育水平与印度相比是非常高的，这些人力资源使我对中国经济非常有信心。

李湛：您提到中国经济的关键是保持经济的内生增长，而为了实现这一点，中国必须促进国内消费者需求的增长。这是一个短期的挑战。您认为对中国政府来说，哪些长期的任务是最重要的呢？

麦克法兰：我认为中国政府正在集中精力于这些重要的长期任务。第一个任务就是和美国一样，向经济注入流动性（中国政府最近5700亿美元的刺激计划是很恰当的）。中国已经取得了实质性的进展。第二个任务就是很可能从主要城市开始建立退休和医疗保障制度，这样的话，中国人就不需要有那样大量的现金储蓄来应对紧急情况。中国过量的储蓄是个很大的问题。美国的储蓄率如此之低的原因是美国有社会保障制度。社会保障制度就意味着人们在退休之后，平均每年能够拿到 35000—40000 美元的退休金。同时在美国，大多数人也享有医疗保险。这些制度已经在美国的经济体系中完全建立了起来。当人们有医疗保障或者退休保障之后，他们就不需要储蓄他们收入的 50%。他们可以很安全地只储蓄 10% 或 5%，并用额外的收入购买宽屏电视、汽车或去度假，等等。当一个人没有这些保障的时候，他只能依靠自己，这就会导致很高的储蓄率。

李湛：您能点评一下中国未来各行业发展的趋势吗？您认为发展最快的将是哪些行业？哪些行业会比其他行业有更好的长期发展潜力呢？

麦克法兰：这是一个非常有趣的问题。首先，基础设施建设相关的行业会非常重要。中国的情况和泰国 30 年之前的情况很相似。当时泰国最大的公司是暹罗水泥公司，他们几乎垄断了所有公路、建筑、机场使用的水泥和混凝土的生产。中国过去 30 多年的优势是中国能大量投资于基础设施建设，这包括中国的电信业（首先是有线无线而现在是有线网络）、铁路（现在中国正在兴建南北铁路干线来补充原有的东西运输走廊）和高速公路网。在未来的 30 年内，中国对基础设施建设投资的需求是非常巨大的。

另一个关键的行业是石油加工业。石油加工业的发展能够调整产品在源头加工（不可取）和在中国加工（可取）的比例。随着越来越多的石油在中国加工，相应的，更多的资金应该投向污染控制。这就是中国第三个关键的行业。现在，在中国全国范围内都有空气污染、水污染和生态退化的问题。当然，受环境问题影响最大的人并不是那些来到中国，注意到北京空气质量问题的外国人。最终，受到影响最大的还是中国人。

洁净的空气和洁净的水源对中国的下一代非常重要，

这个问题需要认真加以解决。解决这个问题很重要的一步是要决定中国应该允许交通业以什么样的速度发展，以何种方式发展。中国人民需要汽车，但是现有的汽车非常消耗石油资源，而且污染空气。中国需要新型的交通工具，一种介于自行车和现在的汽油驱动车辆之间的交通工具。在现在这个特定时刻援助通用汽车公司是一个巨大的讽刺。因为在下一代交通工具中，由于效率和污染的原因，我们需要新型的推进引擎，这和通用汽车公司精于生产的引擎是非常不同的。也许与改造现有的公司相比，更容易的办法是等现有的汽车公司灰飞烟灭之后由新的公司开发这些技术。汽车业可能与美国历史上钢铁业的命运是一样的。现在，美国钢铁业繁荣时期的巨头——美国钢铁公司、伯利恒钢铁公司、内陆钢铁公司——都消失了，为小型作坊和外国供应商所取代。今天的美国汽车工业也许也会有同样的经历。

食品业、食品加工业、零售业也是很有增长潜力的行业。中国这些行业中现在缺少一些很重要的基础设施，而这最终会创造新的产业。我们可以举食品冷链和批发配送商这两个例子。中国需要一种能快速、经济、安全地将肉类配送到市场去的方法。在理想的情况下，我们应该在产地附近进行肉类屠宰加工及冷冻，然后将加工后的产品用冷藏车进行运输，最终送到零售商店并销售给居民，或者直接送到餐厅。

现在中国还没有像西斯科（Sysco，一个美国的批发配送公司）这样能更有效地将食品从生产商配送到商店或者餐厅的公司。

现在中国并没有可靠的食品冷链。我们对中国的一个食品包装公司做了很有趣的案例研究。通过研究，我们发现中国人均猪肉消费量是全世界第一（年人均超过 80 磅猪肉）。上海消费的大多数猪肉，生猪都是在南京附近饲养的。现在，每四辆南京至上海高速公路上的卡车，就有一辆满载着活蹦乱跳、挣扎尖叫着的生猪的车。这些生猪将被运到上海屠宰加工。更准确地说，这些卡车一开始都满载着活蹦乱跳的生猪，而到上海以后这些生猪就大不如前了。如果中国有食品冷链，这些生猪就能在南京饲养，在南京屠宰冷冻。冷冻猪肉会通过卡车运送到上海，并最终通过批发供应商配送到餐厅和商店。今后 20 年中，南京和上海之间将建立这一食品冷链系统。这样的结果是肉类产品会更加廉价而且安全。

中国另一个缺失的可以提供附加值的基础设施是中国的金融支付机制。支付现在还是主要依靠现金，而非借记卡和信用卡（中国缺乏可靠的信用信息）。这种情况也正在发生迅速的变化。

李湛：您认为当今世界最重要的趋势是什么呢？他们会对中国产生怎样的影响呢？

麦克法兰：关键的一点是一个国家的繁荣取决于增加其产业的附加值。中国的一位知名经济学家对这个问题描述得非常好。他认为中国经济最大的梦魇将是中国成为世界的血汗工厂。基本上，如果没有重大的技术变革的

哈佛商学院标志物——大钟

话,每天工作 12 小时,用双手生产产品的工人很难大幅度提高劳动生产率。他们需要自动化和信息技术。没有技术附加的工作方式与 19 世纪伦敦和纽约血汗工厂的情况没有什么本质不同。那位中国的经济学家指出,中国进步的关键在于进行产业链升级,使用更多的信息技术,创造更多有高附加值的服务。我认为这种观点是正确的。中国已经对网络和信息技术进行了巨大的投资,但是中国以后还应该继续进行投资,直到能充分利用这一技术带来的好处。

中国的国际收支,在宏观上来讲,应该和世界其他国家的收支大致保持平衡;中国的进出口也应该更加均衡。最终人民币的汇率需要调整到能够平衡中国的进出口的水平。中国出口外向型的策略已经让中国开始腾飞。但是开始发展之路并不等同于持续发展之路。你可以看到中国像纺织业这样的劳动密集型产业正在收缩。中国有大量的工厂关闭,而工作机会已经开始向越南、孟加拉国、柬埔寨转移。

李湛:我对中国应该如何实现产业链升级很感兴趣。我很理解大家担心中国有可能成为世界的血汗工厂,生产劳动密集型而不是技术密集型的产品。我也认为中国有很多制造业并不是技术导向型的。我想问您的是您认为中国未来应该怎样创新?如果想升级产业链,中国必须有自己的创新能力。您认为中国在哪些行业会最先创新呢?中国应该如何开始创新呢?

麦克法兰:中国有很强的计算机、信息技术产业,这是很好的基础。因为中国有很强的知识储备,很多跨国公司,例如微软,都把它们的研发中心放在中国。对中国而言,一个很有意思的挑战是中国很擅长理论科学技术研究,而并不擅长应用工程技术研究。中国缺乏一整套的高等职业培训体系。中国有清华、复旦这样的学校，它们每年培养了很多博士级的高等人才。但是中国也需要像冰箱设计师这样的做相对低一个级别但却是很重要的技术增值工作的人才，这正是中国比较匮乏的。填补这个空缺很重要但是需要时间。

二　公司治理和创新

李湛：让我们开始第二部分的问题：中国公司治理和信息技术。我的第一个问题是很多中国公司都想"走向世界"，您认为什么是中国企业走向世界，成为真正的跨国企业的关键呢？

麦克法兰：你提出的问题非常有趣。在中国，企业与国家之间的关系十分复杂。当然，在美国，企业与国家之间也有千丝万缕的关系。我们都记得最近当主要银行出现危机的时候，美国联邦政府采取了重大的举措确保很多行业的正常运转，甚至"国有化"也被频繁提及。同样，现在美国政府也参与了解决汽车行业金融危机的努力。如果我们必须挽救汽车业的话，美国政府是应该给汽车公司贷款来维持正常运营，还是将汽车公司国有化并取代股东会才是更好的选择？被国有化的公司和私营公司在同一个行业能并存吗？得出这些问题的答案既不容易也不明确。

资本主义是非常复杂的，在很多时候也是痛苦的。熊彼得（Joseph Alois Schumpeter）提出了"资本主义创造性破坏"（The Creative Destruction of Capitalism）的必要性。当新技术出现的时候，往往新的企业组织也会出现，而旧的企业组织就会退出历史舞台。在新英格兰地区，这种现象非常明显。1920 年前后，这里曾经是世界重要的纺织业中心。所有的纺织工厂现在都消亡了。因为工作在向南方转移，所以这些工厂都消失了。同样的，如果你在20世纪70年代来到新英格兰，你会发现遍地都是微型计算机企业。迪吉多公司（Digital Equipment）、通用数据公司（Data General）当时都是大雇主。这些公司现在都已经破产消亡了，而新英格兰地区也正在将自己重新定位为生物科技的中心。

哈佛商学院一角

中国公司治理面临的问题是：如何帮助企业重新定位自己？如何迫使低效的运营方式消亡，促使新的运营方式取而代之？在美国有一个修复机制，这就是每4年一次的大选。当政府被认为和人民脱节的时候，它就会被替代。很多时候选举都是很程式化的，但是每隔30年、40年或50年，大选结果就会给美国带来彻底的变革。这正是美国2008年发生的。1980年里根当选、1932年罗斯福当选，也都带来了彻底的变革。重新定位、重塑自己对于现在的中国来说是一个很大的挑战，因为中国现在并没有一种政治调整机制。但是重新定位对中国还是非常必要的，希望这不会引起大规模的社会问题。

当我们讨论中国公司治理的挑战时，电信行业是一个非常精彩的例子。大概5年前，电信产业部决定轮换四大国有电信集团的领导层。四大国有电信集团的首席执行官都接到调令，只有3天的准备时间。网通的首席执行官调往联通，联通的首席执行官调往移动，等等。这显示了政府相对于企业的巨大权力。同样的道理，2008年政府又决定拆分重组网通。这些都是基于政府的命令。好的公司治理要求政治过程能与经济因素同步。能够适当地解决这些问题的公司治理机制在中国还在发展中。在公司层面上有效地分配资源只是成功的一个因素，而且甚至不是最具决定性的因素。总而言之，中国政府和工业企业之间的关系非常复杂，而且还在发展变化中。

公司治理是很复杂的。甚至在美国，自由市场的意识形态在实际中也不是按人们想象的那样运作的。就拿洛克希德·马丁（Lockheed Martin）、诺斯洛普·格鲁曼（Northrop Grumman）、通用动力（General Dynamics）这些公司为例，美国的航空航天业一直是四五个表面上独立的公司之间的受控竞争。美国政府希望航空航天业中保持四五个企业，以保证美国一直能够发展出需要的航空航天设备。美国政府通过受控竞争的方法来实现这一目标。中国的情况也很类似，只是引导机制有所不同。我有一个2007年关于中国网通的非常好的案例。当时中国网通是一家纽约股票交易所上市公司。当我的学生一开始研究网通的时候，他们认为从公司治理的角度来看，网通并不是一个很

有意思的案例。网通只是一个正常的董事会中有五个外部董事的公司。但是，这个案例也包含着董事会中所有董事的个人简介。通过分析这些简介，我的学生们突然发现在董事会的五个外部董事中，有四个很明显地既是党员也是高级政府官员，而另外一个外部董事也与工会有明显的联系。董事会只是一个西方公司治理方式的外壳。实际上它仍然完全是由中国信息产业部控制的公司。中国的公司治理非常不同于西方模式。

中国在战略性行业有特殊的公司治理机制。战略上不是那么重要的行业其治理机制则有所不同。非战略性行业中的很多企业是新兴的创业企业或是以乡镇企业为基础发展起来的企业。他们的公司治理与战略性行业的公司治理非常不同。这样的企业中有一些已经有了很大的规模。万向公司是一个很好的例子。万向公司是一个成立于1969年的汽车配件公司，它最初是一家乡镇企业，没有得到任何原材料方面的政府授权。他们最初是把人民解放军遗弃的大炮制成耕犁而起家的。他们找到废弃的大炮，将它们冶炼熔化，并最终制成耕犁。当发展到汽车配件领域的时候，他们抓住了机会，用质量赢得了一个关键的万向节的竞标。在进入汽车配件领域之后，他们一直在发展壮大，现在他们的市值是70亿美元。他们在美国分公司有12亿美元的市值，雇用了4000多名美国员工，进行了13次重要的海外收购。他们收购了很多有质量控制问题、劳工问题的公司，这些公司也乐于出售自己。万向公司的美国总部就在离芝加哥的奥黑尔国际机场（O'Hare International Airport）不远的地方。万向公司的公司治理是家族企业式的，它的创始董事长还健在，大概七八十岁。中国分公司的董事长是他的儿子，美国分公司的董事长是他的女婿。他的女婿在肯塔基大学（University of Kentucky）获得了博士学位，而后在美国加入家族企业工作。所以万向是一个庞大的家族企业，70亿美元的市值就在于纵横交错的姻亲关系之中。

总而言之，中国有国有企业，也有乡镇企业和白手起家的创业企业。每一种企业都有不同的公司治理模式。最后，中国也有外资企业。如果这些外资企业被认为在向中国进行技术和专业知识的转移的话，他们也会受到中国人民的尊敬。

在中国，创业机会仍然很多。在1910年，美国有13万英里铁路而中国只有156英里铁路。当时中国有巨大的扩建铁路基础设施的创业机会。中国发展到今天，如果你去上海，去看看上海的浦东，你会认为你在世界上最现代化的城市。你能看到摩天大楼，你能看到四通八达的道路，你能看到交通堵塞。然后你就可以开始寻找现在中国还没有的东西。这包括我们前面提到的食品冷链、信用体系等中国还有差距的地方。这些行业都有非常大量的创业机会。我告诉我的学生，作为创业者，去中国的时候，你们应该做的是拿一本美国的黄页，随机翻到一页，记下前100个行业。当你到上海的时候，你应该去找那些在美国的黄页上出现但是在上海却不存在的行业。这些就是以后的机会所在。中国充满活力，给了新企业发展壮大的机会。

公司治理是一个发展变化的过程。公司治理取决于什么样的外资企业能够被允许进入中国市场？中国能否允许让跨国公司进入一些核心行业以促进技术转移？还是有一些行业过于关键以至于政府不会允许竞争介入？对于在这些受保护行业中的国有企业，政府需要激励它们变革和创新。例如，在和中国联通合并之前，中国网通是一个白手起家的企业，它1/4由上海市政府持股，1/4由中国科学院

持股，1/4 由国家广播电影电视总局持股，1/4 由铁道部持股。建立网通的创业努力得到了当时朱镕基总理的帮助，主要目标是建立中国 300 多个城市之间的光纤网络。这一举动开启了电信产业结构的变化。中国网通是一个非常创新、有点打破常规的公司，它的出色表现也使很多其他电信公司感到尴尬，最终，这导致了电信部对其他电信集团的重组。作为重组的一部分，中国联通的一部分并入了网通。这带来了管理模式的很大冲突，网通原来的创新团队没有办法将两个公司很好地融合，最终离开了网通。但是，经过这个痛苦的经历，中国现在拥有了现代的光纤网络。

当你越深入了解中国的公司治理的时候，你就越会发现不同公司治理机制之间的融合很有趣。不同的治理机制在各个行业都会有不同的运作方式。

麦克法兰在清华大学经济管理学院演讲

李湛：您能再简要谈谈那些非国有企业，例如万向和阿里巴巴这样的公司的公司治理吗？您认为这些公司在治理方面有什么应该注意的呢？

麦克法兰：这是一个有趣的问题。公司治理在中国还在发展中，在保持创业变革的动力的同时兼顾企业的战略地位是非常困难的。我刚刚完成了一个关于中国公司治理的技术报告，例如，在世界其他地方，公司治理的很重要的一部分是并购行为，中国并没有完善的并购行业，中国公司管理过程中的市场机制与美国的情况很不一样。

中国也一直有企业发展和企业员工待遇之间的矛盾。在中国原来的国有企业中，大家都是铁饭碗。工人会在一个企业工作很长时间，而相应的，企业也负责工人的住房、医疗和退休生活。从美国现在的角度来看，这是非常糟糕的公司结构。但是，实际上，这和通用、福特公司80年前的运营方式并无不同。

对于这些老式的公司来说，问题是拥有新技术的新型竞争者的出现。这些新的公司没有老公司那样的历史成本负担，因此这些旧式的公司在竞争中日渐式微。通用汽车现在的困境与中国的国有企业的问题大同小异。如果你关闭旧的工厂，数以百万计的工人就会失去他们的工作。这会造成很大的社会问题。被解雇的工人会在很长时间内公开抗议，因为他们感觉自己被社会遗忘了。这是一个很棘手的问题，也是一个全球性的问题。同样的社会问题正在密歇根州和中国发生。密歇根州现在有全美最高的失业率。那些汽车工厂的工作岗位正在消失，而且再也不会回来了。工作岗位消失的过程是很痛苦的。我的意思是年轻的一代必须学会做其他的工作，或者搬迁到其他有新兴汽车产业的州去。

看看美国现在关于汽车行业的辩论。一个来自田纳西州的共和党参议员一直在试图阻挠援救汽车业法案的通过。

他说田纳西州有非常高素质的汽车工人，他们为外国汽车制造商工作，工资只有通用汽车现在支付的工资的一半。因此，他说，为什么田纳西州的公民要援助那些通用汽车在密歇根州拿超额工资的工人呢？中国也有类似的问题。日渐式微的中国国有企业与美国汽车行业面临一样的社会问题。

在新英格兰地区，20世纪上半叶，所有的纺织企业都消失了，一个不留。新英格兰在20世纪50年代是个很可怕的地方。当时新的一代人必须完全重新定位、重新发现自己。在50年代晚期，我们在这附近开始发展信息技术硬件公司。它们曾经发展迅猛。新英格兰地区有技术、教育资源和风险资本，我们也在附近建立了很多的技术基础设施。不幸的是，新英格兰地区在技术创新方面相对比较慢。因为我们的发展比较慢，更加灵活的信息技术公司在西岸的硅谷发展了起来。惠普、英特尔和其他一些公司基本上摧毁了新英格兰的信息产业。但是现在，在2009年，新英格兰重新发展起来了，主要围绕着医药、生物技术。现在这附近都是生物技术公司。

这正是中国现在面临的挑战：如何能够为新的高附加值产业的发展创造良好的环境，同时帮助原有产业的工人接受培训并融入新的产业。问题是年纪大的工人在适应新产业的过程中会有很多麻烦，往往是只有年轻的一代能够比较容易地适应新技术。中国需要担心的就是社会的平衡问题。

探索发展的多样性制度建设道路

受访人——彼特·霍尔（Peter A. Hall）
采访人——罗祎楠
合作人——陈奕伦、张泽

彼特·霍尔教授

彼特·霍尔是哈佛大学政府系欧洲研究中心克虏伯基金讲座（Krupp Foundation）教授、哈佛大学政府系明达·德·古恩茨伯格欧洲研究中心（The Minda de Gunzburg Center for European Studies）教授。他研究的领域为比较政治经济学。彼特·霍尔是该领域具有领军性的学者。他提出的"资本主义多样性"（Varieties of Capitalism）、政策范式演变、研究方法的本体论变迁等问题，都为比较政治经济学研究开辟了新的领域，其多个研究成果已成为被全世界相关领域学者广泛阅读讨论的经典。

主编手记

2009年，哈佛大学东亚系博士罗祎楠在哈佛留学期间，对政府系教授霍尔进行了访谈，主要讨论了中国探索多样性制度建设道路的必要性与可能性，为我们提供了许多有益的思考和可以借鉴的经验。哈佛大学本科生陈奕伦协助了本次访谈，对稿件有贡献。时为中国社会科学院法学系博士生张泽协助本文的翻译和整理。

罗祎楠：我的问题是关于制度主义这一学术问题的。中国很多学者对这个问题很感兴趣。您可否介绍一下这方面的进展和思考。

霍尔：我首先把新制度主义当成是一种学术思考上的发展，20世纪70年代末到80年代初期开始获得重视，作为人们看待政治问题的一种回应。而在20世纪60—70年代，现代化的话题主导着美国的政治观点。一般来看，经济发展主导现代化的进程，现代化的普及是由教育程度和社会态度所决定的，即某一种支持民主的特定政治文化的发展。这可以归于通常所称的"行为革命"，一种使政治科学化的途径，它强调个体行为、态度、文化定位是政治的基础。

以上是第一点，第二点是民主的理论，特别是与多元化相联系的美国民主。而多元主义的学说提出了一个观点，民主取决于相互竞争的利益集团，如果该集团的成员有重合，则民主将十分稳固。基于这个观点，国家所承担的角色更像是一个中立协调者，仅在这些相互竞争的阵营中作出裁决。那些研究新制度主义的学者的主要成果是反映最新的知识界潮流以及行为主义。他们认为，导致政治成果的行为并不是取决于态度或者文化的方向，而是取决于人

们所采用的制度。因此这些学者把政治当作制度规则建构的过程。类似地说多元主义论者认为民主是国家在不同利益集团之间作出的裁决，新制度主义学者持反对意见。

西达·斯科波尔和彼得·埃文斯等人的书中提到应该使国家参与进来，他们认为即使是像美国这样的国家，政治也是由美国的国家性质以及其所构成的体系来决定的，经由国会组织通过最高法院和政府其他部门的关系发挥作用。在此之后，一些比较政治经济学领域的学者进一步提出政治也是由资本和劳动组成的方式建构的。

因此，新制度主义确实将我们的焦点转向另一种解释路径，即强调权力是由组建国家和社会的制度体制来配置的。比如，新制度主义中的历史制度主义学者关注制度如何导致权力资源分配的不均衡。而同属新制度主义的理性选择制度主义者，则将研究焦点聚集于立法制度，尤其对立法机构和他们的决策规则如何影响各种决策感兴趣。所以巴里·温加斯特、肯·舍普斯等人认为，立法成果的稳定与否取决于议程的设置方式，包括使用什么样的决策规则。这导致了一种制度主义的理性选择。

可见，在20世纪80年代，两种平行的思潮致力于研究制度在政治中的作用。他们认为正式和非正式的制度的作用在于确立明确的规则。这些规则规定了权力的主体以及通过什么样的渠道将不同群体的利益诉求传达进治理过程。

历史制度主义的产生是和那个时期的政治发展密切相关的。我认为新制度主义产生的背景在于，社会思想对民主制度发展到一定阶段后的反思。在20世纪50年代和60年代，第二次世界大战后经济很快已经恢复繁荣。但这种繁荣给人们带来了一种文化不满，导致20世纪60年代如美国反越战运动、民权运动等事件。这些社会运动确实反映了美国民主问题。而这又导致人们质疑民主的多元形象。人们在塑造多元化民主的形象时，实际是秉持一种假设，美国拥有最好的民主制度。然而，在公民权利冲突之中、在越南战争之中，我们这一代的很多人认为民主是有缺陷的，所以他们超越传统的多元民主思维去关注制度。

我认为20世纪60年代末和70年代的政治发展营造了批判的要求。在那一代人的眼中美国的民主制度未能很好地提供其本应提供的社会平等与和平。所以他们开始研究制度在提供社会平等和和平方面的作用。

罗祎楠：那么在学术界之外，制度主义是否对现实的政治社会生活有所影响？

霍尔：我认为是有影响的，比如你知道一些制度主义学者曾对决策有所影响。但我不认为新制度主义有很大的影响，因为制度主义是和从里根时期繁盛的新自由主义思想背道而驰的。新自由主义在那个时代在美国和英国崛起有显著影响力。虽然我们说时代精神对许多普通人产生影响使他们开始关注社会公正问题，但我认为很难说新制度主义对政策制定有较大的影响。当然，在欧洲的影响比美国要大一些，因为制度主义为欧洲国家提供了替代新自由主义经济模型的新范式。

罗祎楠：昨晚我在读您的书《驾驭经济：英国与法国国家干预的政治学》（*Governing the Economy：The Politics of State Intervention Britain and France*），这本书您有一个有趣的观点：产业、财政制度、政府或国家、工会、选举机构这五大制度在塑造国家经济治理上有重要的作用。而在您另一本书上提到制度和组织之间的策略性互动将决定或影响政策。可否给我们多介绍一些您的研究。

霍尔：的确，我研究的一个路径是探讨制度是如何影

响资本主义国家经济发展的。比如我和我的同事在对资本主义多样性（varieties of capitalism）的研究中发现，能够取得经济上的成功的制度不是唯一的。这是我们的一个基本观点。我们的观点与20世纪80年代和90年代普遍的观点不同。那时候，很多人认为只存在一个运行经济有效的方式，即最接近美国经济的运行方式，具有高度灵活的市场和竞争激烈的劳动力与资本市场。

资本主义的多样性研究表明，取得经济成功不是仅有一种路径。人们可以以不同方法组织经济，同样可以保持较高的经济生产效率。最好的例子即我们在《资本主义的多样性：比较优势的制度基础》（Varieties of Capitalism: The Institutional Foundations of Comparative Advantage）一书中的研究。我们对美国和德国进行比较后提出，美国是经典的自由市场经济，以高度竞争的市场来配置资源从而促进效率，确实能够保证较高的经济增长水平。但是，我们发现德国经济的组织构架非常不同。德国的核心是高水平的策略性协作（coordination）。这种协作发生在工人和雇主之间、雇主之间以及政府和企业之间。虽然新古典主义经济学家会认为这种合作意味着低效率，但我们发现这种合作也可以对经济的效率作出贡献。

所以目前至少有两种途径可以取得经济上的成功。一个是以市场竞争为导向的自由市场经济（Liberal Market Economy），另一个则是以合作协调为导向的协作市场经济（Coordinate Market Economy）。它们都是市场经济，但制度特点不同，后者建立的基础是工会和公司之间的重要关联。我们的研究解释了市场经济内不同的制度形态同样可以塑造很有效率的经济。

我们的另一个重要观点是讨论制度的匹配性问题

（complementarity）。我们认为，一个政治经济领域制度的性质，比如劳动力市场制度的性质将影响其他政治经济领域的产出效率，如公司治理。我们把这些交互关系作为制度的匹配性。我们认为公司治理市场的效率将会或多或少地取决于劳动力市场的组织方式。类似地，在社会保护制度（主要是社会政策体系）、培训体系和生产体系的制度之间我们可以看到相似的互补关系。因此，我们发现多领域的匹配性成就了德国经济的核心——效率极高的制造业体系。在一些领域，例如在劳资协商的领域，工会和雇主之间的合作将使他们在其他领域（如职业培训领域）的协调具有可能性：工人更愿意投入高层次的技能学习，而企业能够非常成功地利用这些技能高效生产。但是美国企业在劳动力市场和生产上采取了很不同的策略。

同样，在金融领域，不同的发展路径也有不同的特点。我们发现属于自由市场经济的国家，企业可以将资金从一个下属公司或分公司快速转移到另一个公司，这对于创新有更好的激励作用。企业可以开发全新的产品线或进行全新的产品实验，因为资本市场的高流动性在于可以将快速转移的资源投入产品线。而如果创业不成功的话，资本市场同样可以轻易地将资金从公司转出。因此，美国和英国资本市场的流动性激励着前沿的实验，使美国和英国的高技术产业发展更为顺利。正如你所指出的，在协作的市场经济中，如德国和瑞典，资本市场的一个基本特征是资本更有耐力。在这些国家更难将资金从公司移出到另一个公司。不同类别的股东，包括管理人员和工作委员会等拥有更多决定资金使用的权力。因此，德国的公司很少有激进的创新，因为进行实验的成本更高，雇用和解雇工人也更困难，限制了企业创业的意愿。然而在德国，一个公司投

入的资本会更稳固，工人在工会和商会有更强的代表力，意味着德国能更容易地激发他们的员工积极协作以改善生产过程和产品线。

冬日的哈佛校园

所以在协作市场经济中，企业完成我们所说的"细微创新"更为容易。就是一步一步改善产品和生产工艺，最典型的例子就是质量控制。在德国、日本和瑞典比在英国或美国更容易达到高水平的质量控制，而这正是由于稳定的资本和给员工以安全感的强大工会结合起来，激励工人与管理者协作生产出质量更好的产品。

罗祎楠：在您的书中，您认为法国的情况与中国类似，因为政府可以干预金融和工业系统。关于这点您只阐述了一小部分，并没有展开论述。您能详细阐述这种相似性吗？

霍尔：是的。我理解的中国经济中的小与大的分层很清楚。在一些产业领域，一些较小的企业占据主导，这些小企业经营自由，但在很大程度上并没有与国际资本市场接轨。在另一领域中有规模较大的国有企业，与国际资本市场相连。

因此从某种意义上看，中国经济包含了协作和自由市场经济的不同特征。正如你所指出的，法国也是一个成功的例子。直到20世纪80年代，法国仍有大量的国有企业，政府对银行的资金流动有重要影响。那时候，法国是协作的市场经济，这种协作在很大程度上是由国家对金融体系流动资金的影响，以及对集体谈判力的影响来实现的，最低工资的设置是最具特色的手段之一。

因此，法国的协作是由国家组织的。我们很重视过去25年间的法国，因为随着20世纪80年代新自由主义思想的浪潮席卷了世界，公众和决策者对国家干预的幻想破灭，在大多数西方社会我们都看到了国家干预的危险，许多发展中国家也是这样。一些国家的后果不是特别显著，比如英国和德国。在法国，国家在经济中的作用降低，已不再可能在这些领域承担领导协作的工作。相对比于过去20年来说，法国已更像自由市场经济。相较于德国、意大利、瑞典和许多其他欧洲邻国，市场竞争在资源配置中的作用在法国更重要。法国平稳地从协作经济转型到市场协调经济，转型的目的之一是利用开放的国际金融资本市场，而私有化是达到这种目的的方法之一。现在，这个初衷又面临新的挑战，因为个人企业现在面临更加激烈的国际市场竞争。然而，经济的总体效果还是不错的，由于效率较低的企业被挤出，留下的是更有效率的法国经济。

同样，这样的转变也带来了很大的问题。比如，法国在20世纪80年代和90年代初期失业率相当高，经常达到GDP的9%—11%。政府对这个问题的对策是大力增加社会开支，而且是前所未有地针对穷人增加社会开支。结果是法国政府开发了新的所得税和最低年收入的税项。法国采取了激进手段，导致法国的社会支出剧增，在2000年时达到了北欧的水平。事情还没有结束，因为法国现在面临的财政困难正是高水准的社会开支的恶果，而且我们并不确定法国未来的经济是什么样的。但法国由国家主导的经济模型转为以市场为导向的经济模型的过程是一个复杂的过程。

罗祎楠：国家应该如何通过多种途径来促进制度创新、发展制度，让政治体制在社会再分配中发挥更大的作用？当我读到您最近的文章，感觉您认为国家似乎还可以发挥更多的作用。

霍尔：是的，这是一系列非常复杂的问题。人是身处于经济关系中的。经济关系定义了财产权、收入分配以及一些经济上的机会。我们可以比较不同社会的经济关系结构。一些国家的收入分配比另一些国家更不平等，一些国家的普通工人比别的国家的工人享有更多的就业保障，我们可以从国家经济关系的结构看问题。

同样，我们也需要关注各个国家的社会关系的结构。我们认为，每个人都存在于社会关系的结构中。人们通过或宽泛或狭隘的社交网络与别人联系起来，关系或深或浅。人们也因为各自的身份等级与别人联系起来，这种联系在一些社会可能引发尖锐冲突，在另一些社会则会很和缓。正如一个人在经济关系结构中的地位为他提供了一定的经济关系，一个人在社会关系结构中的地位也为他提供了一定程度上的社会资源。这些社会资源都有哪些呢？比如说你在社会关系网中能叫人帮忙照顾你的孩子，或者帮你找工作，或者帮你与更好的教育机构取得联系。因此，社交网络能够提供一种对人们极其有用的资源。地位越高的人越容易确保与他人的合作。

因此，我们提出的观点是：和经济关系结构支配着经济资源一样，社会关系结构支配着社会资源。我们进一步提出，政府应当关注社会资源的分配，这与政府应当关心的经济资源的分配原因相似。我们通常会认为政府会通过物质资源再分配以抵消由市场产生的严重不平等，但我们认为政府也应注意到社会资源结构的进展，我来举个例子，当今中国和许多其他国家一样，大量人口从农业地区迁入市区，且往往从事工业和服务业，这是经济发展的重要动力。我们不禁疑问这些发展会对农村的人际网络带来什么，以及新的城市中又有什么样的社会网络？我不知道这个问题的答案，但我认为农村的社交网络确有可能消失，而社交网络是否在城市发展却并不清楚。

这一点为什么重要？因为这些人际关系给普通人提供了社会资源来解决他们的问题。这意味着当人们能够自己解决问题时，他们就不必求助于国家。因此，政府应该对人们获得社会资源有天然的兴趣。换言之，中国政府应该关注农村人际关系网络的现状，以及如何在城市建立新的社交网络。

我并不是说政府可以轻松地创建社交网络，政府也不能轻易改变地位阶级的特征，我想说的是政府应该重视这些问题，并在其力所能及的范围采取措施。简单来说，比如保证在居民区有一个地方可以让老人一边品茶或者喝咖啡一边聊天，因为闲聊可以让他们在将来互相帮助。而一个非常低成本，但会产生很大的社会影响的措施——如鼓励一些咖啡馆的发展——从长远来看，既为政府省了钱又改善了普通居民的生活品质。

同样，政府还可以更多促进一些基层社会经济组织的发展。在西方，这种政策被描述为适应社会经济的一种导向。我们找到了加拿大魁北克省社会经济发展的一个有趣事例。在过去的 15 年里，加拿大的经济发展和社会福祉并不是很好，但是魁北克却表现上佳，这是因为它发展了非常强大的社会经济体。政府为本地企业提供了财务激励来开发新的产品，政府参股并影响一些大银行加入进来，政府鼓励银行贷款给社会上的创业者，在我看来相似的方法也可以适用于中国。这其中一个问题是，该如何激励分散的经济。但是魁北克的案例提供了一个可能的模型，由私有部门出资但受公有部门控制的金融机构按部就班地向社会创业者提供贷款。

此外，我强调的是，强有力的经济关系是嵌入于社会关系之中的。意大利北部也是个典型的例子，意大利北部以前被称为"第三意大利"，在该地区小家族企业周边发展了一些高技术、高科技产业，这一现象在皮埃蒙特、贝尼托和意大利的北部更普遍。它们在市场中活了下来，为了生存它们需要利用与同一区域的多个家庭企业之间的紧密关系。相对于纯粹的相互竞争，它们也有一定程度的合作，而这种合作关系是本地法规所鼓励的。本地法规鼓励企业给予它们的员工更合理的工资，提供良好的工作环境，而这些要求迫使公司为了生存而变得更加有效率，并激励它们雇用更有技术的劳动力。在很多情况下，这些企业不是仅依靠低成本、低技术的生产线，而是给员工提供技术培训。我们可以学到发展的最好途径并不是纯粹自由的市场。地方政府提高监管水平能够鼓励开发出高附加值的产品，激励本地企业聘请有技术的人员替代技术含量低的劳动力，从而提升整个地区人们的生活品质。

罗祎楠：那么政府如何利用金融资本市场来达成这样的目标呢？

霍尔：法国和日本等国家在 20 世纪 50 年代、60 年代和 70 年代快速地蓬勃发展的经验之一是，由政府来影响金融系统的资金流动。但这也是个棘手的问题，因为我们总是担心政府在使用资金时要么变得腐败要么效率低下，甚至两者兼有也完全有可能。

在日本和法国的例子中，我们看到尽管这些政府有时效率低下，但它们能够凭借对金融系统资金流向的引导，鼓励和引导资金流向最重要的部门，有时也流向小企业。典型情况是政府支持有特权的大企业，但也有向小企业提供融资的成功案例。通常在大多数国家，小企业能最大限度地促进就业增长。我对法国和日本经验的解读表明，中国的金融机构有积累中国消费者储蓄的作用，也有推进资金用于中国的制造业和服务业发展的作用，通常情况下这个过程需要由政府观念先行，以发展为目的发挥影响。

克服衰退,实现经济再平衡

受访人——彼得·鲍泰利(Pieter P. Bottelier)
采访人——刘强

彼得·鲍泰利教授

彼得·鲍泰利，哈佛大学肯尼迪政府学院兼职教授（Adjunct Lecturer，2001—2003），前世界银行中国代表处首席代表（1993—1997）；现为约翰斯·霍普金斯大学高级国际研究学院（SAIS）中国研究系客座教授，长期致力于中国经济与发展研究，成果颇丰。

主编手记

2009年5月，约翰斯·霍普金斯大学高级国际研究学院中国研究系客座教授彼得·鲍泰利应邀接受了中国社会科学院数量经济与技术经济研究所副研究员刘强的访谈。内容主要涉及中国应该如何克服这次全球经济危机、促进经济恢复平衡以及保持长期可持续增长等。针对这些问题，鲍泰利教授提出了宝贵的建议。

刘强：您好，鲍泰利教授，感谢您接受这次采访。如果从1978年开始计算，中国经济改革已经进行了30多个年头。我知道您在1993—1997年担任了世界银行驻中国代表处首席代表，直接组织了很多世界银行与中国的合作项目，近距离见证了1993—1994年进行的具有深远影响的财政体制改革，为江泽民、朱镕基等中国前领导人提过很多经济政策建议，可以说您对中国的改革开放和当前中国经济存在的问题有很深的理解。尽管您在1997年之后离开了世界银行，但是您作为研究中国的资深专家仍然关注中国的经济发展，并且于近年来在中国金融体制与汇率制度改革方面提出了很多建议，对中国如何应对这次全球范围的经济危机也有很多想法。我们就从中国如何克服这次全球经济危机开始如何？

鲍泰利：好的。实际上，中国不仅要应对这次严重的全球经济危机，而且还要解决自己面临的中长期问题。幸运的是，这两个方面的挑战具有一致性，中国可以把这两方面的政策结合起来。

当前最优先的任务是克服经济衰退。这意味着需要最小化失业现象和最大限度地减少社会冲突，同时刺激国内需求，恢复经济快速增长。中国2008年第四季度同比经济增长率为6.8%，在利用季度数据进行季度调整之后可能只有1%—2%。这是改革开放30年之后最低的季度环比增长率，显然，这令人十分担忧。尽管中国劳动力将会在2015年达到峰值，城市化和城市劳动力增长还将持续几十年的时间，但中国仍需要以高速经济增长来实现经济现代化，为成千上万涌入城市的农村移民提供就业机会，并维护社会稳定。

幸运的是，与其他国家相比，中国在克服衰退，同时力争实现经济再平衡和促进和谐社会建设方面还处于相对有利的地位。与美国不同，即使考虑潜在债务，中国的经济体——政府、企业和家庭——的消费水平仍然偏低，消费的杠杆比率（举债消费的比率）只处于中等的水平；在财政政策和货币政策方面仍然存在较大的空间来刺激国内需求，尤其是国内消费需求。投资需求（资本形成）当然也很重要，中国在1997—1998年经济危机之后大规模投资基础设施的财政政策手段仍然可用，但是在今天的形势下应该偏重于建设社会基础服务方面。

刘强：您所指的社会基础服务是不是指教育、医疗、社会保障等方面的公共服务？

鲍泰利：是的。上次亚洲金融危机之后，中国为应对危机，采用了凯恩斯主义的宏观经济政策，也就是所谓的积极的财政政策，通过国债投资进行大规模基础设施建设，包括公路、铁路、机场等。这些基础设施建设在2002年以来的快速经济增长中都发挥了重要作用，但是由于当时对电力投资的考虑不足，导致了后来的电力供给瓶颈。这些大规模的基础设施建设，尽管对投资和GDP增长有明显的拉动作用，但是对就业和一般家庭收入的拉动力却很弱。本次经济危机应该汲取这一经验，大力发展社会化公共服务，加大公共教育、医疗、社会保障等方面的投资，改善公共服务水平，改变贫困居民上不起学、看不起病的状况。这种状况的存在是与中国作为经济大国和增长最快的国家极不相称的。

刘强：是的，我想您的这一建议可能确实切中了中国的关键问题，就是经济增长的福利在中国全体国民之间的分配问题。但下面我想先问您另一个方面的问题。我知道您曾经在美国国会就中美经济政策协调问题做证，甚至提出过中国与美国应成立非正式的G2会议组织，共同探讨解决全球经济危机问题。这也是我目前研究的一个课题：中国和美国一个作为世界最大生产者、一个作为世界最大消费者，能否联手化解这一次危机，并共同推动世界经济新秩序的建立？您能否谈一下美国新一届奥巴马政府关于如何应对本次经济危机的政策，以及可能对中国和世界的影响？

鲍泰利：美国和中国都在致力于克服严重的经济衰退，应该同舟共济。美国能否快速摆脱经济衰退、成功应对经济挑战，这一问题还没有明朗化。一个风险是，当经济中注入了过多的流动性之后，就有可能产生通货膨胀，并减少美元的国际价值，从而更难实现中期的结构性目标。一个正面因素是奥巴马总统把战略重点放在了中期目标上，包括能源、教育和医疗等方面的结构改革需求上。美国也需要向它的几家需要巨额金融资源的大型银行重新注资。中国并不面临后一个问题，因为它的银行状况要好得多，其管理水平比20世纪90年代开始银行系统改革时要好很多。通过其国有的资产管理公司，中国已经成功地解决了巨额的不良资产委托，因此它的银行系统并没有受到美国银行所面临委托的威胁。

对美国来说，政治和金融因素使得它难以同时成功应对短期问题和中期结构性问题。与中国不同，美国不得不增加其国民储蓄率，在宏观经济层面这意味着未来几年内美国的消费增长率将要低于其 GDP 增长率，同时经常项目逆差占 GDP 比率将逐步缩小。与此不同，中国则需要降低其国民储蓄率，在宏观经济层面这意味着未来几年消费增长率将高于 GDP 增长率，同时经常项目逆差盈余占 GDP 比率将逐步减小。从政治角度来看，中国面临的挑战组合比美国的麻烦要少得多，至少从理论上是如此。从美国的情况看，存在着压缩消费比率与刺激消费以提振经济的冲突；中国则没有这种冲突。增加国内消费的需求迎合了美国政策的考虑重点，也符合各主要经济体的财政刺激计划。美国国内经济刺激的外溢效应可能会产生进口需求，即使是"购买美国货"项目也如此；在中国，财政刺激项目则可能产生大量的进口需求，这对中国和世界其他国家都有好处。美国和中国都不会希望向外转嫁这场危机，也都极其小心地避免掉进保护主义的陷阱里。

为促进国内结构性经济改革和为全球经济复苏做贡献，中国应减少其经常项目顺差。中国更应依靠国内需求来实现经济增长，而不是依赖出口。中国可以说是幸运的，因为它在以下三个短期目标方面都处于有利的位置：（1）增加消费在 GDP 中的比重；（2）减少经济增长对净出口和资本形成的依赖；（3）通过财政手段刺激经济复苏。中国可以有自己的蛋糕（增加消费）并吃掉它（重新平衡经济）。例如，中国可以向其人民分配一些国有企业的股份来增加居民的财富和家庭消费，美国则没有这种政策选项。美国经济政策制定者所面临的任务更为复杂，也更有挑战性。相比于中国，美国所面临的短期和中期目标及其政策选项之间的协调余地更小。

毫无疑问,中美未来会成为世界上最重要的两个经济大国。两国之间加强政策沟通与协调,将会大大缩短全球经济走出低谷的时间。如果中国能够快速实现经济的再平衡,中国就可能成为与美国并立的另一个超级消费市场。

2004年10月,鲍泰利作题为《中国的崛起:挑战与机遇》的专题演讲

刘强:您所指的经济再平衡是指哪些方面?

鲍泰利:我认为中国经济虽然增长迅速,但是存在着几个重要的不平衡,包括国际收支不平衡(巨额贸易盈余)、要素分配不平衡(劳动要素收入比例过低)、消费与投资之间的不平衡(投资比例过高而消费比例过低)、财富分配不平衡(多数居民的贫困化)、自主创新不足、区域发展不平衡,等等。这种不平衡短期内促进了经济增长,但是从长期来看,对中国经济的可持续发展、社会稳定、经济平衡构成严峻的挑战。

中国经济的再平衡政策应主要包括以下几方面：

（1）增加就业的 GDP 弹性，即每元钱投资应产生更多的就业机会；

（2）减少过度庞大的经常项目顺差；

（3）通过提高消费使其超过 GDP 增速来减少过高的国民储蓄率直到实现宏观经济平衡；

（4）促进国内创新、调整教育资源以适合经济需要，并以此确保长期的生产率增长；

（5）提高能源效率；

（6）通过财政转移支付、土地价格和补偿制度和优良的社会保障体系减少地区间和不同人群之间的差距；

（7）消除 2003 年以来日渐扩大的城乡社会福利差距；

（8）依照长期可持续发展原则，对资源、资本和汇率进行重新定价。

实际上，这些目标并没有特异之处，中国的高层领导人讲话之中以及"十一五"（2006—2010 年）规划中都能找得到。我们基本上能够知道中国经济要向何处去。挑战之处在于，如何能够以一个精细的和持续的方式进行，从而保持所有地区和经济部门的平稳发展。在这一点上我有点担心追求快速增长的愿望有可能忽视经济重新平衡的需求。中国可能过度强调了 2009 年实现 8% GDP 增长的目标。中国可能实现或接近这一目标，但是短期的增长可能要以长期可持续性为代价。

与美国不同，中国处于应对经济衰退的有利位置，可以实现经济重新平衡和社会发展需求目标之间的协调。这种协调依赖于政策工具的选择和资源配置。如果财政刺激资源（中央和地方政府来自财政收入的基金、借款和银行贷款）被用于增加制造业部门的产出，而这些制造业部门已经为过剩产能所困扰，则可能导致较高的近期增长，但是必然以长期可持续性的牺牲为代价。把净出口维持在过高的水平上（2007年占到了GDP的11%，2009年稍稍有所减少），将会与亚洲和世界其他地区的贸易伙伴之间产生有害的贸易摩擦。这将会损害中国作为地区和全球领导力量的地位。

中国很快就会成为世界第二大经济体，并且已经成为第二大贸易国。同时，一定要记住中国社会仍然并不富裕，仍然要面对既要维护社会稳定又要实现国家现代化的挑战。中国仍然必须解决国内经济问题，同时要兼顾全球的利益。

刘强：那么您能否谈一下哪些是促进经济恢复平衡和保持长期可持续增长的关键政策选择？

鲍泰利：好的。我想关键政策主要有几个：利率政策、汇率政策和人民币的国际化、城市规划与资源重新定价。

一 利率政策

刘强：那下面我们可以分别讨论一下这几方面的政策。我知道，利率政策是配置金融资源的重要政策工具。关于利率政策，改革开放以来一直有两种政策偏向，一种是利率控制，由货币政策制定部门也即中央银行制定和管理利率政策；一种主张利率自由化，由市场来确定资本的价格，决定资本要素如何配置。在实际操作中，形成了中央银行确定存款、贷款的基准利率，再规定一个浮动的范围，但是仍然存在一个浮动范围多大的问题。我和胡必亮教授等合著的一本有关农村金融的书中，曾经提出在农村金融市场实行利率自由化，以鼓励金融服务供给的政策建议。关于中国的利率政策您的观点是怎样的呢？

鲍泰利：毫无疑问，市场经济需要利率自由化，当然不是没有监管的自由化。作为经济改革努力的一部分，中国已经大大放松了利率控制。目前，最重要的控制是银行系统的最低贷款利率、最高存款利率。存款利率被人为地压低，减少了居民可支配收入，这可能相应减少了家庭消费，当然这种低利率可能对金融系统也有影响。储蓄利率上限可以压低官方金融体系借款利率，防止境外投机性资本流入，但是这种政策同时也推动了金融中介进入利率较高的地下金融市场，尽管我们还难以知道它的规模。这增加了那些无法从正规金融渠道获得足够贷款的中小企业和其他借款人的成本。同时，这种情况也削弱了监管机构尤其是银监会的市场监管。

我个人认为，现在是放松对存款利率控制的好时机。也许这可能会有推高整个利率结构压力的效应，可能会增加从正规金融机构获得贷款的借款人的成本。这反过来可能会减少这些借款人的投资，或者减少它们的投资强度。借助于整体 GDP 增长的效应，这也许对增加就业有好处。这一政策同样也会减少或消除对那些不受监管的地下金融市场金融中介的激励。如果原来无法从正规金融机构获得足够金融支持的中小企业和其他借款人能够获得更好的服务（这也是政府的既定目标），那么从某种程度上说，正规机构较高的利息率将会降低它们获得贷款的成本，而且可能很显著。这对经济增长有很大的好处，因为中小企业能够用每元钱创造比国有企业更多的就业机会。

为保护经济免受境外投机资本因利率提高而流入带来的冲击，应同时实行浮动化汇率管理。一个更为浮动的汇率（更宽的交易区间）将能够增加中国中央银行独立货币政策的空间。这反过来又有以下好处：（1）减少对冲国内银行超额流动性的大规模公开市场操作的需求，这种超额流动性是与实际上固定的名义人民币/美元汇率制度相联系的；（2）这使得开放资本账户和实现人民币可完全自由兑换更加容易。较高的储蓄利率将增加家庭收入（来自存款利息），同时可能增加家庭消费。银行之间的竞争会得到加强，这会促进银行提升服务水平，促进生产率提高。地下金融市场和金融中介的减少也将拓宽银行体系监管的有效范围。储蓄利率自由化的积极效果可能比较间接，也需要时间来实现。与较高、较自由的国内利息率有关的重要负面作用有以下几方面：（1）减少了资本密集型或那些杠杆比率较高的国有企业的利润率；（2）增加银行体系内部的闲置资金。但是从更宽的范围和更长时期的经济业绩看，这些表面上的负面作用可能也可以看作正面因素。

二 汇率政策和人民币的国际化

刘强：您已经提出了汇率浮动化的政策选择。我知道，您一直主张中国要以完全可兑换为汇率机制改革的政策取向，并且应逐渐实现人民币的国际化，甚至越快越好。您能再总结一下您的观点吗？

鲍泰利：前面我已经说到，利率自由化和汇率浮动化息息相关。这是我对中国放松国内存款利率控制、放宽人民币汇率波动范围、进一步放松资本账户限制和货币完全自由兑换改革的看法。人民币作为地区交易和结算货币将对人民币的渐进国际化提供支持。作为对经济衰退和出口放缓（2008年末和2009年初出现了绝对下降）的反应，美元/人民币汇率自2008年7月以来基本稳定，尽管人民币仍然被低估，但是已不再有很大的空间。现在继续扩大汇率交易区间相比一年前风险要小得多，那时候中国的贸易盈余快速增长，投机资本快速大量涌入。现在进行汇率浮动化改革，尽管美元/人民币可能会出现一些名义上的升值，但这不一定是此时放松汇率波动的必然结果。

如果中国可以通过促进人民币作为国际计价和结算货币来保护本国的出口企业，则汇率自由化改革的进行就会更容易实现。由于中国担心美国货币与财政政策引起货币通胀效应，中国正与越来越多的贸易伙伴进行区域性货币互换协议谈判。实际上，与那些有贸易盈余的典型发展中国家使用这种互换协议进行直接的人民币定价的贷款也是可行的。

当前，世界范围内的经济衰退和世界金融市场的动荡局势可能孕育着金融规制和全球经济关系的重大变革。中国央行行长于2009年3月29日提出的国际货币体制改革建议，尽管在逻辑上是可行的和建设性的，却很难被国际社会采用，因为美国这个世界储备货币的发行者和世界最大的债务国拥有实际上的否决权。但是这并不妨碍中国促进人民币的国际应用，恰如它已经开始做的那样。人民币在中国和邻国之间以及政府间自发地作为区域交易货币和双边贸易结算货币，最终将不可避免地促进人民币具有储备价值。但是，由于缺乏完全可兑换性和中国国内资本市场发展不足，人民币还不能作为一种国际储备货币。那可能需要很多年。但是同时，中国可以采取步骤与其他国家和地区谈判区域性的货币互换协议，如目前所做的为某些发展中国家提供人民币计价的贷款，以及逐渐允许中国企业在那些愿意使用人民币作为结算货币的国家开设人民币账户。人民币在中国香港和澳门的应用，在居民之间已经十分普遍，可以向企业延伸。

哈佛大学行政办公楼

最后，一旦人民币完全可兑换，而且国内资本市场发展成熟，人民币就可以成为一种国际储备货币，与美元、欧元、日元以及其他一些更小的完全可兑换货币共同扮演国际储备货币这一角色。欧元不太可能把它的应用范围扩大到目前的能力之外（根据国际货币基金组织 IMF 的说法，大约占总储备货币的 24%），因为不是一个国家所发行的货币，也不存在一个欧洲财政部。使用欧元作为国家货币的 15 个国家都发行自己的欧元债券，其市场价值随金融市场的信用价值而波动。未来人民币完全有可能超过欧元的地位。

中国要想成为一个像美国那样的经济大国，人民币的国际化是一个先决条件。你不能想象一个资本市场都不完

善的国家会成为世界经济的领路人，当然也不要指望存在一个没有任何风险的汇率制度。

三 城市规划、能源效率与自然资源定价

刘强：谢谢您对汇率政策和人民币国际化问题的精彩评论。下面我们讨论第三个问题。我知道能源、环境与城市化问题是当前中国面临的十分紧迫的问题，我也在研究这一问题，我们还有一个中国循环经济与环境评估预测研究中心来推动这方面的研究。我很想听听您关于这方面的看法。

鲍泰利：很少有什么因素能像城市化质量、资源定价和能源效率那样对中国社会和经济发展有如此之大和长期的影响力。不能仅仅依靠市场来解决中国的基础环境、能源、社会和生活质量问题，应确保避免大规模城市贫民窟，保障长期生产率增长需要投入大量财政资源。中国的城市化已经接近50%。预计到2030年，中国的城市人口将接近9亿人，比印度多50%，几乎是美国的3倍。中国必须作出正确的城市发展、交通运输和能源长期规划。数量有限的拥有高能源效率的建筑和公共交通系统的超大规模城市，加上中小规模城市网络，可能是中国日渐严峻的空间、能源和环境问题的答案。教育、医疗的机会平等和向农村移民与为城市贫民提供足够的低成本住房，将是维持经济竞争力、社会稳定、公共健康、犯罪控制和人力资源发展的必要条件。中国巨大的规模和仍然很少的人均收入使得这些挑战是独一无二的，没有任何模式可以借鉴。

当前的经济衰退提供了一个在全国和区域范围内发展低成本住房项目的好机会。当前，高档住房的过量供给和

低成本住房供给不足同样显著。增加低成本住房供应需要中央政府的持续补贴。这些项目需要精细组织以避免市场扭曲。当前依赖地方政府提供低成本城市住房的政策已经导致了严重的低成本住房供给不足。多数地方政府依靠的交叉补贴政策，是要求盖多少高端住房就要配套盖多少低端住房的许可制度。这种政策只能在那些较富裕的、能够进行较好管理的城市才有效，而在那些较穷的、有大量移民人口的城市则无效。因此，需要中央政府干预以确保每个有需要的地方都能提供足够多的低成本住房。由于中国对低成本住房的需求很大，而建筑业又是劳动密集型和非出口驱动的产业，因此它无疑是经济刺激计划的理想组成部分。

中国政府2009年3月24日提高汽油、柴油零售价格4%—5%的决定是一个正确的步骤。燃油价格需要进一步上涨以鼓励小排量汽车和混合动力、电动汽车的发展，即使国际石油价格能够稳定在较低的价位。水资源定价是中国的另一个关键问题。近年来，许多城市提高了居民生活用水水价（部分用于弥补污水处理成本），但是仍然偏低。

刘强：您所谈的城市住房问题我很同意您的观点，如何为大量城市化人口解决住房确实是中国未来面临的严峻挑战。如果城市只为富人提供豪华住宅，而不管穷人如何生活，那中国就更不能谈社会主义了。但是，我更大的希望是让多数人富起来，而不是保持大量的贫穷人口再想着如何为城市贫民提供低成本住房。当大多数人都富裕起来之后，可以借助发达完善的现代交通网络和信息化网络，让城市中产阶级住到城市以外，过上惬意的乡村生活。也许就像现在我们所在的华盛顿特区一样，把少量的低收入者留在宏伟的国会山周围，多数中产阶级住到郊区或周围

小城镇，甚至更远的深山老林里。

但是，关于燃油价格问题，我想我应该帮您作一点澄清，否则您的观点很可能成为网络上攻击的靶子。我理解您关于能源价格和资源价格上调的想法，是希望促进节能、环保型产品的发展，促进可持续发展。但是，这只是问题的一部分。另一部分则是能源、资源价格涉及国民收入分配，如果单纯地涨价，则由涨价带来的收益就会集中到控制者手中，形成新的收入不平等。因此，应该设计一个机制确保资源价格上涨带来的收益确实用于促进社会总体福利，而不是成为垄断企业的超额利润。

鲍泰利：你的澄清很对，谢谢你！和你谈话很愉快。

刘强：谢谢，谢谢您接受我的采访。

中国经济崛起的现实和幻象

受访人——盖保德（Albert Keidel）
采访人——李扬
合作者——胡必亮

盖保德研究员

盖保德，美国乔治敦大学公共政策研究所教授、美国大西洋理事会研究员。曾任卡内基国际和平基金会（Carnegie Endowment for International Peace）高级研究员。他于2004年9月加入卡内基国际和平基金会，研究重点是中国经济体制改革、宏观经济政策、地区发展及扶贫策略等。2001—2004年他曾担任美国财政部东亚国家办公室的副主任；在2001年加入财政部之前，他是世界银行北京办事处的资深经济学家。盖保德还曾在中国、日本和韩国教授有关中国、日本和韩国发展的研究生课程。

盖保德获得普林斯顿大学国际事务专业学士学位、哈佛大学经济学博士学位，并在日本东京国立大学经济系进行了博士后研究。他的主要代表作品有《人民币并不是问题》（"China's Currency Not the Problem"）、《中国GDP支出账目》（"China's GDP Expediture Accounts"）、《中国经济：喜忧参半的表现》（"China's Economic Fluctuations"）、《使用中国统计系统的实际问题》（"Practical Issues in Using the Chinese Statistical System"），以及有关世界经济格局的预测报告《中国经济崛起的现实与虚构》（"China's Economic Rise: Fact and Fiction"）等。

主编手记

2009年2月，在北京师范大学经济学教授胡必亮的协助下，卡内基国际和平基金会高级研究员盖保德应邀接受了李扬的访谈。内容主要涉及中国的经济发展现状、经济发展过程中出现的问题和政府的努力以及美国未来的对华政策等。

李扬：盖保德教授，您是著名的中国经济问题专家，您对中国现在的经济发展现状有何评价？您认为中国应该在国际经济体系中扮演什么样的角色？

盖保德：中国今天的发展状况与20世纪70年代的韩国和20世纪50年代的日本十分相似，保持着强劲的增长态势。中国持续、稳定的发展将会终结美国对全球经济的主导地位，成为全球的领头羊，而美国经济的影响力则将下降到第二梯队。世界主要经济体，尤其是美国、欧盟、日本都需要重新定位。按照中国现在的发展速度，依照市场价值方法计算，到2035年，中国的经济规模将与美国并驾齐驱；我预测，到了2050年中国的GDP将达到82万亿美元，而美国则为44万亿美元，中国的GDP发展为美国经济总量的近两倍。所以我觉得，"美国第一"的景象似乎已经破灭了，我觉得这没有什么值得惊讶的。在过去的10年中，中国经济是以10%以上的速度在增长，即便在全球面临放缓的压力下，中国还是保持持续壮大。尽管2008年中国遭受大地震的打击，但中国经济还是没有放缓的迹象。在2009年1—4月，中国对美国出超还高达750亿美元。与此同时，中国国内强大的消费需求市场也使得中国经济不再如以往那样过度依赖出口，中国已经成为独立的经济个体。另外，我们也应该注意到，国际机构中心也将会向中

国倾斜。世界银行、联合国、国际货币基金组织等国际机构的总部都可能迁移至北京或者上海，因为中国不论是在军事还是外交等领域都拥有举足轻重的分量。

我曾在我的一篇名为《中国经济崛起的现实与虚构》（"China's Economic Rise：Fact and Fiction"）的报告中预测过，中国强大的内需力量将推动其经济持续高速增长，而高能耗、污染、城乡差距、腐败，甚至缓慢的政治体制改革等，都不会阻碍中国在2035年成为全球第一大经济体，并在贸易和投资上接过美国的领导棒。无论使用什么样的计算方法，中国都将成为全球最大的经济体。北京将取代华盛顿，成为全球的政治中心；上海将取代纽约，成为全球的金融中心，这将是2035年的全球经济版图。中国将成为全球格局中举足轻重的角色，这个事实已经没有争议。

不过，现在对中国经济发展持怀疑态度的人时常质疑中国经济发展的可持续性，首先就是贸易，尤其是出口贸易的稳定性。近年来，中国的出口和贸易顺差飙升，这无疑诱导人们认为，中国的经济增长是出口导向型的，于是他们认为，中国的发展必然受制于有限的国际市场需求。但我认为这种说法是缺乏事实依据的，根据我收集到的数据，近10年来，中国始终保持着10%的经济发展速度，并且其经济增长的动力主要还是来自国内因素，不断扩大的国内投资和国内需求是中国经济发展的不竭动力，而不再是依赖出口。因此，我认为中国经济的快速发展绝对不是昙花一现，它不再是单纯受制于国际市场的出口促进型增长，而是由强有力的内需拉动的良性增长。纵观中国经济发展历程，从1978年改革开放至今，中国经历了5次宏观经济繁荣和低迷。通过对这几个发展阶段的分析可以明显地看出，中国国内投资和消费的改革对中国经济增长有着举足轻重的作用。所以，我认为，时下中国对外贸易顺差对中国经济增长的贡献仍然低于内需的促进作用，居于亚军地位。

综观整个中国，它正在积极主动地逐步克服阻止其发展的各种潜在障碍，比如经济发展的不稳定、环境污染、腐败等问题，更值得一提的是中国国内的政治体制改革，虽然步调缓慢，但是有条不紊，这都为中国未来的发展打造了更为牢固的基石。因此，对于中国未来经济的发展，我比较乐观。其实，中国现在面临的问题与西方发达国家在此发展阶段面临的问题和挑战是一样的，这都需要时间和努力，不是一蹴而就的事情，当然不能急于求成。面对未来的发展，我认为中国会继承其过去30多年的成功经验，继续加大对基础设施建设的投资、控制通货膨胀、加大对外投资等的力度。因此，基于这样的分析，我坚信，在21世纪，中国经济仍然能够续写它的辉煌。

盖保德在演讲

李扬：您刚才提到中国正在致力于消除其发展的种种阻碍，比如官员腐败、环境污染、贫富分化、政治环境等，那么您如何看待中国面临的这些问题呢？中国政府的种种努力是否有效呢？

盖保德：我认为，中国现时一切所谓严重的社会问题，相对其他新兴工业国，比如当时的亚洲"四小龙"，就GDP水平相当的阶段而言，其实都并不特别严重；1977年一份OECD（国际经合发展组织）的报告指出，20世纪60年代的日本，是世界上污染最严重的国家之一。如以空气污染为例，当年的日本、韩国、中国台湾，不少污染指数比中国大陆现时还高。2004年，北京空气中的二氧化硫及悬浮粒子含量，都比20世纪六七十年代的东京和90年代的汉城低。

至于中国的贫富悬殊在发展过程中恶化，我觉得这是正常现象，不值得大惊小怪；而且，因为中国的社会结构相对开放，社会阶层之间的流动较高，因此，现时贫富悬殊程度上升，不仅不是坏事，反而反映其发展策略的正确性。

对于腐败问题，我觉得中国的情况并不如一般想象的那么严重，更不会像中共领导人说的那样会导致"亡党亡国"，而只会愈来愈得到改善。就目前状况而言，世界银行及透明国际（Transparency International）的两份调查研究显示，对比各国发展历史，中国贪污问题和经济发展水平很相称——比印度尼西亚、泰国、菲律宾都好，和印度差不多，比波兰差一些。最重要的一点是，在历史上，贪污、腐败从来没有成为一个国家发展的障碍，因此，也没有理由认为其今后会成为高速增长的绊脚石。

李扬：这次始于美国、席卷全球的金融海啸沉重地打击了美国，全世界金融行业的确在这次危机中受到非常大的影响。在您看来，如何能够让全球的金融体系迅速恢复，并确保健康地运行？奥巴马政府将会采取哪些政策来应对？中国又应当如何发挥积极的作用？

盖保德：如何确保金融体系健康运行，同时确保此次危机的罪魁祸首不会从中获利是应对这次金融危机的根本所在。"如何刺激美国需求""如何帮助金融体系恢复正常"，是两个需要立即解决的问题，除此之外的金融监管体系设计是个长期的问题，这三大问题都非常重要，但是前两个是需要立即解决的问题。我认为最好的方法就是让一些金融机构的所有权国有化，现在这一转变已经大规模地开展起来，应该把所有权卖给新的持有者，这样就能避免那些问题的制造者从中营利。对于美国的政策制定者来说，这次金融危机是一次机遇，应该抓住此次机遇，进行大规模的国内改革，从而从根本上解决问题。

对于美国应该发挥怎样的作用，在我看来，新任总统奥巴马，及其带领下的新任政府、新的倡议对美国来说意味着一个全新的开端。奥巴马总统对于此次金融危机非常关注，态度更加积极。奥巴马总统很聪明，我认为他将劝说国会对经济和金融领域进行大规模的干预，这是必不可少的，而且需要与国际伙伴合作。但我担心的是，由于国会的财政过于保守，过于关注预算平衡，以至于不能让他进行必要的操作。所以，他需要让美联储主席伯南克成为他的主要顾问来处理这场危机。奥巴马总统是一个勇于创新的总统，在这个全球经济衰退即将到来的时代，他将会打破美国预算平衡的心态，打破更多墨守成规，对此，我充满期待。

中国这个人均 GDP 较低的国家近年来在金融业改革和

金融市场自由化方面采取了合适、谨慎的措施，这些控制"金融自由化"的政策有效地缓解了此次金融海啸对中国的冲击，这也是其他国家可以借鉴的。此外，我不认为这次次贷危机对中国会有很大的影响。

李扬：刚才您提到了中国的金融业改革所取得的一些成就，那么在您看来，中国金融业开放的程度如何？对于金融业的改革和开放，中国还需要在哪些方面进行努力和尝试？

盖保德：我觉得，现在中国金融业开放的步伐刚好合适。中国金融业的开放主要是通过建立健全国内相关机构，并经过测试对其能力有清楚的把握之后，才能放开让它充分发挥自身功能，赋予其运作大规模经济系统的重任，所以，这一过程需要很长一段时间。如果开放速度慢一些，对科技、管理技术以及操作经验都会有巨大帮助；反之，如果开放过快，则可能会严重破坏中国的过渡性金融体系和经济的发展。这次金融危机已经证明了中国金融改革政策的正确性，这毋庸置疑。所以，中国需要继续缓慢推进市场金融体系，这一目标真正实现很可能需要20—30年。同时中国需要保护好外汇金融体系的效率，中国需要做的是抵制自由化，不要让金融部门过快开放，否则将会影响整个中国经济现代化发展的步伐。

李扬：感谢您的建议！我还有一个源于金融危机的问题，面对始于美国的全球性的金融危机，有人说，美国已经衰败了，这次危机很有可能是中国取代美国成为全球市场领导者的最佳、最有利的时机，您对此有何评论？

盖保德：中国在全球经济中扮演的角色愈加重要，这已经是没有争议的事实，而且，中国最终会在总需求上占据领导地位，但是中国仍然可能需要花很长时间才能在综合技术水平上成为全球的领导者。此外，如果按人均经济规模来计算，中国在未来 100 年之内都不能和美国相提并论，所以，现在说美国衰落还为时太早。但是，我仍然相信，即使在美国经济暂时衰落的情况下，中国市场仍会继续保持高速增长态势。

李扬： 鉴于中国实力的增长、影响力的提高，您认为，新一任奥巴马政府对华政策将会有怎样的变化？

盖保德： 我不认为美国对中国的政策将会产生重大的改变，不过，由于全球化进程的加快，互动与参与将会进一步加强。我想两国会有更加频繁的军事接触，但这是有争议的。中美战略经济对话将继续下去，这是我期待的，也是对双方乃至全世界都不无裨益的。

为了促进中美两国长期的战略经济合作，我认为中国可以做一些事情。第一，表明并强调中国对于稳定全球经济的态度和立场，并且不断地使其贸易盈余和外汇储备更加合理化。对此，中国可以向世人表明自己的立场，来稳定人心：虽然美元对如此众多的弱势货币走强，但人民币不会对美元走弱，即使"一揽子指导意见"告诉我们应该这样做，尤其是在欧元如此迅速地疲软的时候，中国的表态

卡内基国际和平基金会办公楼

也将会产生十分重要的影响。第二，中国不要总是批评发达国家先进的政治和经济制度、夸奖中国的制度，对于世界先进工业国家的评价要客观公正，中国应该强调的是：发达国家的政治和经济制度以及治理方式并不是十全十美的，需要全世界一起合作来找出最佳的经济和政治治理模式，我们需要的是应用科学的方法解答我们在治理过程中遇到的问题，而不是意识形态的斗争。

全球经济的复苏与中国因素

受访人——理查德·库珀（Richard N. Cooper）
采访人——赵瑾

理查德·库珀教授

理查德·库珀，哈佛大学经济系教授，世界著名国际经济问题专家；1958年获伦敦政治经济学院经济学硕士学位，1962年获哈佛大学博士学位，从1981年至今任教于哈佛大学经济系，学术成果丰硕，研究领域包括转型经济以及发展中国家的经济增长、国际贸易、国际金融、宏观经济政策等。库珀教授曾在美国肯尼迪政府、卡特政府和克林顿政府中担任重要职务，曾任美国国家情报委员会主席、美国主管经济事务的副国务卿、美国政府经济顾问委员会高级经济师、美国波士顿联邦储备银行主席、耶鲁大学教务长等职务，在国际经济学术研究及经济事务分析处理方面均取得显著成就。他的主要著作包括：《经济的相互依存与战争》(*Economic Interdependence and War*)、《相互依存世界中的经济政策》(*Economic Policy in an Interdependent World*)、《国际货币体系》(*The International Monetary System*)、《发展中国家的经济稳定和债务》(*Economic Stabilization and Debt in Developing Countries*)、《世界经济的环境与资源政策》(*Environment and Resource Policies for the World Economy*)、《转型经济体的贸易增长》(*Trade Growth in Transition Economies*) 等。

主编手记

2008年5月，哈佛大学经济系访问学者赵瑾教授专访了哈佛大学经济系国际经济问题专家理查德·库珀教授，内容主要涉及美国次贷危机、美国经济"双赤字"、中国通货膨胀、中国对世界经济的影响和资本市场开放等。

赵瑾：对于2007年7月爆发的美国次贷危机，有人认为这是全球经济的转折点；有人认为美国次贷危机将长期存在，次贷问题的风险会进一步显现；也有人认为次贷危机并没有影响到美国实体经济。您认为美国次贷危机是短期的局部问题，还是长期的影响全局的问题？从目前美国次贷危机的发展态势来看，这次危机的影响是否已经全部释放出来？如果没有完全释放出来，它是否会影响美国整体经济，进而引发全球经济危机？

库珀：美国房地产次贷危机不是世界经济的转折点，但会存在相当长的一段时间，会削弱美国经济。目前美国次贷危机还在蔓延，不知道什么时候会结束，有可能更糟糕的危机还在后面。与次贷有关的金融机构和个人的损失会比较快地澄清——持有什么金融资产，损失了多少，金融产品的价格会很快调整使供求平衡。金融机构会更加谨慎，特别在提供抵押贷款方面。但问题是实体经济的调整不会那么快。房地产行业的库存和剩余需要几个季度，甚至几年才能消化掉。2006年和2007年，美国建了太多的房子，现在还有大量的库存，所以2008年会减少房屋建设，直到库存解决。

金融市场的流动性减少，银行"惜贷"也会影响到美国实体经济。不过我认为金融市场的压力会逐步减轻，金融机构会逐步恢复正常。回过头来看，2006年提供的许多房屋抵押贷款是不应该的，违约率很高，美国房地产建筑业将持续低迷达 18 个月，至少也要 1 年。哈佛大学前校长萨默斯认为房地产业危机的负面影响很大，将导致美国经济陷入衰退，但我不像他这么悲观。尽管房地产业拖了美国经济的后腿，美国经济正在放缓，但我认为衰退并不一定发生，即使发生，也可能是轻微的和短暂的。

赵瑾： 美国次贷危机不是全球经济的转折点，那么您认为影响全球经济的决定性因素是什么？或者说全球经济发展的内在推动力是什么？

库珀： 技术革新使高收入成为可能，人们有了高收入就更愿意消费，消费提高就会增加对产品的需求，从而推动技术革新。从短期来看，世界经济的两大内在推动力分别是美国的消费和中国的投资。"中国的投资"不是指推动出口的投资，而是指中国国内房地产建筑业的投资。2004年以来，中国强劲的需求势力一直持续到现在。中国需求

从查尔斯河畔眺望波士顿城

的增长使世界原材料价格大幅度增长，提高了拉美、非洲、澳大利亚初级产品生产者的收入。

赵瑾：您在20世纪60年代曾提出"经济的相互依存性"。而高盛提出脱钩假设，认为新兴经济体有自己独立的经济周期，美国经济衰退不会导致全球经济衰退。您是否同意这个观点？

库珀：我不同意"脱钩"的观点。经济问题不是"彼和此"的关系，而是"并且"的关系，数量非常重要。虽然美国占世界经济产出的比重和美国在世界其他地区的重要性在下降，但美国所占的比例依然很大，占到全球经济的27%，其中进口所占的比重更大。如果美国经济出现大幅度下降，进口就会下降，影响到其他国家的出口，这就是联系。但是否称作"衰退"，在技术上是比较复杂的问题。事实上，过去50年很少发生世界范围的衰退，只有两次。现今大家都在谈论中国，中国是世界资源的主要需求者，特别是对某些特定产品的需求，如铜、铝、水泥等，但中国的GDP只占到美国的20%左右。目前几个重要国家依然高度依赖出口，如日本、德国、中国和韩国。所以，当主要出口市场的经济慢下来或者出现下降，自然会对这些国家产生负面影响。相比较而言，印度受其他国家的影响会比较小，因为印度经济的大部分仍然是封闭的。

赵瑾：由于中国资本项目没有完全放开，所以美国次贷危机没有对中国经济产生严重的不利影响。有人认为，中国能逃离东南亚金融危机和美国次贷危机影响的一个重要原因是没有放松对资本的管制，并主张坚决抵制要中国金融市场充分开放和实现资本项目自由化的国际压力。您认为美国次贷危机对中国金融市场开放和防止中国房地产泡沫发生的重要启示是什么？

库珀：国际资本流动不是造成1997年和1998年东南亚金融危机的主要原因。虽然1996年和1997年国际资本进入泰国和韩国等国，1998年大量流出，加重了危机，但我不认为这导致了危机。如1991年，美国新英格兰地区出现经济危机，没有人把这归结为国际资本流动，而是认为因房地产市场的波动引起。20世纪80年代末，日本出现房地产市场的波动，泰国也经历了房地产的波动。1997年5月，东南亚金融危机的前两个月，我访问泰国时看到泰国房地产业的衰落，曼谷看起来像死城一样，很多已开工的项目都停止了，这与国际资本流动基本上没有关系。外国资本流入推动了房地产的繁荣，但不是外国资本流出导致衰落，多数资本是在危机发生6个月后才流出的。危机大多是国内经济发展过程中的不完善或严重失调造成的。比如，泰国当时的主要问题是其银行借入很多外币短期贷款，然后对国内房地产市场放出很多长期贷款，还款付息时间不一致，导致入不敷出。韩国的问题是许多公司负债率太高，1997年政府让一个很大的韩国财团倒闭，动摇了市场信心，造成流动性紧缩。在泰国、马来西亚和墨西哥，本国国民的资本都比外资提前逃出国。所以外资撤出并不是导致这些危机的根本原因。

中国建筑业正处于高度繁荣的发展阶段，部分是由于巨额贸易顺差支持，中国的银行业提供充足的贷款，而不是靠国际资本的流入。中国是否会出现房地产衰落尚待观察，我认为至少在奥运会后会有所下降，至于是剧烈下降还是缓慢下降，还有待进一步观察。现在很多中国白领拥有两套住房，这种投机行为背后的假设前提是房地产价格会持续上涨，如果房价下降，他们怎么办？美国迈阿密、拉斯维加斯等城市，人们投机房地产业，但发现房地产价格一直在下降，而且租房市场也不好，也许北京的情况会好一些。

我认为使中国免于遭受金融危机的最重要因素是经常项目盈余。1997年和1998年，中国内地、香港和台湾地区以及新加坡都有经常项目盈余，所以当外国资本流入停止时，这些经济体不依靠持续的资本流入。而泰国、马来西亚、印度尼西亚、韩国、菲律宾这些出现严重危机的国家都存在经常项目赤字，需要资本持续流入弥补它们的赤字。为此，它们向官方机构贷款，从IMF和世界银行获得资本，同时压缩经济，减少进口，出现经济衰退。

赵瑾：您认为对资本项目的控制不是决定性的因素，但目前中国国内要求延缓资本市场开放的呼声比较高，您认为中国开放资本市场的条件是否成熟，需要多长时间？

库珀：资本账户不是只有开与不开的两种选择，而是如何掌握资本账户的开放速度，如何有效地通过控制开放的速度使金融市场的发展适合实体经济的发展。尽管中国银行业缺乏竞争力，但中国资本市场开放速度仍然可以加快。现在中国居民越来越有钱，可以投资房地产业和股票市场，但中国普通公众的投资渠道非常有限，仍主要依靠银行储蓄。允许中国公民去海外投资可以扩大他们的投资渠道，并减轻由于外汇储备过高而导致的通胀压力。

衡量银行效率的一项重要指标是贷款利率和存款利率的差额。根据国际标准，中国银行的存贷差额很大，表明中国银行业的效率非常低。由于中国银行业还没有完全放开，仍然存在最低贷款利率和最高存款利率，这使得中国银行在利润丰厚的同时效率低下，因为在储蓄和贷款方面银行之间的竞争受到严重限制。为了争夺高端客户，银行之间只能拼服务，而不能拼利率，也就是价格。几乎每个银行都有专门的 VIP 窗口，在牺牲中小客户利益的基础上确保对高端客户的服务畅通无阻。

  北京居民几乎都有在银行办事排队两小时以上的经历，怨声载道，却毫无办法，只能尽量减少去银行的次数。我有一个具体建议：在 VIP 窗口无人时，可以对普通客户服务，在 VIP 到来时，他可以是第二个被服务的对象。这就像航空公司的头等舱和商务舱的登机口，在没有头等舱和商务舱的客人时，可以给普通舱的旅客检票。这样就会减少在北京许多银行网点出现的现象：在普通窗口排队的人多达几十人，甚至上百人，而 VIP 窗口前的客人却寥寥无几。

  当然这只是在具体操作方面的一个小建议，更根本的解决方法还是要放开利率，增加竞争。这有多方面的好处，其中一个优点就是有利于私营的中小企业贷款，创造更多的就业机会。

  目前中国通货膨胀率超过储蓄率，实际存款利率是负值。我认为改善中国银行业的最有效办法是将中国的银行置于严酷的竞争压力下，要在中国新建有效运营的银行，并允许外国银行参与竞争。同时，允许中国居民投资海外，大规模的海外投资至少在三方面将有利于中国经济发展：一方面海外投资有可能有更好的风险调整回报，对投资者有好处；另一方面，允许中国居民海外投资会使中国银行面临截流，加大银行间对储蓄客户的竞争，减少银行利润，促使它们提高服务质量；还有就是从中国宏观经济调控方面来看，让部分资金投到海外可以减少中国国内由于投资带来的经济过热现象。中国有很多投资项目，效益低下，造成资源严重浪费，其部分原因就是资金太便宜，没有更好的投资项目。

竞争会推动现代经济的发展，以美国汽车业为例，日本汽车企业在美国本土的竞争促使美国汽车业向日本学习，改善自身。中国金融业需要引入更多的竞争来提高管理。要使经济活跃，唯一的方法就是持续不断地增加压力，否则就不会获得好的管理。

赵瑾：根据 IMF 预测，通货膨胀已成全球经济的头号大敌。与此同时，通货膨胀也成为当前中国经济发展的一个突出问题。目前，国际上有一种观点认为中国向世界输出通货膨胀，中国通货膨胀将阻碍世界经济增长；另一种观点认为中国目前的通货膨胀压力为典型的输入型。您如何看待和认识全球通货膨胀和中国通货膨胀问题？您认为引发中国通货膨胀的根本原因是什么？中国政府应采取什么政策避免经济进入"滞胀"？

库珀：近几个月来，中国出现通货膨胀，一个原因是全球粮食价格上涨，如小麦、玉米、大豆都已涨价。对中国来讲更加重要的是，食品消费占中国家庭消费支出的 1/3，食品在美国仅占消费指数的 12% 或 13%，不到中国的一半。中国的粮食收成经常上下波动，时好时坏，不过 2007 年的收成不错。

先把粮食问题放在一边，我们谈一下中国经济的本质问题。中国控制汇率，面对巨额贸易顺差和经常项目盈余，汇率调整速度缓慢，再加上外国资本流入，中国外汇储备更高。为此，中国央行努力提高银行的存款准备金率，现在的存款准备金率已达到 13%。银行信誉得到提升，有利于降低通货膨胀，但中国的通货膨胀是国内原因造成的，是中国汇率政策的副产品。对中国来讲，降低通货膨胀压力的一个简单方法是加速货币升值，这有利于减轻食品涨价的负面影响，因为以升值后的中国货币来衡量，世界粮

食的价格会降低。人民币升值的直接影响是降低进口货物价格，间接影响是减轻经常项目盈余导致的流动性问题，同时允许更多资本外流，也有助于减少外汇储备的增长。给中国开的药方是加快货币的升值和放松资本的外流，都有利于减轻通货膨胀问题。

上面讲的是中国问题，现在谈世界问题。首先需要澄清的是，当谈论控制通货膨胀时，并不意味着要一直压低原材料的价格。2004年前，世界原材料价格整体来讲被压低了几十年。过去4年，原油、铜、有色金属、谷物、大豆价格都在上涨。这对生产者有利，对消费者不利，但我们不应将此归结为通货膨胀。美国和欧洲关注的是原材料价格上涨是否被加入到制成品价格中，从而导致工资提高的问题。至于中国是出口通货膨胀还是进口通货膨胀，经济问题需要数量分析，不是"彼和此"的关系而是"并且"的关系。中国经历进口通货膨胀，如原油价格上涨，但中国控制制成品价格的做法是错误的，事实上一些价格在中国已经上涨，毕竟中国是世界经济的一部分。我不同意通货膨胀是影响世界经济发展主要障碍的观点，一位数的通胀率有可能促进经济发展。不同的经济发展阶段有不同的可以容忍的通胀率，发展中国家可以容忍比发达国家更高的通胀率。一般来说，我对通胀的容忍程度比大多数经济学家要大。

赵瑾： 除了通货膨胀问题，您认为目前全球经济发展进程中的哪些现象和问题值得研究和关注？

库珀： 第一点，我认为目前带有政治因素的贸易保护主义相当危险。美国和欧洲保护主义抬头，印度也拒绝进一步的贸易自由化。多哈回合进展艰难，贸易政策是重要问题。第二点，环境问题在经济快速增长的国家非常严重，

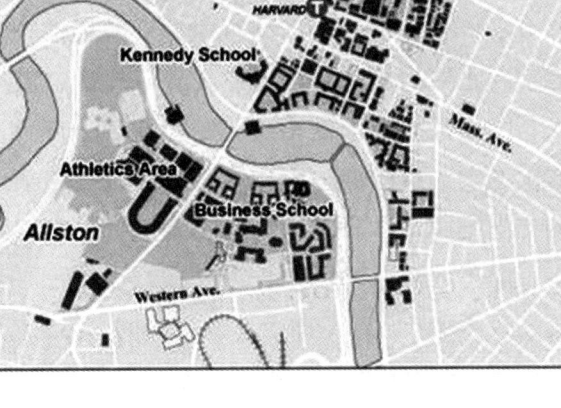

哈佛大学主校区地图

如中国、印度、巴西等国。空气和水的污染严重，虽然主要是区域性问题，但会随风扩散，而气候变化是全球性问题。第三点，从长期来看，全球经济发展的推动力源于技术进步。我们要推动技术进步，不断创新思想。我们需要拥有足够灵活的经济来持续引入新的思想，而这些新思想能使我们实现更高的生活标准。

赵瑾：您认为目前美国经济出现的突出问题是什么？布什政府为消除"双赤字"采取了哪些政策？是否有效？

库珀：无论是里根执政时期，还是现政府，"双赤字"都是过于简单的概念，会误导人们。克林顿执政时期，预算赤字连续3年下降直至出现盈余，但经常项目赤字持续增长。通过国际比较可以发现，日本经常项目盈余，但有高额的预算赤字；德国经常项目盈余，但也有预算赤字；澳大利亚则相反，经常项目赤字，预算盈余。这三国再加上美国在过去25年的经验表明，预算赤字和经常项目赤字间的联系极度松散，所以需要单独分析预算赤字问题，而不是与经常项目赤字问题混为一谈。

布什政府期间的预算赤字问题非常严重。2001年和2003年，布什采取了两次减税措施。减税使布什政府的预算赤字问题更严重。布什宣称要降低支出，但事实上支出惊人，国防开支大幅度增长。在布什第一任期，很多项目的支出增大，共和党总统和共和党控制的议会没有实行严格的支出纪律。后来民主党控制着议会，布什否决了几个议案，但多数情况下否决不是降低支出，而是有别的动机。在美国政体中，财政纪律由总统来贯彻，535名议员不可能来贯彻严格的财政纪律，大家都希望降低税收，提高开支。布什总统表现很差，没有实施严格的财政纪律，不过美国2007年的联邦赤字只占到美国GDP的1%（财政年度结束在9月30日），与其他很多国家相比，美国预算赤字相对GDP而言非常低。这主要归功于2007年良好的美国财政收入，美国经济表现良好。但2008年的财政年度预算赤字会有大幅度增长，大概会达到2000亿美元。布什一直呼吁永久减税，这将造成在未来四五年内美国预算赤字大幅度增长，但在民主党掌控国会的情况下，不太可能实现永久减税。

赵瑾：全球经济发展的"中国因素"是什么？"中国因素"将对国际要素的变化产生什么影响？当我们考察"中国因素"对世界经济影响的时候，在世界经济发展史上是否有相关的国家值得研究和借鉴？

库珀：中国经济发展迅速，特别在外贸领域供给和需要两个方面都增长较快，其中快速增长的出口对美国和欧洲影响最大。一方面，中国出口产品高度集中在消费品领域，如衣服、鞋、体育用品、玩具、电子产品，公众非常了解中国的出口产品，而国际上大多数的贸易集中在中间产品，如钢铁，公众对中间产品不是很了解。另一方面，中国进口和工业生产增长迅速，中国对原材料需求很大，包括原油、铜、有色金属等，如中国消费了世界的一半水泥，表明中国建筑业高速发展。在过去5年中，世界原材料价格增长很多，虽然不全是因为中国引起的，但中国是很重要的因素之一。

中国主要通过上述贸易进口和出口两个渠道影响世界经济。在第三个渠道，即金融和投资领域，由于中国控制资本流动，中国对世界资本市场影响不太大，不如20世纪80年代和90年代日本那样引人关注。中国巨额的外汇储备对世界短期金融市场影响很大，如对美国国债市场，尽管其外汇储备已经超过万亿美元，但中国对投资的形式态度谨慎。中国公布的外汇储备统计与美国财政部报告存在偏差。美国财政部数据显示的中国影响是显而易见的，但还不是很大。

日本与中国有相似性。从20世纪50年代和60年代早期的一个较小经济体，到70年代末和80年代成为世界第二大经济体，日本从一个世界舞台上不起眼的国家，经过20年的发展，成为引人注目的经济体。就像现在的中国，日本出口增长迅速，进口增长虽快，但相对缓慢。日本在20世纪50年代经常项目赤字，到80年代实现经常项目盈余。当年的日本和今天中国的一个相似点是经济表现突出，注重出口，使日本在世界上更加引人注目。日本在一些经济案件中受美国和欧洲详细的审查调研，这是因为人们更加关注日本的政策，包括进口政策、宏观经济政策和出口促进政策，这是日本经济发展成功的结果。

中国也有与日本类似的经历，经济成功使中国成为世界上重要的经济体。在上述所有领域，人们更加关注中国，详细审查中国政策，包括出口政策、进口政策，甚至是国内政策，如宏观经济政策、医疗政策。人们原以为百分百属于国内的问题会受到国际审查。如美国、英国、德国和瑞士公司在药品出口上有非常重要的利益，虽然日本对药品采取自由进口政策，但没有更多地进口药品，问题的症结在于日本的国内医疗体系。原来在日本，80%的药品开方要通过国家医疗制度，大多数外国药品得不到日本国家医疗制度的批准，贸易壁垒不是在边境而是国内的医疗认证体系上。

可以预见，类似的事情也会在中国发生，中国国内政策会受到外国更详细的审查。许多中国人认为这是外国人对中国吹毛求疵，很不友好。其实这是中国成功的代价，就像人们观察美国到底发生了什么，如次贷危机。人们细致地观察在中国到底发生了什么，并不表明反对中国，只是表明在中国发生的事情被认为对世界其他地方有重要影响，所以人们更加关注中国，甚至观察中国的国内问题。日本人倾向于在世界舞台上保持低调，世界审查日本经济、社会，日本人起初感到不舒服。正如现在的中美战略对话，我在30年前发起美日对话，起初是部级交流，涉及多个部委，如外交部、卫生部、农业部等。20世纪80年代中期，美日对话从部级升级到国务院级。日本的经历表明，经济发展会招致全球更苛刻的审查，而一些审查会带来批评，中国也将会有类似的经历。

赵瑾：发展中国家在对外开放和经济发展过程中，大多遭遇了不同形式的危机，如东南亚金融危机、拉美债务危机。危机的结果不仅致使国民财富损失，而且导致社会动荡甚至出现政治危机。目前中国已经开始全面融入全球经济体系，并实行更加开放的经济政策，您认为中国作为全球最大的发展中国家，进一步的对外开放中会在哪一个经济环节上出现问题？或者说对外开放的风险来自哪一个方面？是否会出现新的金融危机、房地产泡沫危机？中国政府应如何应对？

夏日的哈佛校园

库珀：房地产泡沫与对外开放没有太大联系，而在于中国自身的经济发展。中国居民投资渠道有限，即使发生房地产泡沫破灭，也不是全国问题，而是地区问题。如美国房地产业虽然出现整体下降，但只是迈阿密、拉斯维加

斯、圣地亚哥比较突出。在中国也会发生类似的情况，有些城市房价过高，会出现有价无市的现象，一些人的投资遭受损失，直到下一次实际需求的出现。中国正处在提高住房条件的阶段，当人们更加富裕时，自然需要更大的居住空间，所以我期待中国出现长期的房地产繁荣，但这个过程不是一帆风顺的，会有一定的波折。

从外因来看，中国的危险是过度依赖出口增长，中国经济难以应对出口的突然下降。出口下降来自两个方面，一是全球经济衰退，美国、欧洲、日本的进口需求下降。如1982年出现世界范围的衰退，以出口为导向的国家遭遇了出口的大幅度下降。二是贸易保护主义，通过加强进口壁垒，以产品倾销、控制汇率、损害环境为名制造争端限制中国产品出口，如最近公众讨论的玩具、食品安全问题，进而阻碍中国经济增长。中国官员需要审慎对待贸易保护，巧妙制定政策，使美国和欧洲贸易保护势力难以对中国发难。

通常提到的危机包含经济和非经济危机。经济危机指中国的金融危机；非经济危机指传染病，如禽流感等。在禽流感问题上，人们高度警惕，但不太可能在萌芽阶段消除所有危险，中国在这个过程中应充分加强与国际合作，否则可能会导致中国货物的禁运和禁止在中国的旅行。作为经济历史学家，我没有看到哪个国家在发展过程中没有遭遇过金融危机。从19世纪到20世纪，美国基本每10年经历一次金融危机，其根本原因是不能良好匹配实体经济与金融经济的发展，结果出现危机。英国和法国在发展过程中也曾经历过类似的问题。政府管制和金融创新是一对复杂的关系。管制得越多，可创新的空间就越少，容易造成毫无生气，一潭死水；相反，管制得太少，创新太多，容易造成混乱，在监管不到位的情况下出现危机。现在的次贷危机就是由于在资产证券化方面创新过头，把给房主贷款的银行利益和最终持有次级债券的投资者利益分离得太远，信用评级公司误导投资者，政府监管不到位造成的。即便如此，我仍然认为管制不能太多，但要到位。偶尔发生危机，没有关系，这是一个成长、成熟的过程。政策制定者不应过度谨慎，不是要不惜一切代价，以管得越来越多来避免金融危机，而是要控制危机，实现危机损害最小化，借助危机改善金融管理和监管体制。中文"危机"一词由"危险"的"危"和"机遇"的"机"构成，我喜欢这个中文词。危机包含危险，但是也创造机遇。对政策制定者而言，应该准备好抓住机遇，降低损失，继续前行。

效率与公平：中国的渐进式变革

受访人——怀默霆（Martin King Whyte）
采访人——王洛忠

怀默霆教授

怀默霆，哈佛大学社会学系荣休教授，澳大利亚墨尔本大学访问学者；中国问题研究专家；是已故美国著名社会学家威廉·富特·怀特（William Foote Whyte）之子；1994 年与妻子爱丽丝·霍根（Alice Hogan）在中国收养了义女朱莉娅（Julia）。

怀默霆于 1971 年获得哈佛大学博士学位，先后在密歇根大学、乔治·华盛顿大学和哈佛大学任教。他的主要研究领域包括比较社会学、家庭社会学、发展社会学、当代中国社会学、对后共产主义转型的社会学研究等。怀默霆教授是美国哈佛大学研究中国社会问题的专家和当今国际学术界研究中国问题的知名学者，对中国现实社会问题的研究和分析是他教学和研究中关注的重点。在哈佛大学，怀默霆教授给本科生讲授"当代中国的社会生活"、给研究生讲授"不平等、社会分层与当代中国社会"等中国问题研究课程。长期以来，他对当代中国的社会变革与社会模式、中国婚嫁与家庭模式、中国城市家庭的延续与变革、中国计划生育政策与生育权、中国社会制度变迁背景下的男女不平等、中国家庭内部代际关系与老年人口、中国经济增长与社会不平等等问题进行过深入研究。

主要专著有《社会火山的迷思：当代中国对不平等和分配不公的认知》（*Myth of the Social Volcano: Perceptions of Inequality and Distributions Injustice in Contemporary China*）、《工业社会前的妇女地位》（*The Status of Women in Preindustrial Societies*）、《中国的政治学习小组与政治仪式》（*Small Groups and Political Rituals in China*）等，主编有《一个国家、两种社会：中国的城乡差别》（*One Country, Two Societies: Rural-Urban Inequality in Contemporary China*）、《中国革

命与代际关系》(China's Revolutions and Inter-Generational Relations)、《美国社会的婚姻:社群主义的视角》(Marriage in America: A Commuitarian Perspective)等。

主编手记

2009年6月22日，哈佛大学社会学系教授怀默霆教授应邀接受了北京师范大学管理学院王洛忠副教授的访谈。整个访谈持续了两个半小时，话题涉及怀默霆教授的治学历程及与中国学生、学者的合作，中国经济发展模式及其对家庭、社会结构的影响，中国经济快速增长与社会不公平等问题。访谈结束后，王洛忠副教授又通过电子邮件和电话等形式与怀默霆教授进行了多次交流。以下的访谈记录经过怀默霆教授的修改，并得到了他的认可。哈佛大学社会学系博士生安卫华参与了前期部分工作，北京师范大学管理学院硕士生张瑞燕参与了部分文稿的翻译和资料整理工作。

王洛忠：怀默霆教授您好！感谢您在百忙之中接受"哈佛学者看中国"项目组的访谈。我知道您是哈佛大学研究中国问题的社会学专家，来之前我不止一次看过您的个人简历，获悉您本科毕业于康奈尔大学物理学专业，博士毕业于哈佛大学社会学专业，现在从事社会学研究与教学工作。可是物理学与社会学离得太远了，您是怎么从物理学转到社会学的？又是怎么对中国问题的研究感兴趣的？

怀默霆：谈到我的专

怀默霆的父亲威廉·怀特的代表作《街角社会：一个意大利人贫民区的社会结构》(Street Corner Society: The Social Structure of an Italian Slum)

业方向与研究兴趣，不能不提到我的父亲威廉·怀特，他是美国非常有名的社会学家，他的代表作《街角社会：一个意大利人贫民区的社会结构》（Street Corner Society：The Social Structure of an Italian Slum），英文版最早出版于1943年，后来经过多次再版，被翻译成多国语言出版，其中包括中文版本。我的父亲于1936—1940年，使用"参与式观察法"（Participant Observation）对波士顿北区（Boston's North End）的一个意大利人贫民区"科纳维尔"（Cornerville）进行实地研究。他以被研究群体——"街角帮"（Street Gangs）一员的身份，对游荡于街头巷尾的意大利裔青年的生活状况、组织结构以及他们的人际关系加以观察，从中得出关于该社区社会结构及相互作用方式的重要结论。在中产阶级看来，科纳维尔是一个犯罪频仍、贫困滋生、政客腐败、一团乱麻的危险地带，可我父亲经过长期实地观察，在这里却发现了高度组织化的、完整的社会制度。研究方法与研究结论使得《街角社会》成为美国社会学研究的经典之作。尽管我父亲是一位有名的社会学家，可青年时代的我却并不想从事社会学的学习和研究，因为我们多数美国人都不想"子承父业"。

我成长于20世纪50年代，正处于美苏争霸的关键时期。当时苏联成功地发射了人造地球卫星"伴侣号"（Sputnik），美国人感到很震惊，认为苏联的太空技术已经超过美国。作为当时的爱国青年，我数学等科目的成绩比较好，所以进了康奈尔大学物理学系，那时候我的理想是当一名科学家，帮助美国赶超苏联。但是由于美国当时实行通识教育（Liberal Arts System），开设的物理学专业课仅占总学时的1/4左右，学物理专业也要修历史、外语等课程，所以我就开始学俄语了，并开始对苏联的研究感兴趣，修读了苏联历史、文学和政治等相关课程。1964—1965 年，我申请到当时的哈佛大学苏联研究中心（也就是现在的 Davis Center），攻读苏联问题研究方面的硕士学位。尽管我不是前苏联赫鲁晓夫（Nikita Khrushchev）的崇拜者，但我知道他和中国的毛泽东、邓小平一样，是一个大人物。他批评斯大林，发动了非斯大林化运动（The Anti-Stalin Campaign），力推外交、经济和农业等方面的改革，想把苏联建设成一个更加平等、更加美好的社会。对我学术生涯发展非常有影响的是：1964 年正当我刚开始研究苏联问题、开始攻读该领域硕士学位的时候，赫鲁晓夫被解除了一切职务，勃列日涅夫（Brezhnev）上台了。我不太喜欢勃列日涅夫这个人，觉得他进取心不强，这直接影响到我对苏联的研究兴趣。

1965—1966 年，我在攻读苏联问题研究的硕士学位时，了解到哈佛大学还开设有关另一个社会主义国家——中国的一些课程，我想知道中国的社会主义制度与资本主义制度到底有什么区别，因为毛泽东说过中国的社会主义不仅要区别于美国的资本主义，而且要区别于苏俄的社会主义。在这种情况下，我就开始学习汉语和与中国有关的课程；与此同时，毛泽东批判苏联是修正主义（Revisionist），在中国开始发动"文化大革命"，我觉得这有些不可思议，更加激发了我研究中国问题的兴趣。

但在当时的哈佛大学，研究苏联问题和中国问题都只能获得硕士学位，不可能获得博士学位；而我自己的兴趣又想当教授，从事学术研究，在此情况下，我开始攻读社会学的博士学位，因为社会学是社会科学领域中研究内容最为宽泛的学科，而且社会学的研究与我先前进行的苏联问题研究、中国问题研究可以很好地结合起来，更好地理解不同社会制度的差异。所以最终我还是进入了我父亲的

研究领域——社会学。我的博士学位论文最终选定研究中国问题，题目是《中国的政治学习小组与政治仪式》（*Small Groups and Political Rituals in China*），并于1974年由加利福尼亚大学出版社正式出版。

王洛忠：看来您个人的兴趣、父亲的影响，以及美苏关系、苏联与中国的变革等因素都直接或间接地影响到了您的专业选择。您刚才谈到，您的父亲使用"参与式观察"等方法，研究意大利贫民区的社会结构和社会关系。您研究中国问题，到中国去作实证调研的机会多吗？

怀默霆：社会学是非常重视实证研究方法的。研究中国问题，当然应该到中国去作实证调研。尽管我的博士学位论文选择研究中国问题，但那个时候却没有美国人能够到中国内地去。我没有办法，只好绕道去中国香港。那个时候，我每隔三四年就要去香港待一年。记得1968—1969年、1973—1974年、1977—1978年，我分别在香港住了一年，做我的课题调研工作。我对那些曾经居住在中国内地、后来移居到香港的中国人进行深度访谈，谈他们在中国内地曾经住过的地方、他们曾经上过的学校、他们的家庭和周围的邻居等。我把这些移居香港的内地人当作"潜望镜"（Periscope），通过他们去间接了解中国内地的实际情况。

我第一次真正到中国内地，是1973年，通过参加"学术代表团"的方式去的。由于那时中国还没有推行改革开放，对我们外国代表团控制得很严，我们只去了5个地方进行考察。那时候尽管中国已经购买了波音飞机，但我们却不能直接飞往北京或上海，我们乘坐火车到了深圳。那时的深圳还是一个很不起眼的小城市，周围都是稻田。从香港过桥到深圳，完全是两个世界：深圳没有闪烁的霓虹灯、高耸的大楼，也没有任何的夜生活。但是改革开放30

多年以后，今天再从香港去深圳，没有人能够觉出深圳与香港有什么区别！

王洛忠：随着中国改革开放的逐步深入以及中美关系的日益密切，现在您去中国方便多了吧？是不是和中国社会学界同仁的合作也越来越多了？

怀默霆：没错。在1973年我首次访问中国之前，我只能绕道中国香港间接了解中国内地。1952年，由于种种原因，中国内地取消了社会学等相关学科的设置，我那时根本就不敢奢想能够和中国内地学术界的朋友进行科研方面的合作。即使在改革开放初期，我们到中国内地作实地调研也是比较难的。

20世纪80年代初，我在密西根大学任教时，研究美国的家庭社会学。我在底特律地区对已婚妇女进行实地调研，研究她们的恋爱方式、婚姻关系及其对婚后生活的影响等。我当时对中国从"包办婚姻"（Arranged marriage）到"自由恋爱"（Free-choice marriage）的转变非常感兴趣，就想到中国去调研，但当时还不太容易。1978—1979年，费孝通访问美国时，我认识了他。1985年，我给他写了一封信（当时根本没有电子邮件），告诉他我想去中国作实地调研。费孝通给我回信说为时尚早，不太方便。后来，密歇根州与中国的四川省结成友好关系，我认识了四川大学的朋友。尽管1977年中国的社会学开始恢复重建，但1985年的时候四川大学还没有建成独立的社会学系，社会学当时设在哲学系里。我在美国筹得调研经费后，在四川大学袁亚愚等人的支持下，最终于1987年完成了在成都地区的调研。这是我和中国内地学界同仁的首次合作！

王洛忠：万事开头难嘛！是不是现在与中国学界的同仁合作越来越多，也越来越容易了？

怀默霆与杨善华（右）、陈杰明（左）在北京全聚德烤鸭店

怀默霆：是的。在和四川大学首次合作之后，近几年和北京大学的合作比较频繁。1994年，我和北京大学社会学系的杨善华教授、中国老龄化问题研究中心的肖振宇教授合作，在河北保定就中国家庭内部的代际关系进行实地调研，研究成果集中体现为《中国革命与代际关系》（*China's Revolutions and Intergenerational Relations*）一书。后来，我又和北京大学中国国情研究中心（The Research Center for Contemporary China，RCCC）的沈明明教授合作，开始从事中国社会不平等问题的调查和研究。我在密歇根大学任教时，是沈明明的博士学位论文答辩委员会成员，他也算是我的学生了。沈明明1994年获得博士学位后，回北京大学创办了中国国情研究中心。1999年前后，我开始关注并研究中国日益严重的社会不平等及民众的反应。我和沈明明教授联系，2000年先在北京地区就民众对社会不平

等的态度与反应作了预调查（Pilot Survey），进展非常顺利；2004年又在全国范围内作了更大规模的抽样调查。最近这几年，我和我的同事、学生一直忙于2004年全国抽样调查数据的整理和分析，我们发表了几篇关于中国社会不平等问题的文章，我们的专著《社会火山的迷思：当代中国对不平等和财富分配不公的认知》（*Myth of the Social Volcano: Perceptions of Inequality and Distributions Injustice in Contemporary China*）即将由斯坦福大学出版社出版。2009年5月我又去了北京，与沈明明教授、杨明教授等合作伙伴商讨进行5年之后的跟踪调查（Follow-up Survey）。

王洛忠：在您教学与科研过程中，您不仅与中国学者进行了密切合作，应该也指导过不少来自中国的学生吧？

怀默霆：是的，我在密歇根大学任教时，就指导过几个中国学生。我在四川大学最初的合作者徐晓鹤后来成了我的学生，他在密歇根州立大学获得社会学硕士学位后，回四川大学教了几年书，后来又到密歇根大学跟着我读博士，现在得克萨斯大学圣安东尼奥分校（University of Texas at San Antonio）任教。参与我和沈明明教授关于中国社会不平等问题合作调研的王丰与陈杰明也都是我的学生，王丰现在是加州大学欧文分校（University of California at Irvine）社会学系的系主任；陈杰明是得克萨斯州农工大学金斯维尔分校（Texas A&M University at Kingsville）社会学系的系主任。参与河北保定关于中国家庭内部代际关系调研的郝洪生来自中国人民大学，现就职于华盛顿地区的一家统计公司维思达特（Westat），他是一个抽样专家。我在哈佛大学指导的第一个学生是胡晓江，她现在你们北京师范大学工作，是社会发展与公共政策学院的教授。她实际上是我的老师——傅高义的学生。后来傅高义退休了，由我来指导她。2009年5月我在北京还见到过她,她下学期要来肯尼迪政府学院做访问学者。另一名学生刘东晓是我和哈佛大学政府系的西达·斯考切波(Theda Skocpol)教授联合指导的,她现在任教于得克萨斯州农工大学主校区(Texas A&M University)。韩春萍2009年9月将成为得克萨斯大学阿灵顿分校(the University of Texas at Arlington)的副教授。现在在读的博士生还有来自中国内地的郭茂灿和安卫华;毕业于北京大学的杨典与周敏正在撰写博士学位论文。当然,还有来自中国香港和中国台湾的学生。在我指导的学生中,中国学生占了大多数,但不全是中国学生,还有来自加拿大、德国和美国的学生,他们也从事中国问题的研究。

王洛忠:谢谢您这么详细地介绍您与中国学者、学生的合作关系。下面,让我们转向中国改革开放与经济发展等问题。众所周知,2008年是中国改革开放30周年;2009年我们迎来新中国成立60周年。回顾新中国成立60周年,特别是改革开放30多年所走过的不平凡的历程,我们可以看到中国在很多方面都取得了巨大成就。您作为研究中国问题的专家,是怎么看待中国改革开放30多年来的快速发展的?

怀默霆:应该承认,中国自1978年开始的经济改革在很多方面都取得了巨大成功。尽管1997年经历亚洲金融危机,但中国仍然保持了连续30年年均10%的增长速度;数亿农村人口摆脱了贫困,富足的中产阶级正在崛起,民众的收入和生活水平不断提高;1976年毛泽东去世时外国在中国的直接投资(Foreign direct investment, FDI)微不足道,近年来中国已经成为发展中国家外国直接投资最大的接受者;中国从刚成立时外汇储备(Foreign exchange reserves）几乎为零，发展到拥有全球最多的外汇储备（2008年接近2万亿美元）；1973年我第一次访问中国的时候，中国人穿的衣服从颜色到款式都非常单一、土气，今天中国生产的物美价廉、时尚新潮的服装销售到世界各地；1976年中国没有私家车，费孝通他们用的都是单位的公车，现在中国1年的汽车销售量超过900万辆，中国人购买别克（Buick）轿车的数量都超过了美国人；近年来中国摩天大厦、高速公路、购物商场、豪华旅馆的大幅增加，还有其他一些在视觉上随处可以捕捉到的片断，无不展示出中国改革开放30多年来所取得的辉煌成果——中国正变得越来越现代化和富足。不但西方社会没有预料到社会主义国家的经济体系会从高度集权、效率极低的计划经济成功转型到现代市场经济，而且连1978年中国改革的设计者可能都没有想到中国经济改革会取得如此辉煌的成就！

当然，在中国经济快速增长的过程中也出现了一些负面的东西，比如环境污染、能源浪费等问题；作为一个社会学家，近几年来我一直关心的一个问题就是中国的城乡差距（The rural-urban gap）。哈佛大学出版社2009年年底要出版我和我的朋友主编的一本会议论文集《一个国家，两种社会：当代中国的城乡不平等》（*One Country, Two Societies: Rural-urban Inequality In Contemporary China*）。中国社会城乡差异的问题由来已久，而且差距越来越大。在毛泽东的时代，中国就建立了所谓的户籍制度，把农村人口束缚在农村的土地上；确定了城市工业优先发展的战略，长期以来忽视农业发展和农民利益。在我个人看来，城乡二元的户籍制度是产生城乡差距的根源，导致农村人口和城市人口一生中的权利和机会都存在巨大差异，这是非常

不公平的。可是直到现在，户籍制度依然存在，而且还在发挥作用。当然，近年来也出现了户籍制度松动的呼声与试点，农村人口可以离开自己的土地，他们有了更多的机会，可以去乡镇企业打工，可以进城市当农民工，也可以自己经营生意；但是，这一切仅是些微小的改革，没有触及根本的户籍制度结构，因为不管你走到哪里，你仍然是农业户口，你都是外地来的，你在就业、医疗、社保、购房、子女入学等很多方面，不能享受和城里人同样的待遇。尽管今天城市建设和城市经济的发展离不开农民工的贡献，但农民工仍然不能被公平对待。我想这是中国改革开放30多年来没有解决的社会问题，也是影响中国今后发展的大问题。但不管怎么样，中国30多年来的经济改革与发展的成果堪称"中国奇迹"！

王洛忠：您刚才谈到，改革开放30多年来中国年均国民生产总值增长率接近10%。我最近读了一篇文章，在人类历史上，只有7个国家（地区）曾经以7%以上的年增长率持续增长超过30年，中国是其中之一，而且是其中最大的经济体。不仅如此，中国还完成了从计划经济到市场经济的平稳转型，没有出现像其他转型国家那样剧烈的经济和政治波动。在您看来，导致"中国奇迹"出现的主要原因是什么？

怀默霆：中国在从计划经济向市场经济转型的过程中，不但取得了连续30年GDP年均9.8%的增长率，而且成功避免了苏联和东欧国家那样的政治风波。应该说，中国创造了经济增长和体制转型的"双奇迹"！我想这与中国所选择的渐进式变革的道路和策略有关。

在西方学术界，关于社会主义国家到底该怎样进行市场经济改革的争论由来已久，简单来讲，社会主义国家的市场化改革到底该采取渐进变革（The gradualist approach）还是激进变革（The "big bang" or "shock therapy" approach）的方式？曾任教于哈佛大学的匈牙利经济学家亚诺什·科尔内（János Kornai）强烈建议中国等社会主义国家走激进变革的道路，他的建议还得到了世界银行等西方主流经济学界的认同。但中国经济体制改革偏偏采用了渐进变革的方式。科尔内等人批评渐进改革有两个问题：继续发挥作用的计划经济会用错误信息干扰企业和市场的理性决策，从而使计划经济的副作用抵消了市场经济的高效率；计划经济与市场经济的长期并轨运转会增加官员权力寻租和谋求暴利的腐败机会，所以他才主张激进变革的路线。东欧一些国家听取了科尔内等人的建议。伴随着共产党政权的垮台，苏联和东欧一些国家走上了激进变革的道路，结果由于政治混乱、政权解体和政府软弱，反而不能有力地推动市场化改革；而中国则要在共产党的领导下建立所谓的"社会主义市场经济体系"，走渐进变革的道路。尽管在中国市场化改革的过程中确实出现了官员寻租和腐败等问题，但未必比苏联和东欧一些国家严重。由于邓小平等中国领导人推动改革的决心与策略，中国的渐进式变革反而取得了巨大成功，庆幸中国领导人没有听从经济学专家所提出的激进变革的建议。

王洛忠：谢谢您的观点。关于中国经济增长奇迹的讨论，学界也有从传统文化角度进行分析的，认为中国人比其他国家的人民更吃苦耐劳，儒家文化有自己的优势，等等。您认同这种观点吗？

怀默霆：我不认可这种观点，或者说至少不完全认可这种观点。有的人还认为中国传统文化是经济发展的障碍呢。长期以来，西方学术界把中国作为经济发展失败的案

怀默霆与妻儿在桂林漓江

例加以研究。尽管18世纪以前中国在很多方面要比西方社会发达，但最早的工业革命却发生在英国，这被视作中国发展的第一次失败；19世纪到20世纪初，中国和日本都面临英国等西方国家的军事与经济挑战，但日本通过改革增强了国力，迎接了挑战，变成了现代工业国家，而中国在此过程中第二次失败了。一个历经两次重大失败的国家为什么现在如此成功？是什么原因导致了过去的两次失败？又是什么原因带来了这次的成功？马克斯·韦伯（Max Weber）用"文化缺陷论"（culture deficiency framework）的观点进行了权威解释。他认为中国的传统文化不同于西方的新教伦理与资本主义精神，过于崇尚稳定与和谐，不主张变革，不鼓励自治，不推崇商业自利，强调家庭义务超过理性计算……中国传统文化的缺陷导致它不能孕育出现代资本主义生产方式。马克·埃尔文（Mark Elvin）提出"高水平均衡陷阱"（high-level equilibrium trap）的解释——传统社会后期，中国人口的高度增长很容易满足工业革命所需要的替代力需求，这种立刻实现的高水平均衡反而成为中国无法进入工业革命的陷阱。至于中国的第二次失败，也有人从文化的角度作出解释。罗伯特·贝拉（Robert N. Bellah）认为日本的武士道精神经过改革，具有和新教伦理相似的功能，很多武士后来都转变成了商人和企业家；而中国因缺乏相应的文化基础而不能形成企业家阶层。李维（Marion Levy）认为日本之所以取得成功，原因在于日本视家庭竞争力的重要性超越血缘亲属关系——日本家庭的财产要由最有竞争力的孩子独自继承；为了确保家庭竞争力，甚至可以由收养的孩子来继承，这在中国传统文化和家庭理念中几乎是不可能的。但是，近年来对"文化缺陷论"的批评不绝于耳。20世纪50年代以来全球范围内经济发展活力最足、速度最快的地区就是大中华地区（中国大陆、中国台湾、中国香港和新加坡）或者儒家文化圈（日本、韩国和越南），这使得"文化缺陷论"让人难以信服，于是有人就修改了自己的观点，把过去用来解释中国经济发展障碍的文化因素重新解释成了经济发展的动力因素。当然，也有人认为是1840—1949年中国政府的软弱、无能和贪污、腐败，以及长期的政治混乱、外敌入侵和各种战争，再加上1949—1978年的政策偏差，耽误了中国经济的发展，这个观点似乎比"文化缺陷论"更有道理，所以我不完全认同文化视角的分析。

王洛忠： 就是嘛！从传统文化的角度解释中国经济增长的奇迹，不但有文化沙文主义之嫌，而且本身就是大而化之的偷懒之作。中国人从来就是勤劳的，历史上如此，现在如此，计划经济时代也如此，但计划经济时代的经济增长无论如何也不能称为奇迹。在讨论中国30多年经济增

长的过程中，也有人将其概括为是政府主导型经济发展（state-directed economic development），并对这种经济发展模式的缺陷表示担忧，您怎么看待中国经济发展过程中的政府作用？

怀默霆： 纵观改革开放30多年来的中国经济增长，确实离不开政府的作用，将之概括为"政府主导型经济增长"也是比较准确的。西方主流经济学家确实怀疑这种增长模式的有效性，很多人批评这种增长模式可能存在很多风险：一是有可能出现掠夺型政府（a predatory state）；二是政府与企业关系过于密切，会产生裙带资本主义（crony capitalism）；三是即使政府有发展经济的良好意图，但结果却出现决策失误、资源浪费、环境污染等负面问题，中国的"大跃进"就是典型的例子。就中国而言，还有人担心在一个政治忠诚度较高的"职业党员"组成的政治体系中，很难平衡好政府与企业的关系。但我的疑问是：尽管中国的市场化改革是自上而下（top-down）、政府驱动的，尽管中国政府这只"看得见的手"干预力度是很大的，但为什么中国的经济改革与发展仍然取得了成功？在我看来，中国经济的腾飞正是借助于政府的职能与干预作用：在经济发展层面，20世纪50年代中国学习苏联模式；但到80年代，就发现完全的计划经济行不通，于是学习东亚，引入"雁行发展模式"（flying geese approach），从发展资本密集型产业转向发展适合中国国情的劳动力密集型产业。这是政府对经济发展战略的调整。更为重要的是，在政治与行政改革层面，中国政府也进行了大刀阔斧的改革：一是党委和政府人事管理的变化，实行官员强制性退休，腾出大量位置给受过良好教育、掌握专业技能的年轻人，中国很快就完成了从"德治"（virtuocracy）到"功绩制"（meritocracy）的转变，在毛泽东时代禁止对官员使用的物质激励（material incentive）被重新应用，地方政府与企业的官员在经济发展方面做出了高绩效就会获得物质奖励；二是行政管理与财政管理两个层面，实行"市场维护型分权"（market-preserving decentralization），下放国有企业的管理权限，财政上实行分灶吃饭，减轻企业的社会化负担，推行企业产权私有化，借助市场竞争机制大大激发了地方政府与企业的积极性。与日本的通产省体制或韩国政府支持大财团的做法相比，中国经济发展对政府的依赖还算是小的，最初主要依靠私营企业、乡镇企业和外资企业等，政府的作用主要是进行行政改革以减少管制障碍、建立制度规则以确保市场秩序、鼓励市场竞争以促进经济发展。不可避免地，在中国经济起飞的过程中，中国政府一直坐在"驾驶员"的位置上；在此过程中，也确实出现了一定程度的腐败、裙带资本主义等问题，但邓小平及其继任者利用政府的权力主要是去培育市场、形成竞争、实施激励、促进发展，而不是靠选择和扶持与政府关系密切的优势企业去推动经济发展。

王洛忠：国内外一个流行的观点是，中国的高速经济增长构成对主流经济学及其衍生政策，特别是华盛顿共识（Washington consensus）的挑战。美国高盛公司高级顾问乔舒亚·库珀·雷默（Joshua Cooper Ramo）甚至提出了"北京共识"的概念；后来，为避免与华盛顿共识的反冲，中国学术界用"中国模式"的概念取代了"北京共识"。您认同"北京共识"或"中国模式"的提法吗？中国经济改革的成功对于全球范围内的发展模式研究有何贡献？

怀默霆：对于"北京共识"与"中国模式"的讨论，我看到很多，但我不是经济学家，我不想作过多评论。我认为中国经济改革与发展的巨大成功对于学术界研究普遍意义上的发展模式是有贡献的，它确实有力地驳斥了西方主流经济学一些关于经济发展的思维定式与错误结论。

比如，西方经济学家认为，合理的制度安排是经济发展的关键因素。从亚当·斯密（Adam Smith）到罗纳德·科斯（Ronald H. Coase）和道格拉斯·诺思（Douglass North），都强调合理的制度安排对促进经济发展的重要性。但到底什么是合理的制度安排呢？在西方，世界银行和美国政府非常推崇"华盛顿共识"的建议，其中特别强调对私有产权的保护制度。可是，拉美许多国家采用了"华盛顿共识"的制度安排后却出现了经济绩效的倒退；中国采纳了"华盛顿共识"的部分建议，如把政府开支的重点转向经济效益高的领域、放松对外资的限制等，但并没有采纳私有产权保护这一核心建议。在中国农村，土地所有权归集体所有，农民只有使用权，没有所有权；从1994年开始中央规定农村土地承包合同30年不变，看上去有尊重和保护产权的意思，但地方官员和农民都不愿执行中央政府的这一规定；而且近几年地方官员为了招商引资、发展经济，纷纷将集体土地承包出去，变成了建设用地和工业用地，所以农民对土地的产权并没有得到很好的保障。在城市，土地归国家所有，但企业等可以长期租赁；20世纪80年代后期才允许发展私营企业和外资企业；1994年以后才开始国有企业的准私有化（Quasi-privatization）；2007年宪法修正案才明确宣布保护私有财产；只有部分股票允许自由流通，外资进入股市仍然受限，因此，城市中的私有产权仍然受到严格限制。可问题在于，中国的制度安排，特别是私有产权保护不尽合理，那为什么还能取得经济的高增长呢？我个人的解释是，首先，中国改革的方向是越来越尊重并保护私有产权，而不是回归过去曾经出现过的重新国有化（renationalization）；其次，中国市场上丰厚利润的诱惑使得投资者认为在产权方面的冒险是值得的；最后，即使中国的产权界定不够明晰、制度安排不尽合理，但与过去计划经济时期相比，情况依然好转了很多，为市场主体提供的激励也足够多。在中国市场上如果没有足够的竞争机会与利润激励，即使有私有产权的保护，也难以引导市场主体去努力工作、大胆创新、敢于冒险。所以，这种"次优方案的效用"（utility of suboptimal solutions）说明私有产权保护制度本身对中国经济增长并非最重要的。

所以，我认为改革开放30多年来，中国经济增长的成功案例表明，没有"放诸四海而皆准"的发展战略与制度体系；照搬照抄其他国家的发展模式未必能取得成功；与其照搬照抄其他国家的发展模式，不如客观分析本国的历史传统和现实国情，在此基础上量体裁衣，选择适合本国的发展政策与制度。

王洛忠：作为一名社会学家，您怎么看待中国经济改革与发展对家庭、单位等社会结构的影响？

怀默霆：因为我研究发展社会学和家庭社会学，自然会关注中国改革开放对家庭、婚姻等社会关系的影响。刚才我提到，1987年我和四川大学首次合作调研，关注的就是中国从包办婚姻到自由恋爱的变化。我们在成都访谈不同年龄段的妇女，问她们：怎么认识自己的丈夫的？是父母包办、别人介绍还是自由恋爱？恋爱方式对婚后生活有什么影响？我们发现，通过自由恋爱而结婚的妇女，婚后家庭关系都相对和谐，生活比较幸福。我们更重要的发现是：中国婚姻家庭关系发生重大变化是在20世纪50年代，社会主义改造（socialist transformation）对年轻人的婚姻选择和家庭关系有重要影响；相反，后来的"文化大革命"及其提出的口号、标语等，对中国家庭结构、社会关系的影响反而不如想象的那么大。

  1994年，我和北京大学的杨善华教授等人合作，在河北保定就中国家庭内的代际关系问题进行调研。当时学术界有很多人讨论中国的改革开放所导致的社会与文化变迁问题，很多人的观点是：改革开放以后，年轻人的价值理念变了，他们不再那么尊敬长者，年轻人与老人之间的代际冲突越来越严重。我们在保定通过抽样调查的方式，对老年人和他们的成年子女进行访谈，结果发现问题并不像很多学者所认为的那样。调查结果显示，年轻人确实与父母在生活经历、价值理念和生活方式等方面有差异，他们对音乐、电影、书籍等都有和父母不同的爱好。当问到从社会普遍情况看年轻人对长者是不是越来越不尊敬时，他们回答说"是"。但当问及他们自己的孩子是否也不太尊敬他们时，受访者并不接受这样的说法，他们认为自己与孩子之间的代际关系处理得还可以。在当时，父母不需要子女尽太多的赡养义务，因为当时城市里退休老人都有退休金，都住在单位分的房子里，也有的和子女住在一起，帮子女带孩子的；作为回报，子女也经常来看父母，带父母去看病、旅游，等等。总体上讲，家庭内的代际关系还是很融洽的。当然，我们没有去农村调研，听说农村的情况不太好，农村的子女大多外出打工，父母就担心他们什么时候才能回来；如果儿子大了要结婚了，父母又没有钱为他们盖新房子，父母本人就要搬出去，将自己的房子让给儿子娶媳妇用。在这种情况下，父母与子女之间的代际冲突可能要多一些，不过我们没有去农村调研，具体情况不是特别了解。我们研究社会学是经验主义倾向的，我们要靠事实和数据说话。没有调查，我不敢轻易下结论，更不能主观臆想。

王洛忠：您刚才谈到，最近这几年您一直潜心研究中国社会的不平等问题，这确实是影响中国经济发展与社会稳定的大问题。根据中国社会科学院2006年《社会蓝皮书》发布的数据，中国2004年基尼系数（Gini Coefficient）为0.53，比1984年的基尼系数扩大了1倍，已经超过国际上公认的警戒线。许多学者认为，民众对社会不公平的不满不断积聚，已经严重威胁到中国的社会和谐与政治稳定。您2004年的全国问卷调查结论是这样吗？您发现中国民众是怎样认识中国当前不平等的现状和趋势的？是感谢改革带来的机会从而心存乐观，还是对不平等和不公平的不断扩大而心有不满？

怀默霆：我发现中国的很多问题都被夸大其词了。没错，中国自1978年改革开放以来确实出现了比较严重的两极分化，在中国经济腾飞的过程中，我们确实看到了身家

怀默霆与北京大学中国国情研究中心的合作团队在商讨调研事务

动辄数亿的企业巨头、戒备森严的私人别墅；同时也看到了上百万的城市失业人员和大量失去土地的农民。收入分配的不平等、特权财富的重新出现在中国是客观存在的。但对于普通中国民众而言，他们对中国社会不平等的看法并不像某些学者所描述的那么突出和严重。我和北京大学中国国情研究中心的沈明明教授等人合作，于 2004 年在全国范围内进行调研，得出的第一个结论就是，大部分中国人认为全国范围内的不平等程度过大；但大部分人并不认为周边环境里的不平等程度过大。在回答"当前全国范围内的收入差距是太大了、有些大、正好、有些小还是太小了"这一问题时，71.7% 的受访者认为当前全国范围内的收入差距有些过大；然而，当我们继续问他们自己单位内以及所住社区内的收入差距时，认为这些周边环境里的收入差距过大的受访者所占比例大为减少，分别只有 39.6% 和 31.8%。同时，当问及"在 5 年后中国穷人以及富人的比例是会上升、不变，还是会下降"时，大多数受访者认为穷人的比例会下降，而富人的比例会上升。可见主导性的看法还是很乐观的，民众认同经济发展会令所有人受益，尽管受益的程度和速度上存在差异。

调查得出的第二个结论显示，中国民众认为导致贫富差距最主要的原因是个人绩效（individual merit），而非社会不公平（social injustice）。我们采用"国际社会公正调查"（International Social Justice Project，ISJP）中的相关问题，询问是什么因素导致贫富差距，我们列出的因素包括个人绩效（比如个人能力才干、教育程度、勤奋与否等）和外部的结构性因素（比如经济体制不公平、机会不均等、社会上存在歧视等）。在被问到是什么因素导致人们成为穷人的时候，排在前三位的分别是缺乏能力和才干、学历太低以及个人努力不够；在被问到是什么因素促使目前有些人成为富人时，虽然排列的次序稍有不同，但是排在最前的依然是这三个因素：有能力和才干、工作勤奋和高学历。而不诚实、社会偏见和歧视、经济体制不公平等因素，则在解释为什么有些人贫困而另一些人富有的时候被排在了最末端。可见，中国大部分民众认为导致贫富分化的最主要原因仍然是个人绩效，而不是社会不公平。

而且，我们还把2004年中国调查所得数据与"国际社会公正调查"对东欧转型社会的俄罗斯、保加利亚、匈牙利、捷克以及属于发达资本主义国家的美国、英国和日本等国调研的数据进行了对比。结果发现，与上述国家相比，认为中国全国范围内收入差距过大的比例并不大，只有美国民众的比例与中国相当，匈牙利和保加利亚的数据（95%）远超过中国（71.7%）；在参与调查的所有国家中，认为未来5年内穷人比例会上升的中国受访者占比最少，认为富人比例会上升的中国受访者占比最多；前社会主义国家的受访者更可能用结构性因素来解释导致贫富差距的原因，然而即使与三个发达资本主义国家相比，中国受访者强调个人绩效因素的比例也是最高的。由此可见，尽管中国受访者对当前社会某些方面的不平等确有微词，但是他们总体上仍倾向于认为，目前产生各种社会不平等的资源分配模式是比较公平的，中国民众对当前的收入差距和不平等的程度是可以接受的。

王洛忠： 尽管调查结果显示多数中国人认为当前的社会不平等是可以接受的，您个人判断中国民众的不满情绪短期内不会积聚成为威胁政治稳定的"社会火山"（Social volcano），但我们必须见微知著、居安思危，增强忧患意识。假如中国正在变成一座"社会火山"，您认为首先爆发

者会是那些社会弱势群体吗？学术界很多人都认为中国的农民被认为是最有可能心存怨愤的，您的研究结论与这些通常看法一致吗？

怀默霆：这个问题问得好！诚如你所说的，许多分析人士甚至政府官员都认为，农民和下岗职工等弱势群体处于中国社会的最底层，在市场化改革中被远远抛在后面，他们的利益被市场化的措施所损害，他们最有可能对中国现存的不平等心存怨怒。然而，我们的调查结果却表明，上述通常的看法在很大程度上是错误的，或者说是不准确的。

在我们的研究中，我们使用一系列变量来研究什么因素决定中国民众对当前不平等的态度，这些变量包括受访者的客观职业和户口类别、人口和社会经济特征、地区差异、主观地位和认知等。我们通过考察每个自变量在线性回归模型中的标准回归系数 β，得出以下结论：从受访者客观职业和户口类别看，农村居民受访者，特别是农民，显著地比城市居民更不可能认为全国范围内的收入差距过大，更不可能觉得当前的不平等对社会稳定有害，更不可能赞成结构性因素是造成人们成为穷人或是富人的原因；从受访者年龄、民族、学历、家庭收入等人口和社会经济特征看，并非优势地位群体会对不平等更加接受，因为受过更多教育的人更有可能对社会不平等提出批评，汉族比少数民族更倾向于认为全国范围内的收入差距过大，中年人更倾向于认为当前的不平等有害且不公平；从地区差异看，我们并没有在中西部地区、远离城市的地区以及市场化程度较低的地区发现更多的对当前不平等的不满者；从主观变量看，那些认为他们的家庭生活水平 5 年来有所提高的人，和那些认为自己比身边的人具有更高社会地位的人，更少地批评当前的不平等，而那些在过去3年里有着与不平等相关的"糟糕的经历"的人，则更可能抱有批评的态度。

如此看来，在我们的数据中，只有主观变量支持通常的看法，其他变量都反复证明：社会经济地位上的弱势群体可能对社会不平等更加接受，而优势群体则更容易对之产生不满；农村居民、农民工和下岗职工未必会因心怀不满而成为"社会火山"的引发者。

应中国学生学者联合会的邀请，怀默霆在哈佛大学肯尼迪政府学院就中国社会不平等问题作专题演讲

王洛忠：您的调研结论与通常看法完全不一样啊！您如何解释"弱势群体未必会对当前的不平等心怀不满"这一结论？您的研究结论对中国今后的改革与发展又有着怎样的政策含义？

怀默霆：我想主观变量可能有助于解释为什么农村居民会比城市居民更容易接受当前的不平等。尽管农民处于

中国社会的底层，但改革开放仍然为他们带来了很多在计划经济时期所没有的新的机会。他们不再是人民公社时期的"社会主义的农奴"（Socialist serfdom）。在某种意义上，市场化改革把农民从计划经济时期的严格控制中解放了出来，使得他们的生活不可能变得更差，而只可能更好。由于改革开放的推行和市场经济的引入，农民现在不只种粮食，他们还可以种经济作物、进农村的工厂或施工队、到城市去打工、自己做生意，等等。虽然通向这些机会的途径本身会导致更大的不平等，但是由于农民关于不平等的态度更可能是基于和周围的人比较，而不是与那些远在都市里的富豪比较，他们并不一定会意识到这一点，所以这也许可以解释他们为什么会比我们通常以为的更加乐观。

需要说明的是，这里我并不是要暗示说，中国的农民没有产生不满的基础，而是说，他们的不满并不主要地来自当前的不平等是否过度以及是否公平。事实上，近年来激发农民抗议的更多的是程序上的不公正（Procedural injustice），而不是分配上的不公正（Distributive injustice）。例如，直到2006年才废除的农村不公平的税费负担；农民想让周边的工厂停止环境污染但却无能为力；以及农村征地没有和农民进行充分协商，没有给农民足够的补偿；等等。

主观因素同样可以解释为什么城市居民会对不平等更具有批评性。虽然城市中有更多的优势——致富的机会比农村更多，城市居民的生活水平也比农村提高得更快，但是城市居民也会面对诸如破产、失业、社会福利减少、收入下降等问题。这让他们跟农民不一样，他们不会有"没什么可失去，只有可能向上流动"的感觉。除了自20世纪90年代中期开始的国企改革让很多人丢掉了"铁饭碗"之外，城市居民还直接见证了市场经济改革的风险，也看到了许多新出现的暴富阶层以及他们奢侈的生活方式。一方面是自己在改革中的痛苦挣扎，另一方面是一些走入他们视野的迅速变富的人——这一切使得他们并不能通过和农民相比而得到安慰。在这一意义上，虽然跟过去和身边的人相比，使得农民对当前的不平等更容易接受，但这样的比较在另一方面却也有可能使得相当一部分城市居民心怀不满。

我们认为关于中国民众如何看待不平等的通常看法过于简单，大部分甚至是错误的。事实上，总体而言，中国民众对当前的不平等更多的是接受而不是不满；而最为不满的那些人也并不是集中于中国最底层的弱势群体。这些结论的政策含义就在于：民众的客观社会经济地位并不一定能代表他们对社会不平等的主观态度，而仅仅知道基尼系数或其他一些衡量收入分配的指标，也未必就能预测社会大众对这些问题的看法。我们的研究表明，中国当前不平等的现状和趋势是社会稳定而不是社会不稳定的来源。这一结论并不意味着中国领导人可以松一口气，忽视中国民众，特别是那些弱势群体所面临的问题和困难；但是，它确实表明，未来关于不平等趋势的政策判断，应该基于对大众态度的扎实可靠的研究而不是建立在未经检验的假设上，理所当然地就认为基尼系数的上升或者家庭收入的下降等会自然而然地导致人们对当前社会制度及分配方式的不满。

王洛忠：综合考虑2004年全国调研所得出的结论，您觉得中国要解决社会转型期出现的不平等问题，治理对策及其切入点是什么呢？

怀默霆：首先，我要说的是，作为美国的社会学家，我对自己的定位和要求不同于中国的社会学家。你们总是要提出实用性的对策建议，但我们只需要客观准确地理解现实问题就行了，未必要提出解决问题的对策建议。

谈到中国的社会不平等，特别是城乡不平等的问题，它与中国的户籍制度密切相关。给我的印象是，越来越多的中国人，包括政府官员在内，都认为现行户籍制度是不公平的。在2004年的全国调查中，我们也有几个问题与中国户籍制度有关，如"您认为农民工不能把孩子送到城市的学校读书公平吗""农民工不能受雇于城市中的某些工作公平吗""农民工不能享受城市的社会福利待遇公平吗"，等等。绝大多数的受访者，包括拥有城镇户口的城市居民，都觉得这些规定不公平。因此，现在遭受批评和质疑最多的问题之一就是中国的户籍制度。当然，一下子取消户籍制度的限制也不可能，很多人担心这会导致农村人口大量涌入城市，而城市的空间、资源和福利项目又相对稀缺，必然会引起城市秩序的混乱。但是，中国必须逐步放开对户籍制度的限制。我看到已经有这方面的很多政策建议，也有一些地方政府与城市正在试点户籍制度改革。

当然，中国在打破身份界限方面已经做了很多工作，现在市场化的劳动用工机制已经基本确立，根据你的学历和工作经验，通过市场机制来配置人力资源；而过去则是根据出身地位和政治表现进行计划分配，而且一旦分配完了你就要在那个岗位上安心工作，不能随意调动。现在这种面向市场、允许流动的劳动用工制度给了人们更多的选择机会，激发了人们的工作积极性，在社会公平方面也是一大进步。但在社会公平方面中国需要做的事情还有很多，在当前全球经济危机的大形势下，中国必须想办法确保经济的持续增长，创造更多的就业机会，力争实现公平就业。

王洛忠：最后一个问题，能不能简单介绍一下您未来的研究计划？

怀默霆：好的。刚才我谈到，我们正考虑在 2009 年年底到中国作一个 5 年后的跟踪调查。我们想知道 5 年之后，特别是受全球经济危机的影响，中国民众对社会不平等的态度又有哪些新的变化。这项跟踪研究可能又要花费我 5 年左右的时间，到那时我就快退休啦！我 2009 年 5 月份去中国，感觉到北京和上海的变化太大了。事实上，中国每个地方每时每刻都在发生着让世人叹为观止的巨大变化！中国是充满活力、充满希望的一方热土，我希望我自己退休以后还能继续关注中国的变革、研究中国的变革！

王洛忠：谢谢您，怀默霆教授，感谢您在百忙之中抽时间接受我的访谈；同时也感谢您与中国学术界的密切合作与频繁交流，感谢您对中国留学生的悉心指导与无私帮助；更感谢您对中国 30 多年改革与发展的密切关注与理解、支持！

怀默霆：也要谢谢你！整理访谈记录会很辛苦的！有问题我们再联系！祝你在哈佛大学访学愉快！

2009 年 6 月 22 日，怀默霆在其办公室接受了王洛忠的访谈

弘扬文化传统与培育社会价值

受访人——约瑟夫·奈（Joseph S. Nye）
采访人——张国祚

约瑟夫·奈教授

约瑟夫·奈，生于1937年，1964年获哈佛大学政治学博士学位后留校任教。曾出任卡特政府助理国务卿、克林顿政府国家情报委员会主席和助理国防部长；后来重回哈佛，曾任肯尼迪政府学院院长，现为该院教授。

约瑟夫·奈是国际关系理论中新自由主义学派的代表人物，以最早提出"软实力"（Soft Power）和"巧实力"（Smart Power）概念而闻名。他在1990年出版的《注定领导世界：美国权力性质的变迁》（*Bound to Lead: The Changing Nature of American Power*）一书及同年在《对外政策》杂志上发表的题为《软实力》一文中，最早明确提出并阐述了"软实力"概念。"软实力"随即成为"冷战"后使用频率极高的一个专有名词。在2004年出版的著作《软实力：世界政治中的成功之道》（*Soft Power: The Means to Success in World Politics*）一书中，他又对"软实力"概念进行了补充。约瑟夫·奈所说的"软实力"，主要包括文化吸引力、政治价值观吸引力及塑造国际规则和决定政治议题的能力，其核心理论是："软实力"发挥作用，靠的是自身的吸引力，而不是强迫别人做不想做的事情。

他对中国"软实力"增长也较为关注，于2005年底在《华尔街日报》上发表了《中国软实力的崛起》一文。

2009年1月，约瑟夫·奈获提名为奥巴马政府美国驻日本大使。他的新概念"巧实力"（Smart Power）也成为奥巴马政府外交战略的主轴。

近年来，他发表了一系列关于美国权力的论述，包括：2011年《权力的未来》（*The Future of Power*）、2013年《总统领导与美国时代的创造》（*Presidential Leadership and the Creation of the American Era*）、2015年《美国世纪结束了

吗?》(*Is the American Century Over?*)。在一项针对国际关系学教授的调查中，约瑟夫·奈被评为对美国外交政策最具影响力的学者。2011年，美国《外交政策》杂志将约瑟夫·奈列为全球百大思想者。

主编手记

2012年4月，著名哈佛大学教授约瑟夫·奈应邀来华，中国文化软实力研究中心主任、中国产业安全研究中心常务副主任、中国科学院研究员张国祚在从北京到济南的高铁途中，与约瑟夫·奈教授就文化软实力、人权、民主等影响中美关系的外交因素展开了深入的讨论，该次讨论不是简单的访谈问答，而是中美著名学者之间就两国政治、文化、外交问题深层探讨，代表了中美学界的友好互动。张国祚教授将该次讨论整理成文，原文发表于《中国社会科学报》2012年第325期第四版。

张国祚：您担任过卡特总统的助理国务卿、克林顿总统的助理国防部长兼国家情报委员会主席，有深厚的美国官方背景，是位有影响力的美国政界人物。特别是您提出了"软实力"这一概念，为政治学特别是国际政治学的发展作出了独到的贡献。随着中国越来越重视文化软实力，您在中国的知名度也越来越大。

约瑟夫·奈：谢谢！张先生，我读过您的文章。

张国祚：谢谢！您能简单介绍一下您关于"软实力"概念提出的背景吗？

约瑟夫·奈：权力是影响他者从而获得期望结果的能力，可以通过胁迫、收买或吸引力来实现。1939年，著名的英国现实主义学者卡尔（E. H. Carr）把国际权力划分为三种类型：军事权、经济权和话语权（舆论控制权）。这对我很有启发，军事权体现胁迫力，经济权体现收买力，这两者都是硬实力，而话语权则体现一种吸引力。所以我就把通过吸引和说服获得更优结果的能力概括为"软实力"。

张国祚：您的这一概括很生动、很形象，也很科学，它揭示了吸引、说服、诱导、拉拢等力量发挥作用的本质和方式，突出了其有别于军事力量和经济力量发挥作用的特点。

约瑟夫·奈："软实力"这个概念可能是新的，但概念表示的行为却并不是新东西。虽然我在关于美国权力的书中再次明确了"软实力"这个概念，但并没有什么美国特色的东西。中国古代文化对软实力就有很好的理解，虽然没有使用这一专有名词。

张国祚：您很谦虚，但陈述的也是事实。我们中国人对软实力的运用可以追溯到很久很久以前。您在一些著述中对软实力的来源及其内涵界定的表述并不完全一致。您现在怎么看？

约瑟夫·奈：我的具体表述可能有所不同，总的来看，我认为一个国家的软实力有三个来源：文化（能够吸引他者）、政治价值（当国家内政外交都坚持的时候），以及对外政策（当他者认为其有合法性和道德权威的时候）。

张国祚：对中国国家发展道路的一些看法，中国民众未必能认同，对您的部分观点可能还是难以接受的。

约瑟夫·奈：有些事情我确实不大能理解。例如，中国一方面强调"和平发展"，又一方面又强调坚持马克思主义，但"暴力革命"是马恩全部学说的基础。

张国祚：我们认为，马克思主义是发展的，是与时俱进的，不是一成不变的。马克思主义必须和各国实际相结合，才有生命力。我们坚持的是发展着的、中国化的马克思主义，现在中国坚持的马克思主义就是中国特色社会主义理论体系。这个理论不主张输出革命，更不主张输出"暴力革命"。我们主张，各国的事由各国人民自己管。我们主张遵循独立自主、和平共处五项原则发展同所有国家的友好关系，包括同西方国家。我们追求建立公正、合理、和平、合作、和谐的世界新秩序。我们反对强权政治和霸权主义，反对干涉别国内政，反对以所谓"维护人权"为借口，武装反对派、颠覆别国合法政权、造成大量平民伤亡和社会混乱。

约瑟夫·奈： 您说中国学者对软实力概念有不同理解。你们怎么看？

张国祚： 任何学说、任何学术概念的内涵，在其传播过程中都会发生变化。正如中国古语所说，"橘生淮南则为橘，橘生淮北则为枳"。您是"软实力"概念和理论的创立者，我们是"软实力"概念的中国化诠释和丰富发展者。我们主要强调"文化软实力"，我们认为文化是软实力最根本的源泉。没有文化高度的软实力是短视的，没有文化深度的软实力是肤浅的，没有文化广度的软实力是狭隘的，没有文化开放的软实力是封闭的。文化在软实力中居于灵魂地位，发挥经纬作用。您所说的"政治价值"和"对外政策"都受文化的影响和制约。事实上，我们党和国家赋予软实力的功能已不仅仅是外交权谋和国际战略，而是把它作为综合国力的重要组成部分，以往我们提出的"以科学的理论武装人、以正确的舆论引导人、以高尚的精神塑造人、以优秀的作品鼓舞人"等，其实都是在加强文化软实力建设。

约瑟夫·奈： 20世纪90年代早期以来，中国已经有数百篇关于软实力的文章发表。这个术语已经进入官方语言。2007年10月15日，胡锦涛在中共十七大报告中指出，中国共产党"必须提高国家文化软实力……当今时代，文化越来越成为民族凝聚力和创造力的重要源泉、越来越成为综合国力竞争的重要因素"。对中国来讲，发展软实力也是明智战略。中国传统文化一直以来具有吸引力，社会和谐、礼仪、孝道、同情原则等儒家价值广泛传播并深深影响了东亚地区。但今日中国在软实力方面，却恐怕远远不是美国或者欧洲的对手。因为美国和欧洲是公民社会，有很多非政府组织。软实力主要掌握在非政府组织和公民社会中。中国要想增强软实力，必须减少对文化、新闻和舆论的控制。当有人问中国导演张艺谋，为什么中国电影总是以历史题材为主时，他说关于当代中国的电影会被审查。一个国家的软实力应主要由公民社会产生，而非由政府产生。中国政府不愿开放公民社会，限制了中国软实力的发展。据说中国农民都没有选举权。

张国祚： 仅从新闻媒体影响、电影电视和动漫等科技文化产业影响来看，您说的对。中国的软实力远不如美国和欧洲，这也是我们中国人自己所承认的"西强我弱"，这是个事实。但我们还要看到，中国有不同于美国和欧洲的国情，我们的文化软实力主要不是来自非政府组织的影响，而是来自我们党和政府的作用。例如，我们的抗震救灾精神、北京奥运精神、载人航天精神等都无可争议地树立了中国的形象、提升了中国文化软实力。但所有这些，都不是靠非政府组织作用，而恰恰是政府的组织力、感召力、动员力、凝聚力使然。客观公正地说，当今中国文化、新闻、舆论的开放自由程度，要超过许多非社会主义国家。您能被邀请到中国来发表公开演讲，本身就是中国文化、新闻、舆论开放、自由的一个证明。中国有一些人，包括所谓名人对中国社会政治制度有看法，发表自己的见解，都可以理解，都很正常。但未必都准确，未必都可信。中国有句老话："兼听则明，偏信则暗"，对于中国的事，您可以听听更多中国人说什么。事实上，现在中国农民不但早就有选举权，而且县以下的政权机关已经实现了直选。

约瑟夫·奈： 当一个国家的硬实力像中国一样快速增长时，会使邻国感到恐惧，但是，如果它的软实力也提升的话，就不大可能使邻国感到恐惧乃至于结盟反对。中国在人权方面、外交方面有些做法妨碍到了中国软实力的增强。2006年，中国纪念明代航海家郑和下西洋，借以为自己在印度洋的扩张提供说辞。但是，此举并未对印度产生软实力的影响，反而使印度产生了对中国海上扩张的担心和疑虑。2008年，中国成功举办奥运会，增强了软实力，但是，很快，由于国内对人权活动分子的镇压又削弱了这些软实力。中国获取软实力的努力受到国内政治审查制度的阻碍。一些观察家已经对中国软实力的潜在性增长表示了担忧。这对其他国家来说是否是个问题，取决于运用权力的方式。例如，如果中国在南中国海利用好软实力，而不是以武力威胁，就不会促使一些国家联合起来反对中国；如果中国操纵亚洲政治，拒斥美国，这个战略就会造成摩擦。当然，如果中国在国际事务中采取负责任的利益攸关方的态度，综合运用软实力和硬实力，将会有积极的贡献。

张国祚： 国际上对中国这些年来的民主、人权、内政、外交状况评价不一。有不少公正、客观、正面的评价，也有值得参考的意见和建议，同时也难免有误解。2006年中国纪念郑和下西洋，是为了弘扬中国扩大开放、增进国际友谊的历史传统，与所谓海洋扩张毫不相关。如果说印度因此产生担心和疑虑，未免有点太过牵强。100多年来西方主要大国的坚船利炮畅行印度洋、太平洋、大西洋，不知印度是否担心和疑虑过，怎么中国一次和平航海纪念却会

引起担心和疑虑，岂非咄咄怪事！至于南中国海问题，1974年以前，全世界19个主要国家出版的36种地图都认同中国在南中国海的划界，没有任何国家提出异议。只是当那里被探明有丰富的海底油气资源以后，越南、菲律宾、马来西亚、文莱才提出领海要求。尽管如此，中国虽然强调主权在我，但还是主张和平对话、平等协商、搁置争议、共同开发。遗憾的是，近年来，随着美国全球战略重心转向亚洲，南海周边个别国家就试图借重美国的力量来制衡中国，而制造一波波紧张事态。亚洲很大，太平洋更大，完全可以为中国和美国提供足够的发展空间，我们没有理由一定要对抗。中国既没有那种能力更没有那种意图操纵亚洲、拒斥美国。所谓"利益攸关"，从来不是跳独舞，而是跳交谊舞和集体舞，各国特别是大国之间都要"采取负责任的利益攸关方的态度"，而不仅仅只对中国提出这样的要求。

约瑟夫·奈：不宣传才是最好的宣传。中国空洞的宣传方式在国际上没有多少受众。您刚才说"可以听听更多的中国人说什么"。您认为都应该听哪些人的呢？

张国祚："宣传"，对任何国家和政党来说，都是不可或缺的工作，只是内容和方法不同而已。美国总统选举造势，其实也是一种宣传。我们伟大领袖毛泽东有句名言："一个人只要他对别人讲话，他就是在做宣传工作。"我们的宣传，确需与时俱进，不断改进内容和方法，不断增强吸引力。但是，并非都是空洞的。如果美国人想真正了解中国，那么对中国左、中、右观点就都要了解，不要只对那些所谓持"亲西方"观点的学者感兴趣，我认为更应该接触了解所谓持"亲政府"观点的学者，了解他们对一些问题和现象究竟怎么看、怎么想，以及为什么那样看、那样想。值得注意的是，中国主流媒体的声音是最能代表中国政府观点、最能反映中国真实情况的。中美两国社会制度不同、意识形态不同，价值观也有不同，由于历史的原因存在矛盾、分歧和误解。但是，只要我们能放弃"冷战"思维，心平气和坐在一起讨论问题，就不难消除误解、求同存异，实现和平、和谐、合作。只要抛弃政治偏见，两国人民其实都很可爱。

约瑟夫·奈：张先生《珍惜吧，我们有缘》这首诗有些像康德的哲学观点，我很赞同。我和你的对话很愉快。我们可以成为朋友。如果忽视中国在软实力方面的进步，也是很愚蠢的。幸好，这些进步对中国和世界都是有利的。软实力不必是一个国家获益而其他国家受损害的零和游戏。例如，如果中国和美国都更加相互吸引，双方冲突的可能性就会减小。如果中国软实力的崛起降低了双方冲突的可能性，就是一个正和（互利）关系。

张国祚：确实，我也很愉快，我们确实可以成为朋友。这不是因为我们观点完全一致，而是因为我们可以坦诚交流。美国未来学家奈斯比特在中国知识界的名气也比较大，他写过《大趋势》《亚洲大趋势》《中国大趋势》等著作，前不久他和夫人又在四川搞调查研究，撰写出《成都模式》一书。他的观点未必都对，但由于他长期深入中国调查研究，所以他的著作既能指出中国发展中存在的问题，同时又能对中国政治制度和社会体制机制的优势有比较深刻独到的看法，有一般西方学者和记者所达不到的深度。欢迎您多来中国。如果能时间长一些，搞点深入调研，多看多听，我相信，以您的睿智，对中国一定会了解更深。我们中国人喜欢说"理解万岁"，中美两国只要能够尊重彼此的核心利益，彼此理解对方的战略意图，就会减少误判、深化合作、实现双赢。就会像您说的那样，中美关系不再是"零和游戏"，而是"正和关系"。凭靠两国人民和政府的智慧，我们应该有信心实现这个目标。

转型时期的中国金融

受访人——欧维伦（William H. Overholt）
采访人——福本智之（Tomoyuki Fukumoto）、李湛

欧维伦教授

欧维伦，哈佛大学肯尼迪学院艾什民主与创新中心资深研究员、香港大学亚洲环球所研究员。同时也是咨询公司亚洲策略（Asiastrat，LLC）的董事。此前，他曾是兰德公司加州总部的亚洲政策研究主任研究员、兰德公司亚太政策研究中心主任；2002年成为哈佛大学高级访问学者和韩国延世大学的杰出访问教授，现在是上海交通大学的访问教授。欧维伦博士于1968年在哈佛大学获得（优等）学士学位，并分别于1970年和1972年在耶鲁大学获得哲学硕士和博士学位。

欧维伦博士有21年的投资银行业经验。1998—2001年，他在野村证券中国香港分部担任地区经济和战略主管，也曾在波士顿银行新加坡分部担任董事总经理以及地区研究部主管。在他供职于美国信孚银行（也称纽约银行家信托公司）的18年中，于1980—1984年在纽约领导国家风险分析部门，并于1995—1998年在中国香港担任地区战略专家和亚洲研究主管。并于2013—2015年担任香港冯氏环球中心主任。在哈得逊学院供职的1971—1979年，欧维伦博士主管了美国国防部、国务院、美国国家安全委员会、美国国家航空航天局、美国国际经济政策委员会等机构的规划研究。作为哈得逊研究服务中心的主任，他同时也为企业作战略规划。欧维伦博士曾担任美国美中国际商会香港分会主席和中国香港工商专业联合会的执行委员会成员各6年。他现在是哈佛大学亚洲中心、南加州大学美中研究所、香港科技大学恒隆管理组织研究中心和中创公司的咨询委员会成员，也为美国经济咨商局、美国陆军战略研究院、美国国务院对外事务研究所、添惠·雷诺兹公司（Dean Witter Reynolds）、A. G. 贝克尔公司（A. G. Baker）等提供战略规划和外交事务方面的咨询。他同时也是数位亚洲重要政治人物的政治顾问,并在韩国发展研究所、韩国国防大学、菲律宾农业改革部和泰国教育部完成了很多咨询研究项目。

主编手记

2009年3月，哈佛大学肯尼迪政府学院教授欧维伦应邀接受了哈佛肯尼迪学院亚洲项目的客座研究员福本智之和哈佛大学经济系博士候选人李湛的访谈。内容主要涉及中国的金融改革、银行体系改革、资本市场改革、汇率问题、经济危机的经验教训以及外交政策等。

一 对中国金融改革的总体反思

福本智之：有些人认为中国的金融体系改革落后于其他经济领域的改革，而且中国脆弱的金融体系也对经济增长构成了很大的威胁。您对中国改革开放中的金融改革有怎样的反思呢？如果我们假定中国的金融体系一直以来是脆弱的话，那么中国是如何在过去的30多年中实现如此快速的经济增长的呢？一些人认为非正规信贷渠道和外商直接投资在企业融资中起到了非常重要的作用，您同意这种观点吗？

欧维伦：我认为中国的外贸改革和外商直接投资改革进展得更快一些。同时，我认为中国的农业改革、会计制度改革和司法改革进行得相对比较慢一些。所以，我们很难在绝对的意义上谈论金融改革是否落后于其他改革。我认为中国的金融改革实际上是在以相当快的速度推进的。

人们认为金融改革的步子比较慢，部分原因在于国家银行体系改革的第一步是国有企业这样的银行客户的改革。在之前的一段时间里，国有企业经历了巨大的转型、改革和收缩。从而国有银行的客户也能更加适合一个较为现代的金融体系。这里我不是说一个现代的金融体系，而是一个较之过去更为现代的金融体系。

在思考银行改革和证券市场改革的问题时,我们都希望改革的步子能迈得更大一些。现有的体系仍然有很严重的弱点。因为有很多客观约束而使改革不能大步进行,银行和证券监管部门也深感无奈。但是如果我们将中国的改革与印度尼西亚、泰国、韩国和巴西的改革进行横向比较,而且考虑到这些国家开始改革的时间远早于中国,我们就会对中国的金融改革的速度留下深刻印象。我认为很难说这些国家的改革比中国来得更快。因此,我认为可以说中国的金融改革和其他改革的进展是同步的。

同样,我认为可以说中国的金融体系已经不再对经济构成重大的金融风险。10年前,中国的银行体系的不良贷款和低效率曾经对经济构成了很大的威胁。而现今,刘明康等人领导的伟大的改革已经从根本上改变了这一状况。

中国银行体系改革仍然有很长的路要走,证券市场改革也有很长的路要走,而中国的基金管理业才刚刚起步。正是因为银行体系、证券市场、基金市场存在的问题,外商直接投资在大企业融资方面发挥了非常重要的作用。而中国的私营企业和乡镇企业则主要依靠非正式金融市场进行融资。这种情况历史上在其他国家也并不鲜见。例如在韩国的历史上,所谓的"路边市场"为中小企业提供了非常重要的融资渠道,我们在中国也看到了类似的情况。

现有金融体系存在很多弱点,金融改革仍然任重而道远。看到这一点很重要,但是,我们同时也应该看到很少有国家能像中国一样,实现如此迅速而成功的改革。

福本智之: 您提到了10年前中国的金融体系十分脆弱,而且对经济构成了很大的威胁。是否可以说过去10年是金融改革最重要的阶段呢？

欧维伦： 金融改革其实从一开始步子就很大。当改革开始的时候，中国只有一个主要银行，当时它既是中央银行也是商业银行。中央银行和商业银行的区分、商业银行和政策性银行的区分、中央银行根据美国模式进行的重组、四大银行之外的银行的出现、银行监管和中央银行的区分、股票市场在 1992 年的起步，等等，这些方面的改革都取得了很大的进展。

但是，在 20 世纪 90 年代中期，当我们研究不良贷款比率的时候，我们曾经认为这可能是灾难性的。一开始，中国的银行就是中央政府的提款机，直到 1995 年，中国才有了真正意义上的银行和实际资本充足率要求。从 1995 年到 1998 年，我们一直在关注可能的金融危机，因为中国当时没有任何信用分析的机制。因此我认为中国金融体系在 20 世纪 90 年代末期是最脆弱的。

二 银行体系改革

福本智之： 我认为银行体系改革在过去的几年中在加速进行。2002 年，第二次全国金融工作会议决定让商业银行成为真正意义上的商业银行。很多银行披露了它们的上市计划。其结果是，中国建设银行、中国银行、中国工商银行和交通银行已经在香港和上海上市；中央也向它们注入了巨额资金。现在它们的不良贷款比率已经下降到 2%—3%，其资本充足率也在 10% 以上。

然而，一些人仍然认为改革并没有完成，而且银行体系的稳定性也令人怀疑。我想请问，您认为这种风险在何种程度上已经减轻了？

欧维伦：当然，改革还远未完成，还有很长的路要走。现在还有很大的风险遗留下来。比如在统计数据方面，银行的实际数据从来就不像公开的数据一样乐观。这也不是中国特有的现象。

但是，在我看来，风险在非常大的程度上减轻了。一方面，政府的注资和上市使中国的银行资本充足，而公开上市也带来了新标准的问责制和透明度。这是一个非常重要的变化。另一方面，接受外国战略投资人也非常重要。作为上市公司的压力促使它们继续改革。它们聘请了外国人担任要职，并加强了在与其他国内银行和外资银行竞争中的竞争能力。这些举措不仅使银行的风险状况与2002年比有了改善，也创造了改善问责制、透明度、个人业绩标准等的持续动力。

当中国2001年加入WTO时，很多人认为在与外资银行的竞争中，中国的银行业将会崩溃。但是，正如以前大家预测将遭厄运的汽车业等行业一样，中国的银行业进行了伟大的改革，并从中收获了效益，站稳了脚跟。

福本智之：中国银行在利润方面的提升也非常巨大。三大上市国有银行（中国工商银行、中国建设银行和中国银行）的利润在过去的5年中翻了3倍，已经超过了日本三大银行集团的利润水平。最近，我在中国采访了中国的商业银行，我对它们在过去几年间思维方式的巨大改变印象深刻。

但是，有一种观点认为只要政府仍然控股这些银行，它们就很难建立稳健的公司治理机制。您是怎么看这个问题的呢？

欧维伦：直到今天，国有制大体来讲对改革都是起到了很积极的作用的。为了实现像中国那样迅速和激烈的改革，政府需要也能够采取果断的行动。而如果银行是私人持有的话，股东则很难接受这样迅猛的改革。但是，为了最大化银行的效率，政府最终应该放弃他们主导性的所有权，将管理的权力赋予聘任的高级管理层。

官僚系统和政治机制也很难选出最有效率的高级管理层。大多数候选人都在学校出类拔萃，并且得到他们上司的赏识。但是这并不能确保在金融市场上的成功。相反，市场上有大量非常聪明的管理者互相竞争，而他们之中只有一小部分能够成功。官僚和政治机制明显不如市场竞争机制更有效率。

同时，只要政府还能任命和解聘银行的首席执行官，那么银行的管理层和首席执行官最终仍然会受命于他们的政治上级。和过去相比，中国确实已经在分离政治和银行业方面取得了很大的进步，但是，银行的首席执行官仍然是由政府任命的。这种政策的改变对中国银行的发展也是极其关键的。

哈佛纪念堂内景

福本智之：您是否认为政府的控制至少在现阶段是有用的或者有效的？

欧维伦：如果中国的银行是传统公开上市公司的话，那么迄今为止中国银行所实现的改革将会困难得多。这样的话，公司的管理层和雇员能更有效地抵制改革。但是对于非市场机制的管理而言，效率的提升是有一定上限的。

福本智之：中国密切关注在美国、英国和其他国家发生的金融危机。这些国家的政府通过向银行体系注入公共资金来挽救其金融体系。这些国家的政府现在已经成为银行的最大股东。在看到这一现象之后，很多中国人也许会认为政府应该拥有和控制银行系统。我个人认为我们应该将这一情况和基本原则区分开来。

欧维伦：是的。危机管理和有效的长期管理应该被区分开来。在大多数行业，有效的市场机制应该是：如果公司管理成功，我们应该保留同样的管理层以进一步发展；相反，如果公司发展不利乃至于消亡，管理层就应该离开。现在，由于严峻的经济形势，我们不能允许主要的银行破产。但是，作为市场经济的一部分，原有的管理层和股东应该为银行的状况负责。如果政府介入，政府是用纳税人的钱来实现对市场的干预，因此政府也应该取得银行的控制权。最终，通过将银行股权出售给私人持有者，纳税人得到应有的回报。纳税人也有可能从中获得收益。这正是最近所发生的。在市场有很危险的缺陷的时候，政府应该介入，但是政府不应该取代市场。

三　资本市场改革

李湛：我有一些关于股票市场的问题想请教您。正如您提到的，中国的股票市场发展非常迅猛。但是，中国的股票市场有很多新兴市场国家共有的问题，例如投机盛行、散户主导等。在这种情况下，您对中国股票市场的改革怎么看？

欧维伦：嗯，我和中国内地、中国香港、印度尼西亚、泰国和韩国的股票市场打交道已经有很多年了。新兴市场国家的股票市场都会有明显的市场繁荣、泡沫化而后泡沫破灭的过程。有一次，香港股市一度跌去90%的市值。像这样的市场繁荣，然后泡沫破灭的周期性行为并不鲜见。市场操纵、会计问题都是非常普遍的问题。对于中国而言，它们也是非常严重的问题。

正如中国的银行体系改革，中国的股票市场改革有很长的路要走，但是中国改革的步子与其他新兴市场国家比起来并不慢。我认为最重要的问题是中国的资本市场仍然在很大程度上只对国有企业开放。但是中国经济中增长最快的并不是国有企业。如果私营企业也能被鼓励上市的话，中国本来已经很快的经济增长可能会更快，而改革带来的红利也能更好、更广泛地得到再分配。

这个问题也是很典型的市场过度监督的问题，它同样也为腐败行为创造了机会。曾经，一个中国证监会领导的妻子在证监会对面开了一家咨询公司。她的公司专门为希望上市的公司提供咨询并获得了很大的收益。这种腐败现象近年来已经少了很多，但是它仍然造成效率低下和很大的机会损失。

另外一个重大的问题是会计制度改革。现在，私营企业的会计账目对于银行系统、股票市场以及最重要的债券市场而言，都是毫无价值的。国有企业的会计账目总的来讲就已经很糟糕了，但是私营企业的账目一般来说更糟，基本上毫无价值。与其说这些账目是金融文件，不如说是政治文件。这使私有部门的融资变得非常困难。这一现状使公司债券市场无法发展，也使银行无法对私营公司进行大额信贷。当然，这也使股票市场有各种各样的内部交易和市场操纵的机会。会计制度改革非常重要。

但是如果你将中国的会计制度改革与其他新兴市场国家相比较，我认为中国已经非常快地接受了国际通行的会计准则。在1992年，中国才开始允许公司在海外上市。相比较之下，虽然印度尼西亚比中国早好几十年拥有股票市场，但是印度尼西亚一直拒绝接受国际会计准则。

2009年10月1日，欧维伦（右）、托尼·赛奇（左）等出席"中国国庆论坛"

李湛：和您刚才说的联系起来，您谈到和美国的企业不同，中国的企业主要通过银行贷款的渠道，而不是公司债券或股票市场进行融资。您认为中国企业融资渠道以后会怎样发展？中国企业是否应该改变现在这种融资结构呢？

欧维伦：这个问题有两个方面。第一，银行已经开始允许向私营企业放贷。但是问题在于会计。彻底的会计制度改革可以使整个金融体系更加有效。在现在的状况下，对银行从业人员进行良好的信用培训并没有意义，因为公司账目上的数字并不可靠。这正是现在的实际情况。显而易见，完善的会计制度能够帮助公司治理和完成税务。第二，中国内地应该像美国、中国香港和英国一样，把股票市场向所有达到一定标准的企业敞开而不是使用一套政治主导的许可制度。这对于保证最有效率的公司能够得到资金非常重要。

会计制度改革对于公司债券市场非常重要。没有完善的企业账目和独立的评级体系，中国就不可能有一个良好运转的公司债券市场。现在评级体系也是一个非常重要的问题。中国的评级体系几乎给所有的公司 AAA 的评级，这比标准普尔的情况更糟。

福本智之：我也认为会计制度改革非常重要。很多中国银行说："我们很想向中小企业提供贷款，但是它们有五种不同的会计报表。我们根本不知道哪些数字是真实的。"您能更具体地谈谈我们怎么能够改进会计制度吗？

欧维伦：我认为中国需要独立的审计事务所和对不合格会计的严厉惩罚制度。同时，训练合格的会计师和律师也很重要。

但是，最主要的问题是独立的法律标准和执行能力。这非常困难，即使在香港也是这样。我记得有一次和一个非常资深的监管人员共进午餐，他对一个公司有一些疑虑，并且派了会计师事务所去核对。基本上，会计师事务所能做的就是一致性的检查，公司账目上的所有东西都非常一致；他们检查了客户公司的发票，一切细节都很吻合。后

来他们意外发现了一个异常情况并开始调查，最终他们发现所有的东西都是伪造的。这个公司和客户公司合作，伪造了所有的来往交易。那个资深监管人员说："他们300年来一直这样做，已经精于此道了。"因此建立一个好的会计制度需要大量的工作和时间，但是中国可以在不长的时间里实现很大的改进。这正是我们在中国看到的，一切都从一个很低的起点起步并迅猛发展。

福本智之：假定中国可以改进会计制度和其他基础设施，您认为中国是应该采用美国的直接融资手段还是德国和日本的间接融资和银行贷款的手段？

欧维伦：我认为新兴经济体一般从银行直接融资起步，然后逐渐演化为股票市场融资和债券市场融资。其实这是一切成功的经济体的共性：当经济发展壮大时，服务业的比重将越来越大。最终债券市场将会逐渐超过银行贷款市场。

福本智之：即使在发达国家中，各个国家对于公司债券市场的依赖程度也并不相同。一些人认为如果考虑到银行和企业长期关系的重要性，中国应该主要依靠银行贷款的模式而非美国模式。

欧维伦：在不同的经济体系下，资本市场融资的比例可能有所不同，但是稳健的金融管理的原则应该是一样的。假如你想要建一条收费公路，30年还清本息，你可以使用3年循环的银行贷款。这也是现在大家常用的方法。这种方法非常好，也比其他的融资方法成本更低。但是这种方法在银行体系出现问题时，在迅猛的通货膨胀推高利率时或者在经济出现危机时都会无法运转。在亚洲金融危机之前，所有的人都依赖银行循环贷款来进行长期融资。3年的银行贷款的成本更低，对首席财务官来说也比发行债券容易。

但是正像银行用短期的储蓄来为30年的房屋抵押贷款融资一样，这样短期融资和长期的债务之间的不匹配最终会导致危机的发生。

另外一个原则是一个经济体应该分散融资的渠道。仅仅依靠一些大机构、大银行是十分危险的。这些原则似乎非常抽象，但是当1997年亚洲经济危机或2008年全球金融危机这样的危机发生时，人们才会意识到这些原则其实非常重要。

四　汇率问题和资本控制

福本智之：在2005年，中国放松了对人民币汇率市场的控制。迄今，人民币已经对美元升值了大约20%。但是很多人仍然认为人民币被低估了，他们也希望能够促使中国重估人民币的汇率。他们认为人民币被低估的原因是中国人民银行经常性地干预市场。但是中国对于人民币升值对出口可能造成的副作用也非常担心。您怎么看这个问题？中国应该怎样推进人民币汇率改革？

欧维伦：答案有两个角度。第一个角度是美国是否应该促使中国重估人民币的汇率。我并不认为人民币汇率的重估会明显影响美国的制造业或就业状况。我同时也认为在贸易逆差中，这也是一个相对较小的因素。美国对华贸易逆差最大的原因是2001年后由于财政和货币政策造成的过热需求。这是比人民币重要得多的因素。

而从中国的角度来看，也有两个问题：一个是金融管理，一个是实体经济的结构。在现有的汇率机制下，人民币升值的压力逐渐增加，同时也给投机者创造了单边赌人民币升值的机会。整个世界范围内，在过去一两年投资者

很难获得好的回报，而如果他们投资中国，他们就能得到10%的年经济增长率加上几乎确定的2—3个百分点的人民币升值的回报。这是非常好的投资机会，因此，会有数百亿美元的热钱涌入中国。而当你创造了这样的巨大激励之后，就很难阻止投机的进一步发展。几年前，一些监管人员问我热钱是怎么流入中国的，他们说他们希望能够阻止热钱的流入。我说，不要浪费你们的时间了，他们都是聪明人。除非彻底关闭中国经济的大门，否则政府永远都不可能比这些投机者行动得更快。因此过去几年中，大量控制不住的热钱流入中国，引发了中国的泡沫。这些泡沫是很危险的。

只有两种方法可以解决这个问题。其中之一是突然一次性升值。对于小的重估来说，市场只是会看到更多的机会，比如今天人民币升值5%，人们就会预期明天人民币升值15%，因此，中国调整汇率就会过度，这对经济造成了很大的冲击。另外一种方法是浮动汇率。浮动汇率会带来风险，尤其在银行体系还比较薄弱的时候，因此，我们需要对银行体系作出审慎的判断，以决定它和实体经济是否足够稳定，可以接受浮动汇率的冲击。我的判断是从金融的角度来看，中国已经越过了可以实施浮动汇率的拐点。

其次中国的实体经济也面临一些问题。所有的新兴经济体都是从出口外向型和劳动密集型经济起步的。它们逐渐在产业链上攀升，转向高附加值产品，改善工资并刺激国内消费。而现今在中国，抑制工资和人民币汇率的政策使这一转型的速度慢了下来。

因此，中国经济的现状和它的前景并不协调。中国的政策正在抑制应有的调整。正是因为中国改善产业结构政策的决定做得太慢,中国现在才有这样严重的问题。当中国终于通过了新的劳动法,人民币也开始升值的时候,不好的运气却来了。这些举措的结果,例如企业倒闭和失业与全球经济危机和需求萎缩接踵而来。

非常不幸,对危机的处理迫使中国和很多其他国家在经济调整上走回头路。但是为了长期的发展,中国应该促进而不是抑制这些调整。因此,中国应该在危机过去后重新回到改善工作条件、重估人民币的大方向上来。中国应该在处理完危机后尽快着手于这些事情。

福本智之:即使中国正经历出口的减少,您也仍然鼓励人民币实行浮动汇率吗?

欧维伦:无论如何,这些出口外向型企业需要变革。如果我们阻挡变革的发生,这样做的经济与社会成本长期来看要大于眼前的利益。正如美国政府过去一直在试图挽救汽车制造业。30年的经验告诉我们,这种行为只是浪费资金。

李湛:因此为了应对汇率的压力,中国应该放松还是收紧资本控制呢?

欧维伦:我认为中国政府应该放松资本控制。当然,我们会看到大量的资本流入,主要是外商直接投资和贸易顺差,但是我们同时也会看到一些减少人民币

欧维伦在上海外滩

汇率压力的资本流出。例如，人们很可能会希望能够投资于外国股票市场。这也意味着中国的养老金等基金会被更好、更分散地管理。当然，中国并不需要一夜间撤销所有的控制，但是开放的进程应该加速。休克疗法并不总是有效，但是非常缓慢地放松资本控制会很大地增加货币的升值压力。

在这次全球经济泡沫破灭之后，我认为中国的经济规模已经足够大，中国的经济也十分分散而且稳健。因此，中国并不需要担心热钱迅速离开中国。亚洲金融危机的教训是全球化使热钱流入东南亚国家，使它们的经济和企业外汇负债严重，当危机发生时，大多数银行贷款形式的热钱迅速撤出。中国并没有这种情况。中国的主要企业并没有大量的短期银行债务和外国银行债务。总体而言，中国经济也只有有限的外债。

五　金融危机的经验和教训

福本智之：现在的金融危机是非常热门的话题。因此大家可能会关心一下议题：中国可以从现在的金融危机中得到什么样的经验和教训呢？导致这次经济泡沫和泡沫破灭的原因很多，例如过于宽松的货币政策、过度放松的金融监管以及不完善的金融机构与评级机构监管的问题。在您眼中，中国可以从中学到些什么以推进自身的金融改革呢？

欧维伦：我认为你提到的所有原因都很重要。对银行和其他金融机构的监管应该正确进行；稳健的金融决策需要独立的评级机构；经济的杠杆化不应该过度。

这次危机的最终原因是全球的过度流动性。当 2003 年和2004年中国的银行过度借贷的时候，中国已经体验了过度流动性带来的后果：通货膨胀率在两年中从0攀升到了8%，股票市场和房地产市场发展过热，最终泡沫破灭。这些本来都是有可能部分避免的。流动性过剩的危险等这样的一般教训当然适用于中国。

这并不意味着中国应该害怕金融创新或者金融衍生品。农民们在150年的时间里一直依靠期货市场；很多公司，例如航空公司和贸易公司也用期货对冲汇率风险和燃料价格风险。

如果我们回顾过去几年美国发生的一切，就会发现，美国所犯的并不是小错误。银行的金融杠杆甚至超过了80倍，这不是一个很微妙或者复杂的问题。相反，这是常识，监管者应该在监管中使用他们的常识来实现合理的监管，稳步、审慎但又不过于缓慢的金融创新是非常重要的。

我认为一个很大的教训是全球的流动性问题。有的不平衡是难以避免的。中国因为人口统计学的原因有很高的储蓄率，而美国只有很低的储蓄率。这从根本上引发了贸易不平衡。中国的储蓄使美国一直保持低利率和低通货膨胀率，这样一定程度上就促进了全球金融投机。这并不是一个监管问题，但是如果获得资金的成本如此之低，疯狂的事就会发生。很自然的，像1989年的日本、2003年的中国和2007年的美国一样，银行会过度借贷，过度的流动性会造成泡沫。我们的世界在金融上全球化了，但是对流动性的管理还是区域化的。这是很危险的。中国和美国在这个问题中负有很大的责任。理论上讲，我们有一些可能的解决方法，但这次危机的经验是，当中美经济出现问题的时候，全球经济都会出现问题。因此领导者们应该集中精力找出管理全球流动性的合理方法。

六　政治改革

福本智之：不言而喻，政治稳定是经济稳定增长的重要基础。在这个意义上，中国在改革中非常成功地保持了政治的稳定性。但是，一些人认为中国应该进行政治改革，使人民能够有效地监督政府的行为。他们认为在现有的政治制度下，中国很难避免严重的腐败问题，腐败问题最终会危及经济的稳定增长。您对这个问题有什么看法？

欧维伦：你说的是正确的。对于政治改革和经济改革的关系而言，经济进步会改变社会，而社会的改变也会改变政治。西方（可能也包括日本）的问题是人们会把整个问题想得过于简单。事实要复杂很多。

我对于政治改革的回答和对于银行改革的回答是一样的。中国已经有了很大的政治改革。如果你比较现在的中国政治和毛泽东时代的中国政治，改变就像发生了革命一样巨大。整个过程从我所说的"绝对权力的收缩"开始。现在，中国已经有了一个相对有序的决策过程。

一个方面是法制的建立。一个简单的例子就是领导人退休年龄制度的建立。当制定了一个法定退休年龄制度以后，领导人也必须遵守这个制度。决策的过程已经实现了制度化。党、政府和商业机构的作用已经有了区分和界定。潜在的法律制度的变化也要通过广泛的公众讨论，包括立法机构的辩论。

引进这些制度和制度化的决策过程的一个重要结果就是中国的政权在2003年的首次和平交接。

另外，人民的畏惧感也降低了。我在北京大学的时候，人们自由地讨论民主化。凤凰卫视的一个节目就什么样的民主适合中国的三种观点进行辩论。还有一些艺术作品有很强的政治性。在宗教方面，有一些不好的事情发生。但是中国每年新增很多基督教徒和佛教徒，增加的人数比已往全球增加的基督教徒和佛教徒人数都要多。我们应该看到自毛泽东时代以来的正面变化——中国变得更加自由。

中国也在试验越来越强化的问责制。深圳正在试验美国式的分权制度。在南京，10000个受到良好教育的公民会对每个政府部门领导的表现进行投票。每次投票后，得票最低的两个政府部门领导就会被要求辞职。在中国，各种社会试验都在进行。问责制，包括媒体应该监督政府的观点现在都被广泛接受。

虽然改革尚不完善，中国离一个自由社会还有很长的距离，但是中国的变化确实很大。意识形态正在变化，过去占统治地位的意识形态是阶级斗争和无产阶级专政。现在的"三个代表"思想已经跟过去有了很大的变化，它认为党应该是精英的领导并照顾到广大人民的利益。胡锦涛总书记和其他领导人正在研究下一步的发展，使江泽民时代的精英主义变得更温和。

我认为，迄今为止，政治改革和其他经济改革是同步的。问题是改革将来是否会继续。当胡锦涛总书记任职中共中央党校校长时，中共中央党校对日本、中国台湾、墨西哥、印度尼西亚、德国等很多国家和地区的政治模式都进行了深入研究。他们也对政治改革进行了深入思考。虽然迄今为止我们还没有看到任何重大的改革发生，但是我认为中国高层领导中不会有人像勃列日涅夫和契尔年科一样认为政治体制会一成不变。迄今为止，我们已经看到中国的政治体制有了很大的改进，如果中国的领导人能保持过去的改革速度，中国就会很稳定，而且也会为以后的经

济发展提供一个稳定的基础。但如果改革停止,就会是另外一番景象。

七　外交政策

福本智之: 可以说正是因为中国和其他国家保持了和平友好的关系,中国才能在如此长的时间内保持高经济增长。良好的对外关系促进了国际贸易和外商直接投资。当然,其他国家也从中国的发展中受惠。但是,似乎一些外国人对中国的崛起越来越紧张。他们一直在关注中国军事预算的增加和中国在非洲对资源的诉求。这种情况下,中国应该在国际社会扮演一个什么样的角色呢?尤其是,中国应该怎样处理与美国和日本的关系?

欧维伦: 正如你说的,当代中国的对外政策集中于国内经济增长。因此中国与大多数邻国成功地解决了领土争端。为了集中精力于经济发展,中国强调和邻国保持睦邻关系,并和大多数的邻国圆满解决了陆地边界的争端。中国与贸易伙伴和原料供应国都保持着很好的关系。尽管中国有台湾问题,偶尔也与日本关系紧张,但中国的对外政策基本上奉行和平稳定的原则以发

欧维伦代表作书影

展经济。中国也是师法于日本和韩国等国家的成功范例。这些国家在从非常弱小发展到非常强大的过程中一直保持着很低的军事预算。我认为这并非一成不变的，实际上，我看到中国外交方面一直在改进。最近中国和日本以及印度的关系、中国大陆和台湾的关系都有了改善。当然，如果中国改变现在的这种政策的话，将会是一个很大的错误。

一个很大的问题是在西方世界和日本出现的中国"威胁"论。中国"威胁"论是基于现实主义的观点，认为新兴强权总是向第二次世界大战前的日本或德国一样有很大的破坏性；或是基于新保守主义的观点，认为像中国一样的社会主义国家一定会像苏联一样具有侵略性。这些观点非常教条化，而且与中国国力的现实情况没有什么关系。我在我2008年撰写的一本书里论证了中国已经从各方面的经验中认识到了现代世界国家的国力和荣誉是基于经济实力而不是领土要求。我在2007年出版的书中也具体谈了这种研究中国的新思维的相关证据（参见欧维伦：《亚洲、美洲与地缘政治的变化》，剑桥：剑桥大学出版社，2007年。William H. Overholt, *Asia, America, and the Transformation of Geopolitics*, Cambridge: Cambridge University Press, 2007）。

具体的问题是台湾问题。首先，中国军事力量的实际情况是中国军事预算占国内生产总值的比例要比美国小很多。这就意味着中国的军费开销是更小的国内生产总值中的更小一部分，也许连3%都不到。美国一个很大的军事问题是台湾问题。当中国大陆越来越强大的时候，美国保卫中国台湾的承诺将变得难以实现。现在台北和北京的关系已经缓和，他们重新开始了对话而且在很多方面开始了合作。中国大陆的海军现在甚至在海盗猖獗的亚丁湾为台湾船只提供护航。所以我们可以很合理地期望未来台湾问题

不会像以前那样重要。

小一些的国家则说："中国的成功在经济上对我们是非常有利的，我们和中国没有外交问题。中国的外交比布什政府的外交要好很多，但我们还是希望美国在亚洲保持存在以应对突发事件。"他们强调"突发事件"是指中国发生意外或者日本发生意外。很多民意测验都表明大多数亚洲国家的民众，尤其是韩国民众，对日本的担忧胜过对中国的担忧。韩国对美国和中国同样不信任，而很多国家对美国的不信任更超过了对中国的不信任。但是他们希望美国军事力量能够留在亚洲以应对突发事件，因为他们知道美国不会占领他们的领土，而他们却对20世纪30—40年代的日本和60—70年代的中国有心理阴影。

中国和美国的军事力量都给对方造成了麻烦。但是他们都知道他们有自己的任务而且这些任务包括了为一些小概率的危险做准备。所以我认为如果情况能像现在一样，双方都由职业军官领导军队，而且双方的政治领导人都能约束各自的将军们，中美关系就能像现在一样稳定健康发展。

你提到了自然资源的问题。中国的资源外交是很友好的。中国当然正在全世界收购资源。但中国仅仅购买了世界5%的能源供应，而美国和欧洲各购买了30%—35%。在非洲，虽然我们不同意中国在苏丹的政策，但中国的需求促进了非洲的巨大发展。在过去的几年里，非洲史无前例地在以6%的速度增长。当然，一些西方国家对中国在苏丹的行为颇有微词，但是我不认为这些怨言会超过中国关于伊拉克的抱怨。中国的非洲外交要比日本和美国的非洲外交成功得多。

如果我来思考中日关系的话，我会集中于经济层面的联系而与日本在领土和海底争端方面寻求妥协。近来中国和日本在这些争端上已经表现得更加明智了。中国人很自然地会抗议安倍和麻生首相的历史观，正如韩国、新加坡、澳大利亚等国一样，但是现在中国的抗议方式已经温和了很多。我认为在历史问题上中国和日本一度处理得并不好，但是它们现在已经有了很大的改进。总的来说，中日关系的趋势是非常积极的。如果美国和日本能够用一种现实主义的方式来对待中国，整个世界都会变得更好。我们应该赞扬中国大陆的进步，就像我们早些时候对韩国和中国台湾的态度一样，而不是试图在中国周围建立一个意识形态的同盟以孤立中国。

金融改革的机遇与挑战

受访人——杰弗里·弗兰克尔（Jeffrey A. Frankel）
采访人——李维刚

杰弗里·弗兰克尔教授

杰弗里·弗兰克尔，美国哈佛大学肯尼迪政府学院的哈珀尔（James W. Harpel）资本形成与增长教授。他同时领导国民经济研究局（NBER）中的国际金融与宏观经济研究项目，并作为经济研究局中的经济周期界定委员会中的委员，正式认定经济衰退的时间。1996—1999年他担任克林顿总统的经济顾问，主要负责国际经济、宏观经济和环境等领域。之前，他于1979年加入加州大学伯克利分校，并成为该校经济学教授。此外，他还曾在美国联邦储备委员会、国际货币基金组织和耶鲁大学任职。弗兰克尔的主要研究兴趣是国际金融、货币政策与财政政策、商品价格、地区货币合作和国际环境问题等。弗兰克尔于1974年毕业于斯沃斯莫尔学院（Swarthmore College）获得学士学位；于1978年麻省理工学院获得博士学位。

主编手记

杰弗里·弗兰克尔是美国哈佛大学肯尼迪政府学院的哈珀尔（James W. Harpel）资本形成与增长教授，同时作为国民经济研究局的研究员，对中国金融问题特别是近年来的人民币汇率改革问题有深入研究。作为弗兰克尔教授的学生，哈佛大学肯尼迪政府学院公共管理硕士李维刚与他就中国过去30多年来改革开放中出现的金融问题进行了多次讨论，整理形成了以下访谈记录。

李维刚：中国加入世界贸易组织后，中国的国际贸易以年均20%的速度迅猛增长。这主要得益于其丰富而又便宜的劳动力资源，并因此积累了近2万亿美元的外汇储备。之后，一些主要西方国家，其中以美国为首，对中国施加压力，要求人民币升值以缓解它们与中国的外贸逆差。作为国际经济学领域的专家，您如何看待这些西方政府给予中国政府的压力？您认为促使人民币升值是扭转美国巨额贸易逆差的有效而重要的手段吗？

弗兰克尔：美国政府的官员是自2003年秋天开始施压，要求中国放弃盯住美元的汇率政策的。从一开始，我就认为这种政治施压有方向性的错误。

首先，虽然人民币升值在中美双边贸易上带来了立竿见影的效果，但我并不认为人民币升值能直接地从总体上改善美国的对外出口。尤其是在其他亚洲国家并不同时将本国货币对美元进行升值的情况下，这种人民币升值有利于美国对外出口的推测就更不可能发生。

其次，即使人民币升值有助于推动美国出口，中国货币当局减少对美国国债的购买也很有可能推动美国国内利率的上涨。因此，从整体上来看，即使人民币升值对美国出口和就业率具有正面效应，其结果也是非常小的。

最后，我认为每个国家都有权选择最适合自己的汇率制度。当然，那些贸易盈余的国家应该仔细思考自身在国际货币体系中的作用，特别是在国际货币基金组织中所应发挥的作用。但是，我个人的观点是，这种汇率安排的承诺跟其在世界贸易组织框架下所作出的承诺是不一样的，其中一个重要的原因是各国很难界定什么样的货币政策才是其正确的货币政策。同时，我也认为，诸如"破坏国际规则"及更甚一步的"非公平性操纵"（这个词已被录入法律），或者在类似背景下的"不受欢迎的"和"威胁利用世界贸易组织非法贸易报复"等语言，是极其不恰当的。

说到此，我坚定地认为，增加汇率的灵活性，从长远来看，是符合像中国这样一个大国的利益的。以2004—2007年这段时间为例，增加汇率的灵活性，意味着允许人民币升值，事实上很好地帮助中国防止了经济走向过热。

李维刚： 您在2008年发表的论文《对中国汇率制度的重新评估》中预测人民币盯住的汇率篮子中，美元的权重是0.6，而欧元的权重约占了余下的0.4。最近，您在您的博客上又发表了一篇关于人民币汇率的文章，指出人民币又重新回到了盯住美元的政策，并且，由于美元对欧元的升值而引发了自2008年以来人民币对欧元的升值。从长远来看，您如何看待人民币汇率的走向？您对人民币汇率制度的选择有何建议？您在一个讲座"人民币：中国的汇率政策"（Jeffrey Frankel, The RMB: China's Exchange Rate Policy, Harvard Project for Asian and International Relations, Cambridge University, April 4, 2008）中提出欧元很可能在2015年后超过美元而成为国际金融体系中的主导货币。假如您的推断正确的话，您如何看待这样一种可能性，即中国将其外汇储备由以美元资产为主转向以欧元资产为主？

弗兰克尔：中国的货币政策在2007年给人的印象确实是盯住以欧元与美元大体相等的比重确定的篮子货币，但到2008年中国的货币政策制定者们又将这一灵活的汇率制度重新拉回到原来的盯住美元的汇率政策。2007年人民币对美元的升值对中国地方出口企业带来了很大冲击，引起了国内企业对汇率调整的怨言。中国货币政策制定者对汇率政策的重新调整显然是对国内出口企业这种抱怨的一种反应。这种"中途换马"的做法是很有讽刺性的：当人民币跳回到重新盯住美元这匹"马"的时候，正是美元与欧元这两匹"马"互换各自运行轨迹的过程（此处指美元由贬值转为升值而欧元由升值转为贬值）。相对于中长期的汇率走势，过去1年来美元对欧元出现了强劲升值，由此导致了人民币对欧元汇率在2009年年中走强。如果中国的货币当局继续保持2007年的汇率政策的话，人民币将不会像今天这么强势。

对于将来的人民币汇率制度，我认为，中国货币当局将再次放弃盯住美元的做法。首先是来自国内出口企业的压力。盯住美元的做法间接导致了人民币对欧元的升值，他们在这次经济衰退中受到了巨大的冲击。其次，美国国会两党仍然坚持继续施加压力，要求中国放松紧盯美元的做法。很显然的一个事实是，如果中国货币当局继续坚持2007年的汇率政策，或者坚持其他放松紧盯美元的某种制度安排，人民币也许不像今天那样强势。

如何保有中国的外汇储备是另外一个不同的问题。中国人民银行认为除了美元之外，他们并没有太多的选择。而且，他们认为，如果中国抛售美元资产，将会引发美元的加速贬值，中国的利益便首当其冲地受到损害。但是，我认为中国人民银行还是有其他选择的，特别是欧元和一些稍小的货币，甚至是黄金和国际货币基金组织的特别提款权，都是可以纳入考虑范围的。当然，对于特别提款权作为备选资产，其前提是国际社会赋予特别提款权更大的作用。我想，当其他持有美元资产的国家开始抛售美元的时候，中国人民银行总不希望自己成为唯一一个坚持"捂着自己口袋"的中央银行吧！

2009年4月，弗兰克尔在作专题报告

李维刚：2005年底，普林斯顿大学的邹至庄（Gregory C. Chow）教授与斯坦福大学的罗纳德·麦金农（Ronald McKinnon）教授有一场关于人民币汇率的辩论："我（邹至庄）认为，如果人民币不升值，中国将会出现通货膨胀和经济过热，因此，中国应当允许人民币升值。而麦金农的观点是，中国不应该对人民币升值，因为升值将引发严重的通货紧缩，从而有损中国经济的发展。"（Gregory

C. Chow, Globalization and China's Economic and Financial Development, CEPS Working Paper, Princeton University, September 2005, 115. http：//www. princeton. edu/—ceps/workingpapers/115chow. pdf.）您如何看待他们的这场争论？在您2008年的文章（Jeffrey Frankel, "The RMB：China's Exchange Rate Policy", Harvard Project for Asian and International Relations, Cambridge University, April 4, 2008）中，您提出人民币至少被低估了35%，但您后来又提出货币升值并不是中国面临的唯一政策选择（Jeffrey Frankel, "Comments on Cline and Williamson's 'Estimates of the Equilibrium Exchange Rate of the Renminbi?'", in *Debating China's Exchange Rate Policy*, edited by M. Goldstein and N. Lardy, Peterson Institute for International Economics, Washington DC, 2008, 155 – 165），您能否对此解释得更为详细一点？

弗兰克尔：邹至庄教授的观点显然是正确的，至少在2005—2008年这段时间得到了证实。这一时期对中国经济而言，经济过热与通货膨胀显然比通货紧缩要危险得多。但是自2008年年中开始，中国像其他国家一样转入内部失衡中的衰退，或者是通胀率转入下降通道，因此人民币升值的理由不复存在。我还想指出的是，另外一个中国允许货币升值的理由也发生了根本变化：一年前世界银行的国际价格比较项目对各国的数字作了全面修正，从而使按照巴拉萨·萨缪尔森（Balassa Samuelson）标准计算的35%的低估值失去了有效性；根据有关专家的计算，修正后的估计是，人民币汇率大约被低估了15%。但这并不是说，我认同麦金农教授对固定汇率的基本偏好。有许许多多的理由来说明中国为什么应该采取更加灵活的汇率政策。巧合的是，这种灵活的汇率政策在当前的条件下并不会导致人民币的升值。

之前我提出的"转变中国汇率制度并不是中国面临的唯一政策选择"这一观点，在今天比当初我提出这一观点的时候显得更为准确。中国应该做的，公平地讲，也是中国已经开始做的，是扩大内需，将经济结构调整转向那些长期以来被忽略的领域，如医疗、教育和环境，更加全面地扩大社会保障，推动服务业的发展。出口导向型的工业化发展模式给中国带来了经济发展的奇迹，但现在已经到了转变经济增长方式以推动中国其他经济部门获得平衡发展的时候了。在当前条件下，这种必要的、长期的、结构性调整需要政府大幅度增加支出才能够得以实现。

李维刚：许多中国国内的专家担心人民币升值可能会让中国重蹈日本在1985年正式签订广场协议后经济发展先泡沫、后衰退的覆辙。同中国当前经济发展类似，日本经济自第二次世界大战后到20世纪80年代初期获得迅速增长，并因此积累了大量的外汇储备。为扭转对日贸易的不平衡，减少日本的贸易顺差，美国及其他西方国家对日本政府施加压力，要求日元升值。日本政府最终签订了同意日元升值的"广场协议"。之后产生了日本的泡沫经济，经济泡沫破灭后，日本经济步入衰退，经历了"失去的10年"。您如何评论美国在日本泡沫经济中的作用，又怎样看待中国经济学家们的这种忧虑？

弗兰克尔：当前，美国对于中国在对外贸易上取得的成功，采取了诸如要求人民币对美元升值的姿态，跟美国在20世纪80年代时对日本的态度和90年代对韩国等其他某些国家的态度是类似的。诚然，中国的决策必须首先基于自己的利益。但是，正如我刚才所说，我坚持认为增加人民币汇率的弹性是符合中国自身利益的。当然，美国给予日本的经济政策建议并非总被证明是符合日本的利益的，但一些日本人常常是夸大了美国在日本经济泡沫形成乃至破灭过程中的责任。在1985年的广场协议中，日本与其他发达国家一样要求协助将高估的美元回归到合理水平，我认为这种要求是符合所有与会国利益的。

现在回过头来看，日本1987—1989年的泡沫经济，更应该归因于当时日本央行过于宽松的货币政策。当然，抛售日元、购买美元也是当时日本政府采取宽松货币政策的一部分，但这种做法是用来推动日元贬值而不是升值的。更进一步说，虽然在1986年9月美国财政部部长詹姆斯·贝克（James A. Baker）和日本大藏大臣（相当于财政部长）宫泽喜一举行的双边会晤上，以及更加公开的1987年2月在巴黎卢浮宫举行的西方七国首脑会议上，美国就日元升值施加了一定的压力，但是阻止日元对美元升值完全是由日本政府的政策目标决定的，跟美国财政部施加的任何压力没有关系。他们不应该将责任推给美国人。

李维刚：始于2005年的人民币渐进式升值，引起了人们对中国汇率政策更多的争论。一些经济学家，如邹至庄等人认为渐进式升值会导致更多的热钱基于升值预期而流入中国，从而推动经济泡沫的形成，更加引起中国外部经济的不平衡（麦金农、邹至庄：《国际著名学者关于人民币升值是非评说》，《国际经济评论》2005年第11—12期）。因此，相对于渐进式升值而言，快速或跳跃式的汇率调整可能会是更好的选择。您是如何看待这个问题的？

弗兰克尔：同样地，我同意邹至庄教授的这一观点。如果中国自2005年后采取人民币非连续性的10%的升值，然后转入更加灵活的汇率政策，可能会比现在的这种渐进式升值要好。我认为，任何一段时间内超过10%的货币升值都会引起政府难以承受的冲击，更不用说过度的升值会导致人民币汇率调整到比 2009 年年中还要高的水平。考虑到人民币汇率升值对 2008 年中国对外贸易的打击，这种短时间内的过度升值所引起的后果可想而知。对未来货币升值的预期会导致投机资本的流入。流入中国的投机资本，或者以贸易盈余的形式，或者是以外商直接投资的形式，其总量很难进行计量。但正如魏尚进和埃斯瓦·普拉萨德所研究的那样，这些投机资本应该在过去 2004—2008 年的中国外贸盈余中占有非常大的比例。我与魏尚进于 2007 年发表了一篇关于中国汇率制度的论文《评估中国的汇率制度》。在这篇论文中，我们提出，巧合的是，有证据表明投机者对人民币转向升值的预期，恰好始于 2003 年的 9—10 月，其转变动因应该主要来源于当时美国财政部官员们第一次鼓吹人民币应该升值，这种鼓吹应该部分归因于当时即将进行的美国总统大选。

李维刚：由于长期以来对资本项目采取管制措施，中国很幸运地躲过了 1997 年亚洲金融危机的冲击。但之后，东亚的货币合作成为一大热点，您是如何看待人民币在未来东亚金融合作中的地位和作用的？

弗兰克尔：中国对资本项目的管制，只会是越来越宽松。现阶段中国抵御类似于 1997 年周边国家发生的货币危机冲击，其 2 万亿美元的外汇储备比资本项目管制更有效。从长远来看，中国很有可能跟其他新兴市场国家一样，把增加汇率制度的灵活性作为抵御货币投机冲击的另外一个手段。

10 年或 20 年内，人民币很有可能像英镑或瑞士法郎那样成为真正的国际货币。50 年后，人民币甚至有可能取得在国际货币领域像美元一样的地位。但是目前中国的金融市场无论从深度、流动性和灵活性方面，还是从开放度方面，都远远落后于世界主要的金融中心，这使得人民币现阶段很难成为主要的国际货币。

李维刚：2007年，在《清迈协议》的基础上，东盟同中、日、韩三国同意设立一项外汇基金来稳定区域内的货币。2009年年初，上述国家同意将基金规模扩大到1200亿美元。您如何看待这个基金及中国在这个基金中的作用？

弗兰克尔：亚洲国家继续发展像《清迈协议》这样的机制，以及中国发挥越来越重要的作用，都是很自然的事。对此，我主要有两个建议：一是任何对受货币危机冲击国家的救助，都应该同国际货币基金组织对危机国家采取的救助项目一样，设置类似的救助改革要求作为援助的前提条件。二是期待建立以人民币为中心的亚洲货币区，就像当年以德国马克为中心的欧洲货币区并最终发展成为欧洲经济与货币联盟，在可预见的将来是非常不现实的。中国的金融部门远远没有准备好去领导推动这一货币合作过程，许多亚洲国家也没有准备好去接受参与这种货币一体化进程。

李维刚：就在2009年4月召开的20国峰会前夕，中国人民银行行长周小川发表文章（周小川：《关于改革国际货币体系的思考》，《华尔街日报》2009年3月23日），提议将国际货币基金组织的特别提款权（SDR）发展成为新的国际金融体系中的备选计价单位及国际储备货币。您对此提议有何看法？

弗兰克尔：在我看来，周小川行长的提议，跟他发表文章前几周温家宝总理在全国两会的记者招待会上的评论是一致的。对其最好的解释，是周小川行长表达了对美国国债安全性的担忧。我认为，这两个人的发言，是对美国

弗兰克尔（左）与采访人李维刚合影

政治家们非常必要的提醒，要求美国政客们注意到现在不是担心中国购买太多美元的时候，而是应该开始担心中国可能不再像以前一样将外汇储备继续足够多地（对美国而言）投资在美元上了。

但是，对周小川行长的建议，我有以下几点看法：首先，20国峰会出人意料地重新启动了将国际货币基金组织的特别提款权作为主权（相对于私有部门的）国际货币的讨论。这种推动将可能走得更远，比如说，如果各国能够支持国际货币基金组织设立一个替代账户为各国多余的美元兑换成特别提款权的话。其次，要想推动特别提款权作为私有部门的重要国际货币之一，如作为贸易结算货币或者债务计量货币，其前景还是很微弱的。除非某一大国将特别提款权作为本国货币（这好像不太可能，但是欢迎中国去尝试），否则特别提款权将只能是货币体系中的世界语［世界语（Esperanto）是指波兰医生柴门霍夫（Pole L. L. Zamenhof）博士在1887年发明的一种希望被全世界所接受的语言,最终并没有成功。——编者注]。美元的成功和特别提款权的不成功,就如英语和世界语一样,其原因并不在于某些内在的品质,而是在于它依附于一个人口众多而且非常重要的国家。

李维刚:金融危机之后,中国由于拥有规模庞大的外汇储备而备受瞩目。许多西方国家呼吁中国在处理当前金融危机和经济衰退方面能够发挥更大的作用。中国政府亦表示愿意在加强国际金融机构处理危机的能力方面作出自己的贡献(Wang Qishan, Vice-Premier of the People's Republic of China: G20 must look beyond the needs of the top 20, The Times, Match 27, 2009. http://www.timesonline.co.uk/tol/comment/columnists/guest_contributors/article5982824.ece)。但是,在2009年4月国际货币基金组织公布的投票权份额调整方案中,中国的份额仍维持了3.72%的比例,低于许多专家事先的预期。您对这一调整有何评论?同时,您认为中国在即将到来的国际金融体系改革中将会扮演怎样的角色?

弗兰克尔:国际货币基金组织中分配份额的标准有很多种。很长时间以来,中国在基金组织中的份额按照任何一种标准来衡量都太低了。中国在国际货币基金组织中的份额长时间以来没有什么变化,其原因一方面是由于这一机构设置份额标准方面的原因,另一方面是来自政治方面的不情愿,主要是欧洲国家不愿意放弃它们的主导地位。但是,当对拥有2万亿美元的外汇储备的中国的期望越来越高的时候,要求增加中国份额的声音就越加强烈了。国际货币体系改革的另一个领域是关于世界银行和国际货币基金组织的领导权问题,这两家机构的领导权选择应该基于更广泛的地理分布和公信力,而不应该只是政治化地由

欧、美两家分别来决定。这一方面的改革在未来仍会步履维艰。比较幸运的是，关于机构代表权问题终于在另外一个领域有了新的突破：在过去几个月里国际事务领域中的决策核心正在由原来的西方8国集团转向包括中国和其他发展中国家在内20国集团。

李维刚：中国由于较高的外贸依存度，也不可避免地在这次金融危机中受到了冲击。为对付外贸出口下降和经济放缓，中国政府及时出台了一揽子扩张性的财政政策来刺激经济的发展，以确保2009年年初提出的8%的经济增长目标。您对中国的政策措施有何评论和建议？

弗兰克尔：中国政府所采取的措施无疑是正确的。而且，中国政府应对经济危机所显现的高效率，是值得大家称赞的。我希望，中国政府扩张性财政的规模与所宣传的数字相符，并且如果将来有必要的话，政府还可以进一步增加相应的规模。同时我还希望，中国政府在推动这些政策措施时确立有效的路径，将目标集中于那些最需要发展的领域，如医疗卫生、教育、环境、基础设施、社会保障及有助于私有部门在服务行业更好地发展的领域。

中国和印度：企业家的角色与作用

受访人——韩太云（Tarun Khanna）
采访人——李希强

韩太云教授

韩太云，哈佛商学院豪尔赫·保罗·雷曼（Jorge Paulo Lemann）教授，研究全球新兴市场的跨国公司、本土企业和投资者，并与其进行合作。韩太云在1988年获得普林斯顿大学工程学学士学位，在1993年获得哈佛大学博士学位，并在华尔街短期工作。自1993年起，他在哈佛商学院担任教职至今，主管针对MBA课程和高级管理班的战略学和国际商务教学。

韩太云教授的最新著作《数十亿企业家：中国和印度如何重塑自己和你们的未来》（*Billions of Entrepreneurs：How China and India Are Reshaping Their Futures and Yours*）由哈佛商学院出版社（南亚企鹅出版社）在2008年2月出版，被翻译成数种语言在各国发行。该书基于作者10余年来与全球发展中国家的公司、投资者和非营利组织的合作，注重研究中、印企业家精神的推动力。

韩太云教授的学术著作被刊登在一系列的经济和管理期刊上，他还担任其中一些杂志的编辑工作。2007年发表在《哈佛商业评论》（*Harvard Business Review*）上的《中国龙+印度象＝全球经济新霸权》（"China + India：The Power of Two"）和2006年发表的《新兴的巨头：在发展中国家建立世界级企业》（"Emerging Giants：Buitding World-Class Companies in Developing Countries"），以及2003年发表在美国《外交政策》（*Foreign Policy*）杂志上的《印度能否赶超中国》（"Can India Overtake China?"）为其代表性文章，集中反映出他的研究对业界经理人的影响力。他的作品经常被全球新闻杂志以及电视和电台所报道。

在金融服务、汽车、生命科学和农业企业等行业，韩太云教授担任数家公司的董事并在咨询委员会任职。他积极在亚洲投资并指导创业企业，并为印度的非营利组织志愿服务，例如为新德里国会研究服务。该组织寻求在立法会前为印度国会议员提供超越党派的研究分析，以期提高民主话语的质量。

2007年，韩太云教授被世界经济论坛提名为40岁以下的全球青年领袖。

主编手记

2009年4月3日，哈佛大学商学院韩太云教授应邀在纽约的哈佛俱乐部接受了哈佛大学肯尼迪政府学院商务与政府中心研究员李希强的采访；又分别于4月9日和5月8日接受两次后续采访。感谢哈佛大学肯尼迪政府学院亚洲项目的中国访问学者和《21世纪经济报道》资深记者王康为本次采访提供的重要指导和建议。

李希强：有人对您的新书《数十亿企业家：中国和印度如何重塑自己和你们的未来》（*Billions of Entrepreneurs: How China and India are Reshaping Their Futures and Yours*）提出异议，认为中国不具有10亿企业家，而只有一个真正意义上的企业家，就是中国政府。改革开放30多年来，中国经济保持了年均超过9%的增长速度，您觉得中国"国家企业家"的模式是否成功？

韩太云：中国政府应继续当"企业家"。世界各国政府都应学习中国政府的企业家精神。尽管存在政府干预，但高度的政府管制并不意味着企业家精神的匮乏，依然会取得良好的经济成果。我觉得中国不应放弃这个优势。现在中国大批优秀的人才依然涌向政府，保证了政策制定的正确性和执行者的素质，而印度精英都不去政府工作。但是中国政府要避免犯错误，要允许真正的私人企业家发展。目前中国私营企业家只有和政府联系紧密或者搭上外国公司才能成功，这是不正常的，本土私营企业家不应被边缘化，相反要鼓励私营企业的成长。

印度政府要向中国政府学习如何制定政策。现在哈佛、斯坦福、麻省理工的很多资深华裔学者和中国政府联系紧密，中国政府征求他们的意见，但印度政府很少接受外部专家的意见。印度政府的问题是不做决策，政治家换来换去，人们大多关注地方局部事务和个人利益。在印度，如果让我选择是去政府部门工作还是当大公司董事，我会选择当公司董事；但在中国，我会选择当市长顾问，这样我花费的时间更有价值。印度政府太弱了，严重失职，影响到企业的发展。在西方，人们看到更多的是印度精英，而印度基础教育很差，文盲率非常高。印度的基础医疗也很糟，工人不健康、缺乏教育，是企业发展的重大障碍。

印度政府太弱势，而中国的政府太强势，但中国政府也要学印度政府的长处。在印度，信息充分自由流动，我曾在数千人面前和一位印度副部长进行争论，指出其错误。但中国社会缺乏这样的争论氛围，造成各种意见、观点没有得到充分的讨论。其实，中国政府在制定政策时也要进行热烈的讨论，而不是为了社会"稳定"而关起门来讨论。为了求稳定，中国社会缺乏"试验"的机会和精神。印度政府很少有指导，民众和企业家有了更多的实践机会，来尝试各种各样的想法与创新。

李希强：早在2003年，您同麻省理工斯隆管理学院的黄亚生教授在美国《外交政策》（Foreign Policy）杂志发表《印度能否赶超中国？》（"Can India Overtake China?"）一文，在国际上引起争论。您现在的观点是否有改变？如果印度能够超过中国，大概是在什么时候？

韩太云：这篇文章主要剖析中、印两国迥异的发展道路。中、印不同的发展道路彼此互补，都有各自不同的严重局限。中、印的发展路径在10年以内难以有大的改变。中国是自上而下的模式，在过去的20年里，这种模式发展得很好。而印度是"更加吵闹版"英美体系，目前效率还较低。从长期来看，如在未来15年或20年，基于人口结构和市场基础的优势，印度体系将良好运行。

仅从人口角度来看，过去25年中国所经历的在未来25年内将在印度重演，大批印度青年涌向劳动力市场。不利的方面是出现就业难题，有利的方面是印度老年人口的比例将低于中国。如果印度能成功改善严重的基础医疗和基础教育问题，印度的情况将大为改观。

中国需要改进政党和社会结构，吸收各种不同的观点，否则在这个日益多元化的社会里会有崩溃的危险。同样如果印度不解决一半人口不能获得基础保险、教育甚至清洁饮水的问题，也会爆发社会矛盾。从长期来看，我的观点没有变，中、印发展轨迹是根深蒂固的，印度会超过中国。

李希强：您如何预测2030年的全球经济形势和中印经济关系？中国是否会成为世界第一大经济体？印度有可能超越中国吗？中、印两国如何加强合作？

韩太云：我对两个国家的未来发展非常乐观。在经济危机后，中国、印度两国实力都会增强，到2030年，将在全球经济中占更大的比重。2030年，中国超越美国成为全球最大经济体是有可能的，但尚难以判断印度能否超越中国，不过两国的差距肯定会缩小。今后中、印两国不应继续在边界问题上发生冲突，而应主要关注内部问题，如两国存在的减贫问题。我认为中、印两国经济互补，合作机会很多。今后经济上的合作会越来越普遍。

李希强：世界上与中国历史和国情最为接近的国家恐怕就是印度了，但是中、印两个国家走上了不同的发展道路，产生不同发展模式的内在根源是什么？是不同的文化传统，还是不同的政治结构？

韩太云：在《数十亿企业家：中国和印度如何重塑自己和你们的未来》一书的开篇，我讲到这是两个大国，人

韩太云最新著作书影

口众多、历史悠久、边界漫长。两国都遭遇数百年的外国统治和羞辱，相继在1948年和1949年独立。尼赫鲁（Jawaharlal Nehru）选择了民主模式，但是他当时完全可以选择自上而下的模式。为何没有这么做？在这方面，很多历史学家都有分析。我的猜想是，尼赫鲁的意识形态深受英国民主模式的影响，正如他在信中写道：我可以成为独裁者，但是我不想做这样的错误选择。

　　印度多元化程度远远高于中国。这种多元化令单一举措，特别是自上而下的集权体制难以实施，尽管在尼赫鲁当时的信中看不到"多元化"是他选择民主模式的考虑因素。多元化既有有利的一面，也有不利的一面。多元化会导致无休止的对话，翻来覆去，政治学者称其为"否决点"，任何人都可以否决作出的决定，其结果就是毫无结果。

　　毛泽东和中国共产党的成功使中国各地的社会结构相似，但在印度不同地方有不同的社会结构。在过去三四十年里，印度南部的社会结构发生巨大变化，而北部的社会结构非常稳定，相对落后。目前印度企业大都来自印度南方。印度这种南北发展的不平衡不是政府政策造成的，而是社会长期发展导致的，而中国的南北不平衡更多是政府政策造成的。

当今世界越来越强调多元化，要尊重各种不同意见，来达成最终的共识。多元化是印度的优势，在印度有很多不同的想法和意见，这使印度人更容易融入多元化的国际社会，这也是印度能迅速走近西方社会的重要原因。中国更多体现的是相对的一元化，特别是中国政府的单一性，需要学习接受多元化的世界。

李希强：现在印度也在兴建开发区、吸引外资、发展制造业。20世纪80年代，特别是90年代出生的中国青年一般都会讲流利的英语、接受过良好教育，为中国发展高端服务业打下了基础。中、印的发展模式有没有可能发生转变，甚至是某种程度的互换？中国成为世界办公室而印度成为世界工厂？

韩太云：双方肯定会向对方学习。如在宏观上，中国向印度学习如何应对更加多元化的社会和更加自由的经济增长。在微观上，中国企业可学习印度企业的海外管理经验。相反，中国政府决策时的"试点"方法非常值得印度学习，就是先动手做不同的"试点"，再挑选出最好的方法，然后进行大规模推广。印度政府完全没有做到这一点。

尽管没有什么能够限制中国只是世界工厂、印度只是服务供应商，但中、印发展模式中的一些核心差异不会在短时间内消失。中国会继续发挥制造业优势，沿着现在的"世界车间"供应链向上发展，有更多的研发、有更多的专业制造、有更多的知识产权，提供具有更高价值的服务产品。

李希强：人们认为中国强大有效的刺激计划将使中国第一个走出经济困境。您如何评价中国当前的经济刺激计

划？会对中国经济长期发展产生哪些不利影响？政府的高度参与是否会进一步制约中国私有企业的发展？是否不利于培养中国的企业家文化？

韩太云：中国经济迅速复苏存在多种原因，经济刺激计划不应被视为中国经济复苏的首要或唯一原因。我认为中国经济快速恢复的最重要原因是中国经济整体运行良好，拥有大量的经济增长机会。经济刺激计划当然能起到积极作用，但不像有些人想象的那么重要。

经济刺激的长期影响取决于如何使用该计划。目前经济刺激计划所做的还是中国政府历史上做过的，依然是利用政府加强基础设施建设。从长期来看，经济刺激计划做与以前同样的事情，对中国经济谈不上什么正面或不利的影响，也不会改变中国经济的未来。排挤私有企业对中国经济发展也是不利的。

李希强：您在《印度能否赶超中国》一文中指出，印度比中国有更多世界级的企业家，为什么这么说呢？有观点认为中国20世纪50年代"大跃进"和10年"文化大革命"几乎葬送了中国的企业家阶层；尽管印度1991年才实施经济改革，但印度不存在这样的经理人断层问题。中国的改革开放只有30多年，10年后，您认为中国是否会涌现出更多的世界级企业家？中国世界级企业家与印度的差距会缩小还是扩大？

韩太云：中印两国的发展道路不同，各有利弊。印度的体制利于培养私营企业家，特别是在城市。中国的体制无法让私营企业家像在印度那样自由发展，这是多种原因造成的，如资本市场、知识产权等，不过这种情况正在发生变化。我个人对中国银行业、股权市场并不乐观。中国银行业基本上由政府主导，而不是有效分配资本为微观经济服务。在帮助私营企业家成长上，中国存在的问题是系统性的。所以，我认为印度将继续培养出更多世界级的私营企业家，而且在发展速度上要比中国快。至于中国世界级企业家与印度的差距会缩小还是扩大，目前我无法作出判断。

但另一方面，印度也存在严重问题，影响私营企业家的成长。企业发展，需要招聘大批员工，但是印度基础教育严重落后，使得印度缺乏具备基本教育的员工。印度私人企业家试图来解决这个问题，如创办私立学校，但这是需要由政府来提供的公共服务，私营企业很难做好。从长期来看，印度私人企业家与中国企业家会遇到不同的问题，如中国资本市场和法治上的落后，而印度缺乏具有基础教育的工人。

中、印两国走上不同发展道路的重要原因是，1978年前中国采取的政策对经济体系造成巨大影响。中国不得不采取措施来挽救发生于20世纪六七十年代的经济崩溃。而印度从来没有经历过类似的遭遇。因此，中、印走上不同的发展道路，这与中、印企业家的素质没有太大关系，更多是历史原因造成的，而不是企业家的能力或意向。

李希强：*印度企业更多的是内生的私营企业，而中国有更多的外资企业。您认为外资企业是制约还是有利于中国企业家的培养？*

韩太云：就外国投资到底是推动本土企业家成长，还是妨害本土企业家培养，已有很多研究，但目前的研究都不够详尽。我认为从长期来看中国吸引大量外商投资不是最佳发展方式，某种程度上的混合方式可能会更加有效。

你可以看到，中国政府努力推动本土企业，限制外资企业发展。仅在过去的五六年里，中国政府的政策就出现

多次反复，有时限制本土企业，支持外资；有时支持本土企业，却在金融服务业、农业、能源等行业限制外资。我认为这种反复对经济发展是不利的，应推行一种更加平衡的、共同支持外商投资和本土企业发展的政策。

李希强：2000年前后美国产生IT泡沫，大批华人软件人才回国。2007年美国次贷危机发生后，大批华人金融人才回国。现在中国留学生像潮水一样涌向世界，您如何看待海外华人对中国企业家培养的影响？有观点认为海外华人使中国在世界工厂的竞争中获胜，而来自海外的印度人使印度成为全球实验室。您认为这种观点是否高估了海外人才的影响力？

韩太云：毫无疑问，海外华人和印度人对中国和印度现在的发展起到了重要作用，其中最直接的体现是他们带回国内市场所缺乏的资本和人才。如印度软件工程师、生命工程人员归国，推动了印度在这些行业的发展。

这些海外人才还是重要的桥梁，继续让资本在国家间流动，特别有助于国家之间在政治上的相互理解。我不认为这是过高的评价，而是对海外游子价值的适当评价，这种作用在未来依然非常重要。

李希强：现在中国正在实施"走出去"战略，您指出中国缺乏世界级企业，您认为在激烈的国际竞争环境中，中国能否成功实施海外"走出去"的战略？障碍是什么？中国的海外并购对全球经济的格局会产生什么影响？

韩太云：与印度和东南亚企业相比，中国企业整体上在跨境交易中表现欠佳，特别是2005年中海油并购优尼科一案，从立项、执行到华盛顿公关，几乎每个环节都是彻底的失败。不过在当前的中铝收购澳大利亚力拓一案中，中国企业比4年前聪明了很多。在执行海外投资战略上，中国企业更加谨慎，总体趋势是在逐渐变好。

中国实施海外"走出去"战略的主要障碍不是英文，而是对西方文化缺乏足够的了解。中国国内大学的建设水平让其他发展中国家羡慕，但中国新一代需要与外面的世界有更多的交流和互动。只有中国有了更多熟悉西方文化的人才，中国企业才能真正走向世界。把中国的"和谐社会"模式向全世界推广，这对中国和全世界都有价值。中国政府应该鼓励年轻人"走出去"，印度在这方面有很多优势。

中国"走出去"战略能否成功实施要取决于投资的行业。在某些行业，特别是矿产、能源等自然资源行业，中国政府的强大支持有利于中国企业，尤其是国有企业跨境投资。从短期来看，中国实施"走出去"战略，收购海外企业将会取得重大成功。但中国政府以提供援助或补贴的方式对某些行业的参与本质上是个错误。这些行业主要是在全球范围内由私营企业主导的行业，如软件、汽车业。

对于中国企业海外并购对全球经济格局的影响，同样要分行业来看。从短期来看，在商品、自然资源领域的投资将直接影响这些产品的全球价格。此外，中国海外投资能够提供现金流动性，在目前全球金融危机的形势下，是经济发展所急需的。从长期来看，这个问题可以分为对中国自身经济的影响和对海外市场的影响，我不太确定所有影响都会是正面的。比如说，东道国是否能接受更多的中国企业而不是本土企业。

李希强：当前全球正处在金融危机中。有人认为危机恰好是中国企业进行海外并购的良好时机，但也有人认为盲目进行海外投资会带来更大的危机。您认为现在是否是中国企业进行海外并购的良好时机？如果是的话，机会在哪里？在海外投资中，中国主权基金应该发挥什么作用？

韩太云：现在美国乃至全球资产的价格都很低，印度企业正在大举收购，这也是中国企业海外投资的大好时机，但要避免政治敏感的领域。这一点印度企业做得比较聪明，从几千万美元或几亿美元的小公司开始收购，没有太多人在意，并逐渐学会收购更大的企业。中国央行行长周小川讲求"中庸"，但中国企业却违背中庸之道，喜欢大交易、大手笔，动辄就收购数十亿、数百亿美元的项目，却不擅长管理，其结果引起世界的广泛关注，最终导致交易失败。

从短期来看，中国主权基金首先可以提供现金流动性，其次能保证中国获取需要的资源，但需要注意的是不要过于乐观，要看清自己的利益，防止过高付价。比如，中国实施石油储备战略，为获取在世界不同地区的石油储备而支付了过高的价格。

西方国家认为需要提高主权基金在海外投资过程中的透明度。我认为提高透明度也符合中国的利益。简单来讲，东道国的敌意不利于外国投资者，就好像美国、欧洲企业在中国投资，中国的敌意当然不利于欧美企业的投资。一定程度的透明度是必要的，否则在长期容易招致东道国的报复。

李希强：就可口可乐并购汇源受阻一案，有人认为中国的外资政策已经发生了变化，但中国政府声明此案与中国投资政策无关。您认为中国企业在海外并购受阻，如华为并购3Com、中海油并购优尼科受阻，是否会影响中国的投资政策？

韩太云：可口可乐并购汇源受阻一案的影响超越了饮料行业，外国投资者怀疑中国政府是否真的出于反垄断原因。中国政府提供的对中国行业造成影响的数据难以令人

哈佛商学院

中国和印度：企业家的角色与作用

信服，我认为这反映出中国政府在政策上出现的反复，对外资有时欢迎、有时不欢迎，有时甚至是阻止。过去10年、20年，乃至30年，中国外商投资政策稳定，具备连贯性，是中国吸引外资成功的重要原因。现在，中国出现了政策上的反复，将对中国继续吸引外资造成不利影响。

此案也反映出中国对非技术领域的外国投资不再那么欢迎。我注意到在农业、矿业、能源这些以往欢迎外国投资的领域，中国政府表现出拖沓态度。可口可乐一案标志着这种趋势正在改变，不是敌视外资，而且更加支持内资。在过去的6—8个月里，中国政府对外资不再那么热情，但在2个月前，又转而热情，不过是因为中国经济发展速度的突然减慢。

李希强：目前中国资金比较充足，但中国私营企业家仍需要从海外融资。您认为造成困境的原因是什么？是低效的银行，还是与印度相比不开放的金融市场？抑或是金融市场不健全？您怎么看待发展中国的私募股权市场？

韩太云：私募股权投资的主要功能是配置风险资本。我自己在亚洲的不同地区创立了几家公司，首要问题是判断投资机会是否良好、是否值得关注。其次，考察企业家本身及企业家的观点是否独特，并用来解决那些尚未被触及却急需解决的问题。最后，投资者能否在合理的期间内，如5年内，收回他们的投资成本。中国关掉了投资者投资退出的主要途径，投资者退出上的艰难限制了投资的发展。如果缺乏适当的基础设施来评估投资机会、提供支持服务，中小企业将难以通过私募股权方式获得资本。

李希强：您对中国企业家的总体印象是什么？中国企业家与印度企业家的最大区别是什么？从整体上如何培养中国的企业家精神，从十几亿民众转变成为企业家的关键是什么？中国企业家应该向印度企业家学习什么？

韩太云：我对中国企业家的印象很好，他们努力做对中国、对世界有益的事情。至于"中国企业家与印度企业家的最大区别"，最直接的回答是中、印企业家没有区别！我有很多中国学生，这些哈佛精英与印度学生有着同样的行为、同样的能力。中国企业家与印度企业家的区别，不是自身的能力、智力或志向因素，而是他们所接触的环境不同。在中国内地，你需要小心说话，没有太多机会进行尝试，但是他们有更好的基础设施。相反，印度企业家无法获得良好的基础设施，但有更多机会进行试验、尝试风险。例如，在印度的乡村放置触摸式的显示屏，村里的孩子很快就会学会用显示屏输入。印度社会鼓励实践精神，印度企业家有更大的自由权，做自己想做的事情，没有太多限制。

印度是一个多元化社会，存在众多不同语言、文化、民族，同时具有长期对外开放的传统，印度企业家擅长与外国人进行沟通、交流；我的中国学生和朋友在与外国人交往上则需要更大的调整过程。这当然有语言上的问题，但语言只是部分因素。我认为中国人在一个更加统一的、运行稳定的社会中长大，做着自己习惯做的事情，所以不擅长与外界沟通。印度企业家比中国企业家擅长处理不同背景，如种族、文化、语言、经济差距等导致的问题。我认为中、印青年需要有更多的交流，同时鼓励他们到全球其他地方，更好地了解整个世界。可喜的是，已有不少印度人生活在中国，也有很多中国人在印度新德里等地工作。

相对印度私营企业而言，中国私营企业的确还比较弱小，不过中国私营企业比起10年前已有很大发展，透明度也更高。为发展私营企业，中国政府一要保证自由获取政府信息；二要加强知识产权保护。我认为中国政府并不会很快这么做，这需要一个过程。根据目前中国的实际环境，中国应该让私营企业慢慢发展。印度私营企业的成功是因为印度政府不去管它们，很少提供土地、税收上的优惠。印度政府很弱，私营企业基本不受干扰，结果印度私有部门发展很快。

中国企业家有时表现很好，但有时表现很差。将十几亿民众向企业家转变，我有一个具体的建议，向世界展示中国杰出企业家，告诉中国民众这些企业家的成长故事，庆祝企业家的成功。所谓的"庆祝成功"并不是一味庆祝成功案例，而是找出对经济和社会发展有意义的问题，并制定出解决方案，使之更好地为中国社会服务。在中国，树立企业家典型模范的做法具有建设性、可行性和持久性的意义。

李希强：您在《哈佛商业评论》2007年12月刊上发表了很有影响力的文章《中国龙+印度象=全球经济新霸权》（"China + India: The Power of Two"）。中国和印度作为"金砖四国"的成员，在全球经济秩序和全球金融重构的过程中，应该发挥什么样的作用？中印企业家应如何进行有效的合作，真正实现重塑世界的未来？

韩太云：在过去15年，中国和印度已经在世界舞台上扮演了非常重要的角色。在未来10—20年，中印对世界将会有更大的影响，在国际组织中有更大的发言权，代表他们自己和整个发展中国家的利益，使国际组织不再单纯由西方发达国家主导，这将对全世界都有益。

我认为中印应该超越边境冲突，加强经济合作，特别是私营企业家的合作。就具体产业合作而言，首先当然是中国硬件和印度软件间的合作。在生命科学领域，中印彼此有不同的强项，合作空间广阔。以临床检验为例，中印人种基因差异很大，利于药品实验。我前不久回到印度，看到两份详细的中国企业与印度企业生命科学的合作计划，这将提高两国生命科学的研究能力，为世界作出贡献。

我本人正在参与的一个领域是"小额贷款"（Micro Finance）服务。中国政府以前限制小额贷款的发展规模，不愿意开放中国的农村市场。中国政府最近邀请我熟悉的印度企业家到中国，分享其在印度的成功经验。印度私营企业通过与非政府组织的合作，在中国提供小额贷款。我每次去中国或印度都会看到越来越多的合作，当然不一定要在印度或者中国进行投资才算是合作，中印企业家完全可以在其他市场上进行有效的项目合作。

中国的粮食安全

受访人——阿马尔·库瑞西（Ajmal Qureshi）
采访人——张颖

阿马尔·库瑞西教授

阿马尔·库瑞西，哈佛大学艾什民主治理与创新中心访问学者；曾经担任联合国粮食及农业组织驻乌干达和中国的代表（相当于大使级别），并被多次委派到蒙古国和朝鲜工作。在这之前，他是巴基斯坦驻土耳其伊斯坦布尔的总领事。库瑞西自从1972年就开始在公共和私营部门的交叉领域工作，最开始是担任巴基斯坦证券交易委员会的副主任，后来担任了负责国际合作的巴基斯坦农业部的副秘书长。库瑞西持有波士顿大学的经济学硕士学位并获得2007年波士顿大学的显著成绩校友奖。库瑞西还担任波士顿地区联合国协会的董事会成员。他同时还是中国农业科学院的资深顾问和荣誉教授。

主编手记

在改革开放的 30 多年中，中国在经济和社会发展的方方面面都取得了令人瞩目的成就。其中，最让人不可思议的成就之一就是中国自力更生地解决了 13 亿人口的吃饭问题。"民以食为天"，粮食安全历来就是中国政府高度重视的领域。在过去的几年中，中国的粮食供大于求的格局仍然保持不变，但是一些新的隐患的出现却引起了很多学者和政策制定者的关注，这其中包括近几年的中国粮食产量下降、气候变化给粮食产量带来的新威胁、粮食价格上涨以及粮食问题的地缘政治化，等等。2009 年 4 月，中华人民共和国农业部发起召开了第一届东亚粮食安全合作战略圆桌会议，以探讨应对粮食安全问题的区域化策略，这足以显示国家对粮食安全问题的重视。在这样的背景下，我们采访了哈佛大学艾什民主治理与创新中心的访问学者，前联合国粮食及农业组织驻中国代表阿马尔·库瑞西，请他来谈中国的粮食安全问题。

张颖：库瑞西教授，您好，谢谢您接受我们的采访。您是前联合国粮食及农业组织驻中国代表，在北京生活了 7 年多时间，还曾在乌干达担任同样的职位，对粮食问题长期深入关注。请问您对中国的粮食安全整体现状怎么看？

库瑞西：尽管面临巨大的挑战，但我对中国目前的粮食安全还是比较乐观的。谈中国目前的粮食安全状况一定要和历史作比较。我记得从 1999 年开始，中国粮食产量出现持续 5 年下降的情况。这个趋势直到 2004 年才得到扭转。但是如果以农业投入和对农业的重视性来看的话，中国刚在 2008 年破纪录地创下了 5 亿吨的高产量。这个成绩离不开政府的补贴、害虫防治和其他更高级的农业技术。2008

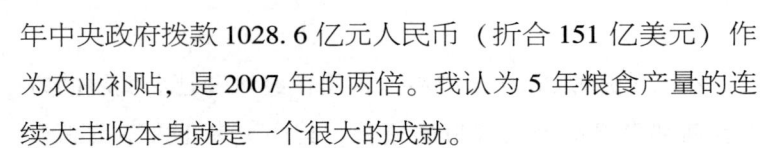

年中央政府拨款1028.6亿元人民币（折合151亿美元）作为农业补贴，是2007年的两倍。我认为5年粮食产量的连续大丰收本身就是一个很大的成就。

虽然有自然灾害发生，但高产量仍然得到了保证。2008年的四川地震是有史以来的第19大地震。四川是农业大省，这场灾难对农作物和牲畜也造成了很大损失。

凭5年的连续丰收，中国积累了充足的粮食库存。中国政府同时对大麦供应的外贸和出售储备进行管制。通过粮食储备多样化的措施，中国政府提高了管理市场的能力。

中国发展的动力来自农业发展，这一点已经达成了共识。农业生产力得到提高，农民也提高了对市场信息的捕捉和判断能力。因为市场导向，更多农民开始种植高价值的粮食以增加收入。同时，1亿农民流向城市寻找就业机会。农业收入显著增加，大量农民收入超过了贫困线。农业、非种植业以及其他农村产业改变了中国农村的整体状况，并对整个中国的现代化进程产生了巨大影响。

我自己亲眼见证了中国人吃得比以前更好、更健康了，有更多的营养和花样。这是通过访问中国认真观察得出的不争事实。

我们再来看看中国如何面对现在日渐风行的世界期货市场。我认为中国在这方面做了足够充分的准备。目前能源价格的上涨造成中国的肥料价格上涨。虽然这个影响对经济水平最低的国家影响最大，因为小规模农民将无法负担得起肥料，这个因素会导致农业产量和收入的降低。再加上最近世界期货市场的食品价格上涨，这一切都给消灭世界饥饿带来了新威胁。新一轮的粮食价格通货膨胀也在波及全球，造成更多的贫困和饥饿。新兴经济对粮食的需求也在增加。生物燃料和粮食之间的竞争形成了另一个对全球粮食安全的巨大威胁。这个现象会对每个人产生影响，而中国因为几乎无止境的能源需求，以及富裕阶层不断增加的对不同食物消费而导致的粮食需求，将不得不认真面对这个新的挑战。

好消息是，到目前为止，根据世界银行的报道，中国的粮食价格上涨趋势已经得到遏制，其他期货的价格上涨对中国消费品价格的影响都会较小。随着13亿中国人逐渐走向富裕，中国能否成功应对农业挑战将对食品价格在中国以及全球能否得到控制产生巨大影响。从这个意义上来看，中国是关键。

我认为中国的粮食安全政策长期以来保持了一致性和可持续性。最近国务院出台的报告非常鼓舞人心。这份报告指出中国将会继续集中力量改善环境，增加对农村地区的投资，增加对粮食生产的补贴，扩大粮食、棉花、食用油和生猪储量以稳定市场。中国需要用不到世界7%的耕地来喂饱13亿人口。

张颖：您说到我们应该历史地看待中国的粮食问题。那您觉得1978年的农村改革对中国的扶贫和粮食安全产生了什么样的影响呢？

库瑞西：中国在1978年开始了改革并且开始采取对外开放政策与外界进行联系。从那时开始，中国的经济增长就没有停止过。自改革开放以来，中国从20世纪70年代开始就保持了年增长率9%的发展。有了正确的政策作指导，中国在消除贫困方面作出了巨大的成就，导致了全国范围以及每家每户的粮食安全的提高。农民不可避免地会面对粮食安全问题。在70年代，根据世界银行每天1美元的标准，几乎2/3的中国人口被定义为贫困人口。自从1978年开始，随着改革开放的推进，有基本生存问题的贫困人口

数字从2.5亿降到了2007年的0.26亿；生活在贫困线下的人口从人口总数的30%下降到2%。1990—2000年，每天生活费用在1美元以下的贫困人口总数在总人口增加了1.25亿的基础上反而下降了1.7亿。中国已经提前实现了到2015年消除一半贫困现象的千年发展目标。同时，贫困地区的经济活动的条件以及生活条件都已经得到很大改善。

当你来到农村，你会看到农村的道路、电力等都有极大的增加，特别是在特定的592个贫困县。这是另外一个农村发展的现象。

根据世界银行2007年的发展报告，很多成功地利用农业发展来驱动整体经济发展从而消除贫困的例子都涌现出来了。在一些发展中国家，大部分的穷人都依靠农业作为他们唯一的生活来源，而世界银行常用中国的独特例子作为它们的成功模式。近些年，因为家庭联产承包责任制，中国在农业方面快速发展，再加上市场的自由化以及科技的进步，都为消灭贫困作出了巨大贡献。农业增长成为工业发展的前奏，在很大程度上，这一点与从英国18世纪中期到日本19世纪晚期遍及全球的农业革命促使了工业革命的过程类似。

中国推行农业改革，同时，还在世界上为自己重新定位。今天的中国已经不再是二三十年前的中国。人均收入在过去不到20年（1978—1996年）的时间里翻了两番。相比而言，英国用了58年（1780—1838年）、美国用了47年（1839—1886年）才使人均收入增加一倍。我相信这是因为中国卓越的农村发展水平而导致了连续20年人均6%的快速发展。

农业的发展、农村劳动力在村镇企业中副业就业比例的提高，以及国内和国际市场间联系的变革，一起改变了中国农村的面貌。

随着快速的发展,地区间收入的不平衡所引起的问题逐渐显现。中国东西部收入不均的现象逐渐加剧,城市和农村人口的收入差距也日渐扩大。城市收入比农村居民收入高出3倍。政府已经在采取具体措施,通过在农村地区增加投资,特别是在基础设施、灌溉、教育和健康方面,争取改变这一趋势。这些措施旨在通过经济和社会的发展创建一个平衡发展的小康社会。

中国向前发展的决心最近再次得到胡锦涛总书记的强调。胡总书记在党的十七大会议上指出:"我们到2020年将在2000年的基础上把人均生产总值翻四番。这将通过我们优化经济结构、提高经济效益,同时降低资源消耗、保护环境来实现。"中国现在已经是世界上第三大经济体,仅

哈佛大学2008年度亚洲项目全体人员合影

胡必亮(前排右一);库瑞西(三排右二);甘藏春(三排右三);张冠梓(三排左二);郝瑜(四排左三)

仅排在美国和日本之后。

张颖：说到粮食问题，不能不提到人口问题。您认为中国的独生子女政策怎样帮助中国控制了人口，并保证了食品安全呢？

库瑞西：中国是世界上人口最多的国家。它用世界上7%的耕地面积养活了世界上22%的人口。在我看来，这一点实际上是将来引起食品安全问题的隐患之一。根据美国普查，随着独生子女政策的启用，中国人口在1995年下降了1%，到2007年下降了0.6%。人口增长率持续下降，而且估计到2025年将会达到0.2个百分点。毫无疑问，这个趋势是好的，但无论如何，人口问题将会是中国的决策者们面临的一个大问题。独生子女政策同时也有很多负面影响，比如日益增加的儿童肥胖症的出现。

另外一个令人担忧的影响中国社会经济条件的现象是性别比例的不平衡。根据目前的估计，中国男性比女性多出0.41亿。再过10—15年，这个不平衡将会进一步加剧。到2020年，中国单身汉的数字将会达到1亿。

张颖：2008年是中国改革开放30周年，中国在这期间取得的成绩举世瞩目。您觉得中国粮食安全方面最重要的经历是什么？其他国家又能向中国学到些什么经验呢？

库瑞西：中国的每一步都很值得其他国家学习。举一个例子吧。中国解决问题的决心很大。以我自己作为联合国粮食农业署中国首席代表7年来积累下的经验来看，政府给农民设立的激励机制让我印象很深。1995年，在联合国粮食农业署推动的龙头项目"低收入粮食负债国的粮食安全"名义下，我负责协调和发动这个项目的其他相关内容在中国的执行。通过农业部和四川农业厅的咨询，将该项目定为试点。

联合国粮食及农业组织提供了技术支持，我们北京办公室提供了种子基金来强化多样化项目的执行过程，并提供政策分析。农民自己拥有绝对的自主性和对项目的所有权。

项目结果令人惊叹：经济回收率达到了 14%—20%，两个村庄的农民收入也有了巨大的提高。项目本身起到的积极的环境影响包括修建灌溉和排水设施、优化土壤结构、降低土壤腐化、通过对害虫管理来平衡肥料和杀虫剂的使用。中国四川的模式在粮食及农业组织的 106 个成员国中得到了复制。

中国的农民对整个激励机制作了积极反应，从而有了整个项目的巨大成功。这也是邓小平 1978 年市场经济体制改革挖掘农民潜力、丰富农民社区的结果。像四川这个项目这样的成绩同样代表着整个中国的发展水平。中国农业的增长模式给发展中国家提供了一条新的路子，一条通往成功的路子。

中国在农业研究方面也作了大量的投资。这中间出现了大批的科学家，比如"杂交水稻之父"袁隆平。我有幸和袁教授见过面。他把湖南长沙的中国国家杂交水稻研究和发展中心发展成了一个符合国际水准的研究中心。这个中心为来自越南和印度的科学家和配种工作人员提供培训。越南之所以能获得水稻产量方面的巨大成绩，还要归功于长沙培训中心为其核心工作人员所提供的培训。

我认为亚洲和非洲的国家在农业和粮食生产方面有很多可以向中国学习的空间。

张颖：对于中国谷物进口，国际上一直存在着长期的争议。您对这个问题如何看呢？

库瑞西：我认为中国的任何一个举动和决策都会造成

巨大的连锁反应，会对国际期货价格造成影响。中国的影响力巨大，即使北京的细微信号都会对市场造成巨大影响。

现在全球最关注的问题是中国是否会软化它反对进口的态度。即使在前所未有的全球性金融海啸的影响下，中国仍然是全球增长最快的国家。如果我们假设中国被迫进口玉米和小麦，它会使已经创下历史纪录的粮食高价继续上升，导致进一步的粮食通货膨胀。我认为，中国一直以来在这个问题上都非常慎重，而且也会持续尽一切努力防止国际范围内的危机。但是当然，由气候变化和天气所带来的不确定性不在中国所能控制的范围内。

我认为在短期内，除非中国能大量增产，否则它很可能将要依赖粮食特别是食用粮食进口，以满足因收入增加而逐渐庞大的中产阶级带来的日益增长的肉类和奶类产品的需求。

对于中国的决策者来说，粮食经济学有着举足轻重的地位。饥饿不仅是一个经济问题，也是一个政治问题。在2007年，中国是玉米、大米和小麦的净出口国。但是因为对粮食通货膨胀的顾虑，政府在2008年12月取消了谷物和面粉的进口税，提高了出口税，附加了出口限额。

中国目前是最大的大豆进口国，主要用于动物饲养。中国可能会愿意在主体上保持自力更生的同时接受少量的谷类进口，而这个政策并不针对大豆。为了提高自足，北京取消了有2000年历史的粮食税，并给农民提供了化肥和种子补贴。同时，运输和储藏设备得到了提高，定价也更有市场取向，谷物产量已经达到连续5年持续增长。我认为中国在近期内成为一个玉米净进口国的可能性还是存在的，因为对肉类的消费需求在持续增加。但是我们不需要对中国的适量粮食进口敲警钟。我认为中国如果在接下来

10年左右的时间内采取渐进的方式来做是可行的。

根据经济合作发展组织和粮食及农业组织的预测，中国可能会在2016年进口1200多万吨的谷类粮食，仅占世界进口总额（2.84亿吨）的4%。

在将来，中国将会选择自给自足的粮食供给道路，特别是大米和小麦，同时进口饲料粮食。不管用哪个指标来衡量，我都确信中国将不会因为增加的粮食进口而对世界期货市场造成负面影响。

张颖：随着中国近年来的发展和所取得的成绩，大家对中国的期望值也在逐渐转变。在粮食安全和国际农业发展合作方面，您认为今天的中国应该扮演什么样的新角色？

库瑞西：中国是对世界粮食安全贡献最大的国家。中国是世界上最大的谷物、牲畜和水产品生产国。作为世界粮食供应链中的大国，中国将在不断增长的世界人口和保证本国粮食供应方面承担巨大责任。

保证世界粮食供应将是我们面临的最大挑战。农业目前也面临着巨大挑战。全球粮食储藏已经降到30多年来的最低水平。我认为中国对现实看得很清楚：通过增加耕地来增加粮食产量已经不再是一个可行的选择。我认为保障粮食供应的一条比较务实的途径是通过国际研究和发展。中国已经在农业领域展开了密集的研究，主要集中在现代农业特别是灌溉、化肥使用、庄稼保护和创新种子技术方面。这个策略已经而且也会继续促进产生新一代的庄稼，包括提高油菜籽、棉花、高粱和大米的抗压性和产量。生物科技也在研发粮食作物对气候和环境的抗压能力方面起到了越来越关键的作用。

中国倡导国际合作精神，致力于世界粮食和农业发展，并在其中通过传授经验给亚洲和非洲其他国家来扮演关键

角色。对这一点，我很钦佩。一方面，中国对世界粮食和农业机构做出了贡献；另一方面，中国通过粮食资助来帮助其他亟待帮助的发展中国家发展。中国还慷慨地为其他发展中国家提供技术支持，比如杂交水稻技术。据我所知，中国在亚洲和非洲的一些国家成立了20多个农业技术的展示中心。在南南合作的框架下，1000多位农业专家和技术人员被派遣到其他发展中国家。

张颖：我们刚才谈到了中国在粮食问题方面在过去的30多年里所取得的成绩和经验。接下来我想和您讨论一下中国作为一个13亿人口的大国，在它的经济和社会发展过程当中可能遇到的粮食问题的挑战。比如说，您认为中国快速的工业化和城市化进程会加剧中国粮食安全问题的严峻性吗？

库瑞西：尽管不断有人提出异议，但我个人从来没有对中国粮食自力更生的能力产生过怀疑。毫无疑问，中国的粮食安全会是一个长期性的全球关注的议题，而这其中主要问题集中在中国能否满足日益增长的粮食需求上。随着中国经济的不断增长、生活的不断繁荣，以及饮食生活习惯的改变，而同时每年有1000万人口的增长，粮食问题的核心就成了可持续性问题。所以人们常常会对中国用7%的可耕种土地满足13亿人的需求的能力表示质疑。这些担心基于中国现代史之前的历史和20世纪的发展情况。

华盛顿世界观察研究所的主席布朗（Lestor R. Brown）在1994年春天敲响了警钟。他在他的文章《谁来养活中国》中说，中国的粮食产量已经达到了它的顶峰并会出现减少，到2030年降低至少20%。随着中国经济的发展和人口的增加，中国人对肉类、谷类、食用油和糖的需求量持续提高。布朗认为中国的耕地以及灌溉用水同时在减少，并且很难再有粮食产量增产的突破，所以中国仅仅依靠本国粮食生产很可能会远远满足不了需求。如果这样的话，中国将会靠增加粮食进口来满足需求缺口。而这样的后果是给全球粮食出口量带来巨大限制，同时还会导致世界范围的主要期货商品价格上涨和食品价格上涨。根据全球主要粮食出口国，包括北美、澳大利亚和欧洲国家的粮食产量来看，布朗指出主要粮食出口国将会不得不限制粮食出口量。在1995年的另一篇文章《小世界的警钟》中，布朗再一次强调了他的观点。

中国政府对布朗的观点很重视。这本书在中国引起了一场关于中国是能自力更生满足粮食需求还是将会大量依靠粮食进口的激烈讨论。后者将会导致更高的全球粮食价格从而对世界上更穷的国家和人民造成危害。一开始，我们联合国粮食及农业组织就积极参与了这场讨论。我个人也在北京与很多高层政策制定者进行辩论。在这个过程中，我很欣喜地得到了这样一个结论：当中国作出了一个政策选择，它就会将它执行到底，几乎没有任何其他的力量能阻挡。

我还想举出一个由黄季焜、罗思高（Scott Rozelle）和马克·罗斯格兰特（Mark Rosegrant）在1997年作的一个研究：根据数据显示中国不会让世界挨饿，中国的快速发展将会给发展中国家带来帮助。

有意思的是，历来人们都在预测饥荒的可能性。托马斯·马尔萨斯（Thomas Robert Malthus）在200年前就预测说人口增长一定会超过粮食供应。在1968年，纲纳·缪达尔（Gunnar Myrdal），一位瑞典经济学家宣称印度将难以满足5亿人口的粮食需求。这些观点都已经被证明是错误的，而这些现象也将会在对中国粮食问题的质疑上重演。

库瑞西（左）与本书主编张冠梓合影

对于中国领导层和中国人民来说，粮食安全可以和人类安全相提并论。粮食安全毫无疑问对经济和政治稳定有着重要意义。对于这一点，中国的政治精英应该是最清楚不过了。我相信有了致力于创新研究的中国科学家，中国能通过提高玉米和大米产量，推广有效利用农业投入和增加清洁环境投资来面对这个挑战。根据中国在这方面之前所取得的成绩，技术提高将会给中国带来无限潜力，也会给全球的粮食安全和扶贫工作带来积极影响。

张颖：中国现阶段的经济发展和土地使用密切相关，从而给农业造成了直接影响，这一现象在过去的几年显现得尤为突出。您认为中国应该如何才能控制耕地的流失呢？

库瑞西：土地在城市化和工业化过程中发生流失是中国面临的一个严峻问题。政府目前在认真考虑对策。中国领土面积的 1/3 是山地、1/4 是高原、1/10 是丘陵；中国国土面积约 960 万平方公里，60% 的人口都生活在不到全国面积1/3的平原和盆地地区。根据中国土地资源部进行的一项调查，中国在过去10年损失了800万亩耕地，也就是所有可耕地的6.6%。中国人均耕地面积比世界人均耕地面积低40%，是美国的1/8、印度的1/2。我认为这是一个令人担忧的现象。在2000—2005年，中国新增的基建土地的一半，即200万亩土地，都是从现有或者可能的农田转化过来的。

中国土地流失的原因有很多。在中国东部，经济快速发展，城市人口快速增加，这些都导致了对建设用地的需求，从而出现了占用耕地的现象。在中国西部，政府已经在推广对退化的土地和脆弱的生态系统进行修复的计划。相对贫瘠的土地则用来种植树林或者草地。这是在过去一些年里在中国西部出现耕地流失的主要原因。

快速的土地质量退化让这个问题更严峻。大部分在中国东部流失用作建设用地的土地都是高质量的土地。往外蔓延的商场、巨大的高尔夫球场以及豪华住所占用了大量肥沃的农业土地。这改变了中国目前耕地的整体局势：仅有28%的高产地，而低产地达到了32%。就目前的面积而言，中国的粮食安全很难保证。问题的脆弱性在于中国肩负着要用剩下的土地养活占世界22%的人口。

我认为如果一个国家因为城市化进程而不断缩小耕地，根据中国的其他经济基础来看，中国最终将会不得不种植更多的劳动力密集的经济作物，比如水果和蔬菜，来代替土地和水资源密集的像谷物类的期货。

张颖：在现有耕地水平基础上，水资源短缺和沙漠化现象在多大程度上影响着中国的粮食问题呢？

库瑞西：毫无疑问，灌溉对于发展中国的高效农业经济系统扮演着一个关键角色。中国有灌溉保障的农业种植地从1952年的18%发展到了20世纪90年代早期的50%。不过，随着家庭和工业用水的需求增加，灌溉农业、未来的粮食安全以及中国北方居民的生活所受到的影响会越来越大。中国的水资源短缺，特别是在中国的北方平原以及西北的部分地区，问题已经越来越突出了。气候资料显示，干旱现象已经在增加，降水量很低。由于过度的农耕以及非农业用水，地下水位已经在急剧下降，很多河流在旱季已经干涸了。在中国的中部和南部，地表和地下水都已经受到污染。这些问题也影响到了农业和非农业的用水问题。

在我看来，沙漠化和水资源的稀缺给中国的农业提出了又一个巨大的挑战。快速的沙漠化过程以每年1900平方英里的速度发生着。这已经影响到了4亿人口，形成了一个内部的难民危机。在中国的北部和西部，沙漠已经发展到开始相连的程度。每年有36万亩左右的土地成为沙漠。在新疆维吾尔自治区，塔克拉玛干沙漠和库姆塔格沙漠每年都在靠近，几乎已经连在一起。在内蒙古的西南地区，巴尔丹吉林沙漠也正向腾格里沙漠靠拢。而这一切的影响则表现为晚冬和早春影响到4000万中国人的沙尘暴灾害。

水资源除了不足，其分布不均也是一个对中国农业造成威胁的事实。中国被认为是水资源严重短缺的国家之一。长江以北的土地占到土地总数的65%，但是可供农村用水的水资源仅占总量的20%。水资源短缺，再加上干旱，是对北方农业生产的一个主要限制。而在另一方面，通常发生在6—9月的大规模的季风现象又导致严重的洪涝灾害。能用在农业上的水资源所占比重每年都在减少。显然，农业用水的供应是不可能再增加的。研究显示，到2030年中国人口达到16亿人的时候，所需要的谷物生产将达到6.4亿吨。这不得不给中国敲响水资源紧缺的警钟，并且会影响中国未来的农业生产和粮食安全。

如果把这个巨大的挑战放在一边，我们来看看另外一个令人乐观的情景。一个麻省理工学院的团队一直在系统化地评估水资源和土地限制是如何影响中国粮食生产的。他们研究发现：如果能扩展灌溉，允许更密集的农耕，特别是在中国北方，中国应该有满足不断增长人口的粮食生产能力。这项研究并不考虑经济、政治或者食物分发的问题，而只考虑中国能用本地的土地和水资源满足多少人的生存需求。根据这些假设以及所得出的数据，这项研究预计中国能满足11亿—17亿人口的粮食需求。

张颖：您认为环境污染会影响到中国的农业吗？这个问题对中国来说到底有多严重？就您所知，中国政府在这方面采取了什么措施呢？

库瑞西：确实环境污染对中国农业有很大程度的影响。环境退化的趋势，包括土壤侵蚀、盐渍化以及耕地减少导致了对农业用地的压力。土壤侵蚀、盐渍化自从20世纪70年代就已经开始发生。据统计，中国可耕种土地的1/6都已被重金属污染，40%以上因为土地侵蚀和沙漠化出现环境退化。

中国的工业化和城市化扩张是导致环境污染的原因。中国被认为是世界上最大的煤炭消耗国，所排出的二氧化硫和其他产物比所有欧洲国家总和还要大。根据中国环境保护局（EPA）的统计，70%的中国人每天都呼吸着未达到安全级别的空气。另外，世界上污染最严重的20个城市中，中国占了16个。二氧化硫会导致呼吸道疾病，还会和氮氧化物以及其他物体发生反应而产生空气中的酸性物质，从而形成酸雨、酸雾、酸雪以及空气微粒。风又会把这些物质吹得很远；酸雨效应会对1/4的可耕地产生影响，损

害森林和庄稼，改变土壤成分，并导致湖泊和溪流变成酸性从而不适合鱼类生存。长此以往将会对植物和动物生存的生态环境和多样性产生影响。80%以上的废水并未经过处理就直接排出，水污染对土壤质量和庄稼产出都有影响。正因为这样，珠江三角洲比以前污染更严重，形成了一个从江口到入海口长达几英里的死湖区。由于湿地治理和退湖还田而导致的生态环境的退化同样引起了土壤侵蚀、水库和灌溉水渠的泥沙淤积以及频繁的洪涝灾害。环境污染和生态系统的退化同时还造成了中国经济的巨大损失。仅在2005年，由此而产生的经济损失就达到2万亿美元。

哈佛大学肯尼迪政府学院学术报告会现场

张颖：就您在这个领域多年来的经验和心得，您对中国政府在粮食安全和农业的发展方面有什么建议？

库瑞西：我在中国工作7年多时间，这段时间使我的职业发展受益很大。我有机会访问了包括西藏在内的所有中国省区。能够亲身经历一个国家的经济发展和扶贫工作的过程，见到成千上万的穷人能够过上好日子，这样的经历是非常独特的。在20世纪90年代，全中国见证了各行各业，特别是农业方面的巨大发展。

当然，进步永远和挑战并存。中国肩负着13亿人口粮食安全的重任。我相信中国会增加它对一些关键问题方面的投资力度，包括应对气候变化、环境污染和水资源的缺乏以保证可持续发展。

中国对本国粮食安全有着充分的重视，而且也通过与其他发展中国家交流经验而成为这个领域的世界领军者。面对目前的全球粮食安全问题，我很乐观，认为中国会继续与更需要帮助的农业国家分享农业研究成果。

张颖：您提到作为前联合国粮食及农业组织驻中国代表，您在中国工作生活了7年。作为一位外国专家，您对中国印象最深的是什么呢？

库瑞西：印象最深的是中国的战略。有些国家的发展战略仅仅集中在经济社会的发展。但是中国在鼓励领导人对公共部门做出承诺方面的贡献是非常不错的。我还认为今天的中国是一个不一样的中国。你在世界上找不到一个和它相似的国家。它一方面在不断推进现代化进程，吸收西方的精华；另一方面它的精髓还是非常东方的。另外，中国仍然是一个社会主义国家，但是同时又正在采用西方的经济和金融体制。西方社会对中国的影响能频频通过豪华酒店、时髦的高尔夫球场、工厂、飞机场和火车站等体现出来；而东方的精髓更是无处不在，通过语言、习俗和社会行为体现出来，甚至还有很多追溯历史的现象。这是一个你能很快就学会如何和身边各种不一样的东西和谐相处的国家。

我们还能看到中国人民都是很礼貌、很周到的。他们对面临的所有问题都会事先细细斟酌，权衡利弊，几乎从来都不会直接下结论。这是一个历史悠久的国家，也是一个不断从过去的成败中吸取经验的国家。中国用自己的东方智慧和包括20世纪五六十年代在内的过去的成败得失，通过经济体制改革创造了今天的社会、经济和政治的发展。邓小平很有远见，通过经济自由化，实现了中国经济的高速发展。邓小平最著名的一句话是："不管黑猫白猫，能捉老鼠的就是好猫。"30多年的经济改革和非常有创新精神的农业政策改变了中国成千上万农业人口的生活。它带来了前所未有的社会和经济变化，撰写了一段前所未有的农村繁荣的改革开放史。

在改革开放30周年和中华人民共和国成立60周年之际，我祝中国人民和政府万事如意。

中央政府对一些农村问题的忽略可能不是刻意的，而是经济改革发展的结果。家庭联产承包责任制在20世纪80年代最初的成功提高了农民的经济条件，但这更多是市场发展的结果而不是政府干预所产生的。"让部分人先富起来"的战略导致了城市与农村人口的分化。因为历史原因，拥有城市户口的人们相对农村户口持有者享受了更多的社会福利。这是计划经济年代遗留的问题，而不是偏向于城市户口居民的新政策。另外，包括国有企业、银行业和金融系统在内的众多行业和领域都有改革需要；同时，许多走出国门的政策（包括为开放政策所支持的建设经济特区所需要的大量基础设施资源）都需要大量人力和金融资源支持。这些都导致了对农村问题的忽视。当中国政府意识到农民身上相对的贫困问题的严重性时，最宝贵的时间已经过去了。这个问题我们现在叫作"三农"问题——农业、农村和农民问题。

　　"三农"问题的第一点，也是很重要的一点，是关于农民的权利被当地政府和官员非法侵犯的问题。这一点可能不是传统意义上贫困的定义（仅指低收入），而是指低收入的农民的土地所有权被侵犯，从而导致其经济福利受到影响。最负面的一个例子就是因为城市发展而对农民进行土地征收，结果农民所得到的补偿都是非常武断的数字，而且大大低于市场价格。第二，很多农民和其他的农村居民经常得不到，或者不能及时得到所做工作的补偿。这包括为公共事业所做的工作，比如在公立学校教书，等等。第三，农民还不得不缴纳各种额外的税收。这些税收包括通过报高农民土地所有面积以增加根据实际使用面积所定的土地税、对除了谷物和牲畜之外的商业作物所征收的特别税、学校的收费、道路建设费，以及其他由地方政府提供的服务所收取的费用。

中国的环境问题

受访人——戴尔·乔根森（Dale W. Jorgenson）
采访人——李湛

戴尔·乔根森教授

戴尔·乔根森，哈佛大学塞缪尔·W. 莫里斯（Samuel W. Morris）大学教授（大学教授是哈佛大学教授的最高荣誉）。乔根森教授 1933 年生于美国蒙大拿州的波兹曼市（Bozeman），在同州的海伦娜市（Helena）受公立中学教育。他于 1955 年在俄勒冈州波特兰市的里德学院获得经济学士学位，并于 1959 年在哈佛大学获得经济学博士学位。在加州大学伯克利分校任教后，他于 1969 年加入了哈佛大学经济系，并在 1980 年被任命为经济学弗雷德里克·伊顿·阿贝（Frederic Eaton Abbe）教授。他于 1994—1997 年曾担任哈佛经济系系主任。乔根森教授的荣誉头衔包括美国哲学学会会员（1998 年当选）、瑞典皇家科学院院士（1989 年当选）、美国国家科学院院士（1978 年当选）、美国国家艺术与科学学院院士（1969 年当选）。他于 1982 年当选为美国科学促进协会会士，1965 年当选为美国统计协会会士，并于 1964 年当选为计量经济学会会士。

乔根森教授获得了乌普萨拉大学（Uppsala University, 1991）、奥斯陆大学（the University of Oslo, 1991）、庆应义塾大学（Keio University, 2003）、曼海姆大学（the University of Mannheim, 2004）、罗马大学（the University of Rome, 2006）、斯德哥尔摩经济学院（the Stockholm School of Economics, 2007）、香港中文大学（2007）和日本关西大学（Kansai University, 2009）的荣誉博士学位。

乔根森教授曾于 2000 年担任美国经济学会会长，并于 2001 年当选为美国经济学会杰出资深会员。他也是 1991 年成立的美国国家研究委员会科学技术与经济政策分委员会的创始成员，并于 1998—2006 年担任该委员会的主席。他于 2000—2003 年担任美国国家科学院第 54 学部（经济科学学部）的主席，也曾于 1987 年担任计量经济学学会会长。

乔根森教授于 1971 年获得美国经济学会负有盛名的约翰·贝茨·克拉克奖章（John Bates Clark Medal）。克拉克奖每两年评选一次，用于奖励 40 岁以下对经济研究有突出贡献的学者。

乔根森教授在信息技术与经济增长、能源与环境、税收政策与投资行为及应用计量经济学方面都有开创性的研究。他发表了近 300 篇经济学论文，并编著有 32 本著作。他的文集分为 10 卷，由麻省理工学院出版社从 1995 年开始出版。

主编手记

2008年12月22日，在一个寒冷但阳光明媚的冬日下午，哈佛大学统计系博士候选人李湛在哈佛大学经济系的办公室中采访了戴尔·乔根森教授。乔根森教授是哈佛经济系最著名的经济学家之一。他对中国问题也有很浓厚的兴趣。他现在正在积极参与哈佛中国项目。哈佛中国项目是哈佛大学的一项跨学科合作的研究项目，主要关注于中国的环境问题。他与来自清华大学、中国社会科学院和北京航空航天大学等院校的中国学者有很广泛的合作。在采访中，乔根森教授主要讨论了使用经济激励的手段来应对中国环境问题并且保持经济增长的总体框架。

一　中国环境问题的总体框架

李湛：我的第一个问题是您对中国气候变化和环境问题的看法是怎么样的呢？现在气候变化和环境问题已经成为中国面临的最重要的挑战之一，您是怎样看待这个问题的呢？

乔根森：气候变化主要与温室气体的排放量有关。在温室气体中，二氧化碳起的作用远远超过其他气体。燃烧化石燃料造成了二氧化碳的大量排放。所以正如其他国家一样，中国也应该重视化石燃料的使用和可能的替代能源的作用。

中国的特殊性在于中国的能源系统非常依赖煤炭。煤炭有两重特点：一是煤炭是二氧化碳最密集的燃料；二是煤炭含有二氧化硫和各种颗粒物，这些有害物质最终也会进入人们的肺部。煤炭的这两个方面的特点是一个事物的两面。如果你考虑监管二氧化碳的排放，你同时也需要考虑这些措施对燃料燃烧产生的二氧化硫和颗粒物排放的影响。

因此，我们可以作出这样的结论：像中国其他很多事情一样，中国的气候政策也是非常独特的，是与其他国家不同的。中国应该集中精力于解决煤炭使用带来的问题。在制定与煤炭相关的监管制度时，中国政府应该同时考虑政策对传统环境污染和造成气候变化的二氧化碳排放的影响。这就是我研究中国环境能源问题的总体框架。

我认为中国应该关注这个事实：监管与煤炭相关的排放，或者说，改进对这些排放的控制能够对大众的健康产生非常重要的影响。正如你知道的，我现在正在参与哈佛的中国项目。我的研究目标是分析采取措施减少燃料燃烧所造成的排放会带来怎样的影响。这些研究成果最终成为我的两位同事——何文胜（Mun S. Ho）和克里斯·尼尔森（Chris Nielson）——编辑的《净化空气：中国空气污染对健康和经济的损害》（Cleaning the Air：The Health and Economic Damages of Air Pollution in China）一书的一部分。

在该书中，我们提出了一系列措施。这些措施包含了与排放引起的健康成本成比例的环境税。在这里，我不准备深入讨论将化石燃料造成的排放与它们对健康的影响联系起来的技术细节。但是它们之间的联系相当明晰，我们也在《净化空气》一书中对这种联系进行了定量化的研究。我们得出的结论是中国会最终减少煤炭的使用，降低煤炭的燃烧量并用其他能源代替煤炭。总的来说，中国能够在节省能源的同时减少二氧化碳的排放量。因此，中国可以采用环境税的措施来达成节能和减排的双重效果。

最近，我和我的同事作了一项特别针对二氧化碳排放的环境税研究。这项环境税是以碳税的形式出现，与二氧化碳的排放量成比例征收。并不奇怪，碳税不但能减少传统污染也能降低二氧化碳排放。降低传统污染和二氧化碳排放高度相关，相关性可达80%、85%、90%。因此，使用碳税来改善气候变化问题对中国人民的健康有非常大的正面作用，而且碳税对于理解中国应对气候变化的政策也起到了非常基础性的作用。这些政策，特别是如果他们以碳税的形式出现，会对净化改善中国的空气质量起到重要的作用。

我认为，中国应该向相关的国际气候变化协定靠拢，在如何将更洁净的空气转化为效益的框架内讨论国际气候变化协定。当然，气候变化是一个全球性问题。每个国家二氧化碳和其他温室气体排放都会对气候变化产生影响。因此，任何与气候变化相关的协定都需要包括中国在内的全体国家的参与。

中国并没有参与现在即将到期的《京都议定书》。其中的一个原因是大家非常担心减少煤炭使用，或者更广泛的，减少能源使用可能给经济增长带来负面效果。决定未来环境税的关键问题是如何使用环境税所带来的收入。碳税是各个国家根据国际协议征收的，碳税产生的非常可观的税收收入将由各个国家支配。

在研究中，我们找到了一个使用碳税收入来减少中央政府一级已有税收的方法。正如你知道的，中国的中央政府在很大程度上依赖企业税。这可以追溯到改革开放之前，那时中国非常依赖于国有企业。但是这种企业税收机制一直延续到了改革开放之后。随着非公有制经济的壮大，非国有企业税收带来的收入变得越来越重要。如果能够使用碳税的收入来削减企业税，或者减慢企业税的增长速度，中国就可以刺激更多的投资，因此也可以减轻碳税对经济

增长造成的影响。

把这个税收计划的各个方面进行综合考量，一方面我们通过对化石燃料的使用者征收碳税来控制二氧化碳排放，通过净化改善空气，减少像二氧化硫和颗粒物这样的污染物，这些措施能够产生非常巨大的健康效用；另一方面，碳税将会产生税收收入，从而可以被用于降低中国企业税的增长率，因此，碳税可以刺激投资并对经济增长进行重新分配。这样中国既可以保持改革开放之后发展经济的目标，同时也能对国际上减排引起气候变化的温室气体的努力做出贡献。

所有这三个目标——减轻气候变化、保持经济发展以及净化改善空气质量——可以同时实现。这需要中国征收碳税并且使用碳税的收入来降低企业税。当然，你可以采取其他间接的措施，例如，我们在《净化空气》一书中提出的环境税。如果你用环境税的收入来降低企业税，这种方法就会有相似的作用。我认为中国的环境政策将来可以考虑碳税和环境税这两种方法中的任意一种。这样中国的环境政策也能保持中国经济过去30多年的持续高速发展。

李湛：所以您的主要观点是征收碳税或者环境税，并同时降低企业税。这样我们就可以带来正面的健康效用并且能够保持投资和经济发展的势头。

乔根森：很明显，征收碳税或环境税并降低企业税的措施可以改变中国的发展方向，同时也会使中国的经济增长率与过去大致相同。中国的经济可以实现结构性的改变，降低能源消耗。这将是我们以后几年研究的重点方向。

二 国际比较和趋势

李湛：我的另一个问题是，正如您所说的中国的环境问题是很独特的，那您能不能就中国的环境问题与美国的环境问题，或者与巴西和俄罗斯这样新兴市场国家的环境问题作一横向比较呢？

乔根森：我认为更有用的国际比较应该是美国、日本和中国之间的比较。例如，美国在20世纪40年代的时候，也有和中国现在的环境问题非常相似的问题。而且，美国当时的环境问题也有与中国很相似的原因，这就是美国经历了长期的工业化进程，并且忽视了工业化带来的环境后果。结果是，很多美国的工业城市都有很严重的污染问题。在40年代和50年代，这样的环境问题最初在地方一级，在城市和市政级别产生了清理改善环境的动力。随着改善环境的作用和好处变得越来越明显，人们就开始支持在全国范围内进行改善环境的努力。因此，在1970年，美国通过了联邦空气清洁法。这个法案起到了在全国范围内标准化规章制度、改善环境质量的作用。

日本改善环境的时间表有一些不同。因为日本在1960—1973年经历了快速的工业化，日本人民要比美国晚得多才意识到环境问题的严峻性。在这段时间，日本忽视了工业化所带来的许多环境后果。对环境质量的关切一开始出现在地方一级，主要是因为应对地方具体的环境问题。然后人们才开始在全国范围内来看待环境政策。当我在20世纪60年代开始去日本访问的时候，日本的污染就像今天中国的污染一样严重。但是通过采取越来越严厉的措施，日本成功地净化改善了环境。现在日本已经有了示范级别的环境标准，同时日本在制定和实施环境政策方面也非常成功。

在中国，人们已经开始广泛地关注环境污染。中央政府、地方政府和市政机构等各级政府都已经对环境质量表

达了很强烈的关切。但是中国还没有达到美国70年代和日本80年代通过国家政策有效清理污染的阶段。我认为中国的环境标准相当高,但是中国应该采用我们前面讨论过的措施或者类似的措施来实现这些标准。

这些情况并不奇怪,因为中国的生活水平仍然低于美国开始环境运动时的水平,当然也低于日本现在的生活水平。正如我们刚刚讨论的,现在国际社会对气候变化问题有很大的担忧。这能够加强中国对可见的传统污染的关注。因此如果你把传统污染和气候变化结合起来,中国的环境政策在同等发展程度上就很有可能比当时的美国和日本走得更快。

李湛:您的专长是技术变迁和生产率,您能否简要地评价一下技术变迁在中国的环境问题或气候变化问题中的作用呢?

乔根森:技术变迁的作用是非常重要的,因为净化改善环境将涉及使用更少的能源、改变能源使用的特点,因此,技术进步将是非常重要的。中国需要改变燃料燃烧的技术,改变减轻污染的技术。在一定程度上,中国可以从国外借鉴技术,但成本不会很低。技术变迁在经济转型和相应的环境保护方面都会起到很关键的作用。

李湛:那么您是怎么看待现在中国技术发展的趋势的呢?中国经济的能源密集程度是增加了还是降低了呢?

乔根森:我们现在对中国的技术发展趋势知之甚少,因此这也正是我们研究的方向。我们现有的中国数据是我们对中国技术变化方向的第一次抽样。当我们有更具体的数据之后,就像靳晖对美国数据的研究那样(Hui Jin, Dale Jorgenson: Econometric Modeling of Technical Change, 2008-08-13),我们就会发现在美国节省能源的技术变迁一些时候会被使用能源的技术变迁所平衡。因此，如果没有政策手段的话，我们不会看到明显的趋势。我想说的是政策举措对于推广节能和减少排放的技术进步是非常必要的。

使用能源的行业，例如电力、钢铁和水泥等能源密集型行业，会带来大量的技术进步。但是电力行业的重要性远远超过其他行业。在

乔根森在哈佛大学

电力行业，发电设施的个体状况和环境将会决定适当的技术选择。非常重要的一点是，我们要有足够的研究能力来支持电力公司的技术人员作出合适的选择。技术的选择并不是很明显的，中国西部的情况就会和中部、东部沿海地区的情况不同，这是我们应该集中研究资源的地方。

三 政策建议

李湛：中国政府现在正在实施一些法律法规来规范能源使用和车辆使用。例如，在北京奥运会期间，北京就对车辆上路有非常强的限制。您对中国这些车辆和能源使用方面的规定是怎么看的呢？

乔根森：我认为这些规章制度是用于应对一些紧急问题的。例如，在奥运会开幕前北京的天气状况不是很乐观，

仍然污染严重，因此奥运组委会对可能的公关失败非常担心。他们采取了非常极端的措施来限制车辆行驶，关闭与煤炭等化石燃料燃烧有关的工厂。很明显这并不是很实际的解决日常环境问题的方法。

从北京奥运会的经历退一步看，我必须说这种非常具体的工程——法律型的规章制度并不是非常有效，因为这种方法需要太多的计算。换一种说法，这也正是为什么邓小平的改革逐渐席卷了中国经济、计划经济的行为逐渐被市场所替代的原因。

如果我们现在把经济改革的经验应用到环境领域，我们需要思考市场的作用以及如何创造激励来保持环境质量。这正是我们提出的征收环境税并降低其他税率的方案可以发挥作用的地方。这个方案可以非常大地改变激励机制。我并不想低估在这个方案中我们也需要大量计算的事实，但是，这个方案使像奥运会那样复杂情况下的环境政策决策不再由单个机构作出。中国现在需要一个能够影响包括气候变化在内的各项污染的政策，而这个政策应该在全国范围内都是对称统一的。这种政策方案很明显也会有自己的局限性，因此燃料经济和燃料使用方面的规范也是必需的。

但是中国需要一个总体的框架，在这个框架下一系列环境税将利用市场的力量来处理污染问题。这是一个非常自然的步骤，正像随着中国经济发展，市场逐渐取代计划和统筹经济。实际上，甚至在我们讨论处理环境问题之前，中国非常重要的一步就是在电力行业电能产量的分配上转向市场体制。主要因为政治原因，电力系统仍然在很大程度上是计划主导的。但政府应该做好准备放弃这种主导权。环境规章制度理应被环境税所替代，这样人们就能有足够的激励来安装和使用减轻污染的装置。这在实质上就是解决中国环境问题的方法。我认为这也是中国过去 30 多年保持增长的经济政策的一部分。

李湛：能源政策方面，您对中国现在的能源政策是怎么看的呢？中国现在已经开始征收燃油税，您怎么看这个举措呢？燃油税和您提到的碳税有什么联系呢？

乔根森：我认为中国政府应该重新思考环境政策，并将能源政策放在环境政策的框架内来考虑。当中国政府这样做的时候，他们就会发现环境税收的作用。但是，这种税收和现在的税收的本质是很不同的。我前面提到的书描述了一系列基于各个燃料征收的环境税，这种环境税能够实现我们前面提到过的环境目标。

李湛：这样的话，您对中国环境变化和环境政策在未来 10 年、20 年、50 年的总体展望是怎么样的呢？

乔根森：我认为中国，正像过去的日本和美国一样，在生态灾难的边缘。也只有这种情况才能产生行动。所以我还是乐观的，因为中国的环境状况现在已经足够糟糕，已经能对中国的政治体系产生足够的压力来最终实现变革。但是，现在我们需要的变革会如何发生还不清楚。

从中国反映的情况来看，我还没有发现非常明晰的关于环境税的提法。正如你知道的，中国是一个很大程度上被技术专家和工程师管理的国家。中国解决问题的典型方法是一种技术的或者工程式的解决方法。例如，在北京奥运会期间，两天中只有一天你能使用自己的汽车。正如我所说的，这是非常有效的政策，但是这种政策的代价也非常高。中国不应该在环境政策领域也依靠这样非常生硬和低效率的政策，即使它们会很有效果。因此，我认为中国会面临这样的事实：净化改善环境的成本很高，但是中国可以通过合理设计税收系统，通过使用税收收入来刺激经济发展的方式来降低这些成本。如果中国方面能这样思考环境问题，我就会对中国的环境问题非常乐观。

另一方面，我也可以很容易地想象一个灾难性的场景，在这种情况下中国的技术专家们并不相信以激励机制为基础的经济学分析。他们认为应该按照像北京奥运会期间的政策一样的方法来处理环境问题。他们如果愿意的话可以这样试验，但是我认为他们会最终发现这种方式的成本过于高昂，无法实现。当他们发现这一点的时候，他们就能够转向依靠我们在哈佛大学与清华大学学者合作的环境政策这样的研究资源，他们也能使用我们根据中国的数据和中国的情况所作出的结果。这些结果在中国环境问题上的应用是前途光明的，它能兼顾中国的经济发展和环境质量。

李湛：在您看来，为了防止您所说的灾难性场景的发生，中国政府现阶段应该采取的最紧迫的行动是什么呢？

乔根森：中国政府应该采取的最紧迫的行动是加强环境污染的观测，追踪污染的化石燃料燃烧的源头。下一步应该是，将污染源与一套激励机制联系起来，以重新引导中国经济走一条较少煤炭密集的发展道路，并且改变企业税来为中国的经济发展提供额外的动力，加强经济发展势头。这些政策在很多方面将非常有效，包括中国经济的发展、中国的环境质量和中国对全球减轻气候变化目标的贡献。

国家与医疗、能源和税收

受访人——戴尔·乔根森（Dale W. Jorgenson）
采访人——李湛

戴尔·乔根森教授

主编手记

2009年2月，哈佛大学统计系博士李湛对乔根森教授进行了访谈，主要讨论了议题：国家与医疗、能源和税收，对比了中美各自模式的异同，对国家在这三个方面作用的干预方式提出了自己独到的见解。

李湛：我们感兴趣的第一个问题是您如何看待政府在经济体系中的作用，例如，政府可以通过税收和政府支出影响经济。您对政府的作用有何看法？

乔根森：我认为政府的作用是非常复杂的。政府应行使诸如国防、执法等多种职能。美国和许多欧洲国家的政府也充分发挥了提供"社会安全网"的作用，例如政府提供退休计划、健康保险等，我认为可能做得过分了，欧洲国家确实需要削减一点。在美国可以平衡得好一点，例如可以进行社会保障体系改革。但是人们对此的想法非常明确，我认为不会存在现实问题。

更大的问题在于医疗。我认为医疗保健不是天然的政府职责，而是后天人为的。因此奥巴马上台后第一任政府前两年的当务之急是医疗令我非常吃惊。我认为其进行医疗制度重大改革的时间是错的。看来我们要忍受一段时间的错误了。但我认为医疗不是政府的天然职责，政府可以提供医疗保险计划的法律框架，但是从根本上医疗保险应该用像汽车保险一样的方式处理，政府并无特殊作用，因为我们没发现政府参与汽车保险。

所以我认为，中国医疗的问题仅在于对不断增长的人口以及不断增长的收入提供更多相应的医疗提供者。人们希望消费更多的医疗保健服务，因此，中国需要做的是建立一个可提供额外供应者的医疗教育系统，并使这些人与中国境内外工作的药品研发科学界人士保持联系。所以基本上政府需要追求的是供给侧的策略。因此我认为政府可以起到很大作用，有时是国家发挥主要作用，有时是省政府和大城市的政府发挥主要作用。这些地区需要有自己的医学院，发展自己的医疗技术以及建立医院。这些全都是围绕着找到合适的人选并通过教育培训使他们在工作岗位上满足人们需求的问题。

这就是我认为政府在退休和医疗之类的事情上应有的作用。但政府也应在需要规范的领域，例如电信、能源部门提供恰当的法律框架和监管框架，这是监管方面的主要作用。在中国大多数行业仍然是政府控制的，这不是一个完全有益的局面。中国现在通信领域有很多竞争是件好事，其他行业也应这样。我认为在电力公用事业等行业，中国应该建立一个以市场为基础的体系，逐步消除价格管制，能源的选择是基于市场观念而不是某个人对绿色经济的想法。但这与中国目前的情况不符。

我想在此对绿色能源和清洁能源做出区分。我的意思是中国严重依赖煤炭这种污染性能源，此外，中国开采的煤品质低、污染大，因此，中国需要减少对煤炭的依赖，需要通过一些基于市场的方法来找到煤的最佳替代品。我认为，煤的最佳替代品是天然气，中国页岩气中天然气的潜在储量巨大。因此，中国想通过传统方式获得天然气，如中亚的天然气储量和管道，但更重要的是开发国内能源，这将需要数十年时间，任重而道远。对中国而言，重要的是寻找以市场为基础的路径。在中国，能源是较少依赖市场、更多依赖集中定价和公有制的最后一个行业。

李湛： 另一个我们感兴趣的问题是您对美国税制的看法。您是如何看待美国税收制度的？您能否简要介绍一下美国税收制度？

乔根森：美国税收体系涉及三种不同的税。美国对公司和非公司资本均征税。企业所得税是针对企业而不是个人征收的。但税收政策中最重要的问题是对家庭资产征税，特别是对住房和一些耐用消费品征税。我们的税收制度青睐这些税种，因为它们不受限于个人或企业的所得税。所以，我设计了一个系统，将资本的组成部分纳入税收制度。我称其为高效的所得税，因为它会降低其他类资本的税项，增加房产税。这将恢复金融危机中丧失殆尽的住房和非住房投资之间的平衡。因此，美国的税收制度需要进行重大改革，但人们并没有着眼于真正的问题。真正的问题是在税收体系中的房产税的特殊作用，这才是我们的当务之急，也是一个巨大的挑战。

据我所知中国的税收体系严重依赖营业税制度。在某些领域企业补贴抵消营业税，但总体上而言是非常混乱和低效的税收体系。中国的确需要自下而上考虑其税制，建立平等的税收制度，在各种不同的资本之间找到适当的平衡，对不同种类的资本一视同仁。

李湛：还有一个问题是联邦政府和各州之间的税收分配。您能不能略谈些美国的情况？

乔根森：各州过分依赖中央政府设立的税收。我们的系统非常复杂，一部分税收分配给国家，一部分税收分配给地方政府以支持他们的活动。美国目前正朝着更集中的税制发展，国家向各州的分税系统也更多了，这个想法并不值得鼓励。国家应开发自己的税收来源以应付医疗和教育以及由地方支持的其他事情，这也是中国需要的。

中国的体系实际上相反，很多税项被征收在地方一级并移交给中央政府。我不知道中国确切的平衡点。对于这

个重要问题朱镕基倾注了大量精力。

李湛：我知道在美国，消费税和财产税是地方政府的主要税收来源，企业所得税是联邦政府的主要税收来源。中国面临的一个挑战是，现在大部分收入转移到中央政府，地方政府并没有太多税收收入，在很大程度上依赖于房地产和出售土地的收入。这也导致中国房地产的繁荣和泡沫。那么您认为中国可以对税收制度做出什么样的改革或改变？

乔根森：是的，中国允许省市政府发展其税收来源，但我不认为转移给中央政府的税收超过了必要限度。正如我们前面所讨论的，我认为中央政府已经在过去的30年极大地收缩了。这是健康的，而且我认为还有收缩的空间，正如朱镕基指出，在其任内中央政府极度缺乏资金已经到了不健康的水平。所以我觉得目前的平衡可能是基本正确的。但展望未来，应当允许省市政府发展自己的税收来源，可以是消费税、营业税。但是，中国不应再对商业活动进行不必要的补贴，而应更注重居民的需求。

土地问题的对策很简单，主要是需要一个产权制度。让农民享有乡镇和农村地区的土地权，但地方政府将失去这部分收入，这也是中国大量社会冲突的根源，这种制度下大量农民的正当权益得不到认可。但这可以追溯到毛泽东时代的集体农业。因此取消这种体系有很大不确定性，然而，中国在将来某个时候必须这么做。

李湛：那么您是怎样看待各州政府和中央政府在公共产品供给中的作用的？正如您提到中国政府的作用应该是带动消费和供给方面的。

乔根森：中央政府的作用是提供一个国家整体需要的服务。地方各级政府应在地方一级承担大部分的政府职能。显然，地方政府对于人民生活更重要。但是，中央政府的作用是防御性的，从整体上治理国家，发展中央税收制度应由中央政府完成。但是，中国有很大的地方分权体制。仔细观察会发现中国是地方分权的体系，这是非常健康的。政府特别是省级和地方政府更贴近人民，知道人们需要什么。但是，他们需要具备正确的领导力，知道自己的职责所在，这一点不应受中央政府任意支配。中央政府应接受地方有领导权，且承认国家内部有平行的领导权。

李湛：非常感谢！我想我们税收部分的访谈到此为止。我将转换到环境和能源话题。我的第一个问题是，您建议采用征税的办法来开发清洁能源，打造绿色经济。您能否简单说说如何利用税收制度实现这一目标？

乔根森：中国十分关注环境保护。相较于清洁能源，污染性的能源应当被征税。这是种激励措施，意味着税收可以用作引导人们使用替代能源并节约能源。事实上，中国"十一五"规划高度重视节能减排，也取得了一定成功。但这是根据工程上的技术任务，以非常低效的方式完成的，而不是经济上的节约。节能减排是硬指标，虽然实现了目标，但浪费了大量可能被用于其他目的的资源。因此，我认为中国目前的环保政策非常低效，但仍需要继续推进，找到替代煤炭的清洁能源。

中国政府现在对可再生能源非常感兴趣，但正如我刚才所说的，最有前途的能源是天然气，而不是风电、太阳能或其他。因此我认为中国现在制定的能源政策存在导向错误，能源和其他部门一样需要以市场规律为导向，能源与经济的其他组成部分并无不同。所以我觉得中国的能源政策陷入歧途，这将导致大量投资的浪费，这些投资本来可以被引导到促进消费和其他方面的。中国应当将关注的重点从绿色能源转向清洁能源，这是关键。

李湛：正如你所说，中国能源行业的问题之一是政府干预太多，通过行政命令控制发展。这与美国形成鲜明对比，美国政府仅提供激励，私营部门控制能源的投资。您如何对比中国的政府主导方法和美国的市场主导方法这两个完全不同的制度？

乔根森：我的看法是，中国经济大部分是市场导向的。但在能源行业和政府控制的一些其他行业，如航空业、电信业并非如此，这些行业受政府的直接控制。因此，我将中国视为一个非常松散的经济体，市场为基础的方法应该用于经济的各个方面，这是中国应该遵循的方向。

另一方面，我认为美国也没有提供非常有效的模式。我认为有必要采取一些围绕中国国情的措施。邓小平很好地形容了这些特征，即具有中国特色的社会主义。这应该是种中国的哲学，我不认为美国为中国提供了很好的模式。但国有部门或政府对能源产业的投资进行控制是不可取的。

李湛：最后一个问题是关于您提到的应当对污染性的能源征税。您认为这种税收收入应如何转移支付到其他部门来实现产业升级？通过削减污染行业，推动其他行业能够达到改变经济结构的效果，正如您在书中提到的"清洁空气"可以用税收削减营业税和个人税。能谈谈您的想法吗？

乔根森：显然能源税体系可以产生很多收入。由于以市场为基础的体系具有被经济学家称为"能源外部效应"的能源税。譬如一些能源有损人体健康且通过酸雨影响农业部门的生产效率，因此需要税收引导生产者为了降低损失而使用清洁能源。税收收入可用于减轻个人的税负，也可以用于减轻企业税负。对流通行业、服务业减税可以刺激消费，这正是中国进一步要做的事。

李湛：正如您所说中国的资源没有很好地配置。中国政府在需求侧表现很好，但在提供人们所需产品的供给侧的表现却不尽如人意。

乔根森：完全正确，但这需要私营部门来完成。将企业税负转嫁给能源将提供经济刺激，也会产生涨工资的需求和供给需求。供给也是以城市基础设施的发展为基础。建设交通体系、净化环境等举措将使中国的城市为2亿以上的居民在未来10—20年打造更健康的宜居环境。有一些非常成功的例子，比如深圳，再比如上海，都取得了很大进步。关于如何建立城市基础设施以延续消费导向型经济，我认为珠江流域和长江流域的举措将为中国其他地区做出示范。

全球健康与中国的医疗卫生

受访人——白瑞·布隆（Barry R. Bloom）
采访人——马晶

白瑞·布隆博士

白瑞·布隆，哈佛大学公共卫生学院免疫学和传染病学系全球卫生与人口学系教授。哈佛大学公共卫生学院前任院长（1999—2008年），国际卫生界领袖人物之一。他曾担任白宫卫生顾问。他广泛地参与世界卫生组织的工作有30余年，是世界卫生组织全球健康委员会委员。自从于1999年1月1日被任命担任哈佛大学公共卫生学院院长以来，布隆博士通过学术研究、教育培训、政策影响等推动了公共卫生学在哈佛大学和全球各地的发展。他促进了学校跨学科的研究，积极推动哈佛公共卫生学院在哈佛大学奥斯顿（Allston）新校址的建设。他还主导成立了两个新系——遗传学和复杂疾病系，社会、人类发展和健康系。

布隆博士目前担任国际疫苗研究所名誉主席、医学基金会科学顾问委员会委员、威康信托中心人类遗传学咨询委员会委员、哥伦比亚大学地球研究所对外咨询理事会成员、联合国发展计划署千年发展目标项目肺结核工作组成员。他是美国国家科学院、国家医学院、艺术与科学院院士。布隆博士在艾姆赫斯特大学获学士及荣誉博士学位，在哈佛大学获硕士学位，在洛克菲勒大学获博士学位。

主编手记

2009年7月，哈佛大学公共卫生学院前任院长白瑞·布隆博士应邀接受了哈佛大学医学院医学副教授马晶的访谈。布隆博士多年来与中国合作并建立了深厚的感情，本次访谈主要涉及"哈佛大学公共卫生学院中国行动计划"和中国的医疗卫生发展等问题。此次采访得到哈佛大学公共卫生学院博士研究生曹釜的大力协助。

马晶：布隆院长您好，很荣幸有机会对您进行采访。在您就任哈佛大学公共卫生学院院长10年期间，您曾多次访问中国并创办了哈佛大学公共卫生学院中国项目部，并召开了第一届哈佛大学与中共中央党校合办的社会发展论坛。我们很想了解您对中国的热爱从何而来？

布隆：我对中国的了解最早来自我的夫人。她是一位研究中国儒学及孔孟之道的学者。从一定意义上讲，这是中国哲学思想的最高境界。自1963年我们结婚以来，有关中国的讨论是我们餐桌上不可缺少的内容。我们不光谈到中国的哲学思想、政治，还谈到家庭、传统及文化。我第一次被正式邀请访问中国是在1984年，当时中国正筹备成立中国免疫学学会，而我是国际科学社会联盟（International al Union for Scientific Society，对各国科学学会进行认证的机构）委员会委员。那是一次非常有意思的经历。当时中国已经成立了物理、数学及天文等各种各样的科技协会，筹建这样的协会首先涉及的问题就是关于"一个中国"的问题，也就是我们一定会对于是否设立"两个中国"（大陆和台湾）免疫协会展开激烈的讨论。最终大家同意只成立一个中国（大陆）免疫协会，这事儿放在现在是不会有太多争议的。

我与中国的第二次正式接触是我与美国医生马海德（George Hatem）一起在广州参加了第一个麻风医院的开业典礼，因为我当时领导世界卫生组织（WHO）麻风委员会，所以能有幸与他一起共度一段难忘的时光。马海德是在中国革命中起到重要作用的两位著名西方医生之一，另一位是加拿大医生白求恩（Henry Norman Bethune）。马海德医生怀着对革命的满腔热情，离开美国到中国提供医疗服务并在中国淋病和梅毒的预防与控制中起了关键的作用。他为建立当时的中国公共卫生系统做出了巨大贡献。我记得当时我在访问不同的医学院的时候，问医生们是否存在传染病防控方面的问题，他们说当然有，主要是肺结核、肺炎和腹泻。可是令人难以置信的是，很多医生从来没有见过一例淋病和梅毒病人，这在某种程度上说明马海德医生在预防性病的工作上取得了巨大的成功。20世纪50年代中期，为了彻底消灭梅毒，中国皮肤性病研究所制定出一套从发现病人、确诊到治疗方法等都符合中国国情的消灭梅毒的措施，马海德担任这项科研工作的总指挥。对于马海德在性病控制方面的工作，人们常常开玩笑说他是把得性病的女人关在病人村然后把钥匙扔掉。当然，事实证明这是非常有效的。但是，能否对于麻风病防控也采用同样的措施呢？显然是不能的。麻风病是慢性传染病，在人们还没出现临床症状的情况下就已经开始传播了，因此即使你把每个人都关起来也没有用。所以不同的传染病要用不同的防治措施。邓小平希望马海德能够继续帮助中国消灭麻风，就像他成功地消灭淋病和梅毒一样。麻风病被认为是一种落后病，中国在革命时期并没有把麻风病防控放在首位，曾经有过麻风病医院，但后来关门了。我个人也认为，只有马海德医生有这样的魄力和能力把麻风病的防控全面搞起来。

作为中美友好协会的主席,马海德当时在美国访问了很多富人来为中美友好协会筹资。有一次,我跟他一起去纽约拜访一位富人并一起吃鸡爪子,哈哈,那是我第一次吃,确实完全是一个全新的体验。在那一次拜访中,他对我的价值观有了非常大的影响。在出租车上,我问他:"马海德医生,中国在1949年革命结束的时候非常穷,很多外国医生离开了中国,为什么您会留下来?为什么中国的农村医疗卫生工作被摆在这么重要的位置上?为什么会有赤脚医生的存在?"当时马海德医生像看着一个从火星来的人一样看着我,说:"这有什么奇怪?我们革命的目的就是为人民服务!"我永远不会忘记这句话。我想这是全世界每个国家、每个政府的主要责任——为他们的人民服务。对于美国来讲,我们有4700万人没有医疗保险,我们并没有很好地为我们的国民服务。尽管西方社会批评中国的赤脚医生没有经过严格的训练,但是在中国当时那种人力和财力资源严重稀缺的情况下,赤脚医生的存在是合理的,也是有效的。这就是我与马海德医生共处的一段难忘经历。

马晶: 这还是您在20世纪80年代初,在当哈佛公共卫生学院院长之前的经历?

布隆: 是的,那时我曾数次到中国讲学。我再给你讲一个有意思的故事。我长期以来保持这样的习惯,就是到其他国家作讲座的时候,引用一些与他们国家文化相关的事情,以此来表达我对他们文化的尊敬。因为我的夫人是一位研究中国文化的学者,我每次去中国演讲都会引用一些中国的名言。记得那次是在上海某个医学院作演讲,有100多人参加。我在演讲中引用了一段我夫人给我推荐的从一本非常著名的中国哲学书《大学》(*The Great Learning*)

中摘下来的话，主要是讲我们都是兄弟，我们都应该对彼此负责。当我的幻灯片展示这些《大学》中的哲学语句的时候，没有人能看得懂，因为当时的中国正处在反儒时期，没有人学这些古文的东西，翻译也不会翻译。幸亏事先我请我当时在纽约大学的一位非常出色的中国学生帮我在那句话的后面用很小的字标注上了英文翻译，于是这个英文翻译又被转过来翻译成中文。在演讲结束时，有一个年龄在75—80岁的寄生虫病学老教授来跟我握手并感谢我引用了《大学》中的语句。他是在场唯一能够读懂这段古文的人。我当时很惊讶，这位老者要比在座大多数医生年长四五十岁，但只有他才懂古文和中国古代哲学。这些是我在中国时令我非常难忘的记忆，虽然这些都不太与医疗卫生和公共卫生直接相关，但却始终让我记忆犹新。

马晶：这也是您多年来与中国合作并建立深厚感情的根基。能否介绍一下您在担任哈佛大学公共卫生学院院长的10年期间所启动并领导的哈佛大学全球健康行动计划？

布隆：是的，我对中国的兴趣和感情的确已有很长的时间。至于建立"哈佛大学全球健康行动计划"，还要从"全球健康"这个词的演变开始讲起。在20世纪90年代初，我来到哈佛大学卫生学院担任院长之前（布隆博士于1999年开始担任哈佛大学公共卫生学院的院长），曾兼任美国国家艺术与科学院下属美国医学研究所（Institute of Medicine）国际健康委员会的主席。当我第一次召开委员会会议的时候，会议刚一开始，当时在座的一个委员［就是现任的哈佛大学公共卫生学院的新任院长胡里奥·弗兰克博士（Dr. Julio Frenk）］提出要把我们委员会的名称从"国际健康"（International Health）改为"全球健康"（Global Health）。真的是难以置信，在我以主席的身份召开第一次会议时就有人提出要更换名字。这样的更名的确是反映了一个当时并没有被广泛意识到而弗兰克博士却看到的现实：疾病无国界，很多健康与疾病问题无论出现在发达国家还是发展中国家都会影响全人类的健康。甲型 H1N1 流感就是一个典型的例子：只要世界上有一个国家有流感爆发，就没有哪个国家的人能够保证不受流感的影响。再比如说肥胖，由于受西方饮食生活方式以及工业化、现代化的强有力影响，肥胖在全世界各国都已成为一个值得重视的健康问题。再以持续不断增加的医疗费用为例，目前世界上没有一个国家不受到持续不断上升的医疗费用的威胁，这是人口老龄化与技术不断发展的不可避免的结果。我们投入更多的钱来提供更好的医疗服务，更好的服务也就更贵，因为技术投资只有一小部分能够转化成新的药物与相应的技术市场。因此，全球健康的提出具有重要的意义。

20 世纪末，当我刚来到哈佛大学的时候，哈佛大学并不是一个很国际化、全球化的大学。大学本科生中只有 6% 是国际学生，肯尼迪政府学院的国际学生也很少，商学院的国际学生就更少了，而对于公共卫生学院来讲，我们的国际学生所占比例很高，无论是硕士生还是博士生专业，可能比哈佛其他职业学院的国际学生都要多。当时的哈佛大学校长聘请我到哈佛公共卫生学院担任院长，一方面希望我能够在学院内和整个哈佛大学内加强全球健康方面的研究，另一方面也希望我能够提高公共卫生学院的科研教学质量。这些年来，我在两个方面都尽可能地努力工作。现在，我们也很高兴地看到，本科生当中国际学生的比例已经翻番了，肯尼迪政府学院也有相当多的国际学生，在公共卫生学院的国际学生中数中国来的学生最多。与中国的合作也越来越多。特别是在刘远立教授的努力下，于

2005年正式建立了"哈佛大学公共卫生学院中国行动计划",在包括科研、培训及哈佛中国社会发展论坛等方面做了很多工作。因此,通过国际项目和学术交流活动,哈佛公共卫生学院为哈佛大学更加全球化起了重要的作用。我在当院长期间做的最后一件事就是把我们原来的"国际健康与人口系"更名为现在的"全球健康与人口系",以此表明我们研究的是影响全球的健康问题。

马晶: 那么"哈佛大学公共卫生学院中国行动计划"又是在怎样一个背景下成立的?它都做了些什么工作?它的中长期目标又是什么呢?

布隆: 起因是很简单的。我多次以哈佛大学公共卫生学院院长的身份访问中国,一是友好访问,二是在中国香港的一些长期合作伙伴中为哈佛大学公共卫生学院筹资。在2003年SARS期间,中国驻美领馆与我们接触,希望我们能提供一些咨询帮助。当时我们有两个非常年轻优秀的研究传染病建

哈佛大学公共卫生学院

模的教授开始搜集加拿大和新加坡的数据,对SARS的流行趋势进行建模。通过预测传染病学中一个关键的指数基本再生数(Ro,指的是一个被感染的人可以平均感染多少个人,因此可以反映传染的范围),他们的模型表明,如果没有任何干预,6个月后世界上1/3的人口会感染SARS。这

是相当令人恐惧的，因为 SARS 的致死率很高。如果单独发现症状后立即隔离感染病人，可以减少传播但是不能完全阻止传播；如果单独隔离感染病人的接触者，作用也不是非常大；但是如果同时隔离感染病人和他们的接触者，Ro 就会小于 1，也就是说每一位感染的病人能够传染不到 1 个人，统计学上来讲，这就意味着传染病暴发会逐渐退去。当这些结果通过计算机模型完成后，我就派刘远立与这两位教授其中的一位立即前往中国，与中国卫生部和中国疾控中心进行一系列的对话与讨论。两位教授便被邀请到中国香港和中国内地做学术顾问，我自己也做了几次学术讲座，从技术和健康信息传播的角度协助中国更好地面对疾病流行，比如你如何把疾病的信息传播给人们却又不引起恐慌。当时，中国在这些方面做得不是很好，而哈佛大学公共卫生学院在这个方面有很多研究和经验，希望有一定的借鉴作用。一位中国的官员尹力博士当时也正在哈佛大学公共卫生学院做武见研究访问学者（Takemi Fellow），武见研究计划（Takemi Fellowship Program）是哈佛大学公共卫生学院"国际健康与人口系"的一个国际培训项目。由各个国家选派的中层卫生事业领导者到哈佛大学公共卫生学院进行培训，最终回到各国政府担任要职。尹力博士当时在哈佛学习期间也为中国如何应对 SARS 提出很多有用的意见。为了参加中国卫生部抗击"非典"的指挥工作，他在该项目未结束就提前回到中国。尹力博士现任中国卫生部副部长。由于各方努力，中国最终有效地采用了隔离感染病人和接触者两项干预，并成功地控制了 SARS，虽然我们无法预知 SARS 是不是还会再回来。

当 SARS 在中国基本被消灭的时候，我和刘远立教授一行再次访问中国并受到当时的卫生部部长高强和其他部委 5

位高级官员的接见。这5位官员中有3位曾经在哈佛大学公共卫生学院学习过。他们问我，哈佛大学和哈佛大学公共卫生学院能否为今后的中国卫生事业进一步提供帮助？事实上，我的同事——刘远立教授和肖庆伦教授已经在这方面作了长期的努力。我认为哈佛大学和公共卫生学院有很多很有知识的教授专家和做得很好而在中国没有完全应用起来的一些分析工具，比如流行病学建模、经济学建模等。我们可以在对话、科研及培训等方面合作。因此，在我的同事刘远立的领导下，诞生了哈佛大学公共卫生学院"中国项目部"（China Initiative）。

首先我说说哈佛大学与中共中央党校（以下简称中央党校）的对话。在那几次访问中国期间，我感觉到如果哈佛大学学者与中国知识分子和领导层对话，最好是能够对和卫生与人类健康有关的其他社会发展领域进行广泛深入的讨论，并共同来研究如何解决核心问题。对我来讲，这样做的动力是，从SARS的经验来看，中国的政治领导者或是没有重视来自卫生与健康方面的威胁，或是并没有掌握这方面的足够信息。当时我非常好奇地问：中国的政治领导者是在哪里进修的？他们告诉我说是在中央党校。刚巧我很荣幸受邀请访问中央党校并临时通知大家我将作一个演讲，结果没想到有200多人来参加。我发现在中央党校并没有医疗卫生和科技方面的课程。因此我建议能够继续这样的对话，定期有这样一个论坛，中国的高层学者和政府官员同哈佛大学的著名学者聚在一起，讨论我们共同关注的话题。我们当时讨论：如果有这样一个论坛的话，大家都会对哪些话题感兴趣？中国的专家们认为人类与社会发展是他们最感兴趣的话题。众所周知，中国经济飞速发展，然而各个层面的社会发展，比如医疗卫生、社会公平、经济公平、城乡公平、固定和流动人口问题，这些都是中国政府正面临的严重问题，同时也正在积极寻找更好的解决方法。当时我也非常吃惊中国政府能够坦然承认他们在 SARS 中的失误，并不断地寻求更优的解决方案。以上就是我们为什么要把与中央党校一起做"哈佛中国社会发展论坛"作为"哈佛大学公共卫生学院中国行动计划"的主要工作之一，同时我们在清华大学的会议决定也要充分地将大学里的学者引入我们的讨论中的原因。我们希望看到哈佛大学的思想家、学者能够与中国的政府官员互动，产生更多、更好的想法，为促进中国的健康与社会发展献计献策。两年前，我们在北京中央党校成功地举办了第一届论坛。目前，我们正在筹划 2009 年 10 月在哈佛大学举办第二届论坛。

马晶：这也恰逢中华人民共和国成立 60 周年，所以将是一个非常具有历史意义并会令人非常难忘的哈佛大学与中国的高层官员和学者的交流机会。

布隆：我们很希望是这样的。

马晶：据悉，哈佛中国项目部成立至今已经有 4 年的时间了，并成功地举办了高层的卫生事业管理培训班，那么迄今为止这样的培训已经进行了几次？您对它的期待和愿景是什么？

布隆：在我的同事刘远立的领导下，在中国卫生部的支持下，我们对来自中央和省级中高层的卫生事业管理者们进行培训。这是一个为期 1 个月的短期培训，1 周在中国清华大学，3 周在哈佛公共卫生学院。至今，我们已经成功地举办了 5 届培训班，培训了 300 多名中国高层卫生领域的官员和高层医院管理者。这些学员们来自中国卫生部和其他相关部委、20 多个省级卫生部门及许多大医院的管理者队伍。他们在医疗改革和中国的医疗卫生事业中起着关键的作用，也同时被认为是未来中国卫生事业的领导者。学员们对美国与世界的医疗卫生和公共卫生在做些什么非常感兴趣，做好了充分的准备来到哈佛大学，提出的问题都很好、很有深度。我在开学典礼致辞的时候惊讶地发现他们中很多人对于马萨诸塞州的医疗改革比我这个公共卫生学院的院长了解的还要多。学员们带着最棘手、最关键的中国医疗卫生改革的问题来到哈佛，借鉴世界各国主要的医疗卫生服务模式，展开高强度的学习、激烈的讨论、广泛的参观访问。我们同时提供针对目前和未来的卫生管理与领导力的培训。

作为一个非常高级别的培训项目，我们希望他们回到中国以后，能够把在这里学到的对问题的分析方法应用到中国的医疗改革中，有效地管理中国的医院与卫生体系，正确地衡量医疗服务绩效并进行质量评估。如果一个改革对于如何测量绩效没有了解和质量评估的话，就很可能会花大笔钱来做无用功。我们哈佛大学公共卫生学院用了大量的时间来研究如何测量医疗卫生投入的效益，而这方面的分析能力正是中国过去所缺少的。

正如我之前提到的，在哈佛公共卫生学院里，国际学生中来自中国的最多，我期待着学生数量和他们所从事研究领域的多样性逐年增加，特别是比较高端的研究。在这里，博士生要经过4—5年才能拿到学位，才能有能力独立完成流行病学建模，如前面提到的SARS传播模型和他们同样完成得很漂亮的禽流感传播模型。这是非常高端的技术性强的能力，还包括决策科学、卫生经济学，这些方面我们都做得很好。我们欢迎那些有志于长期回中国服务的年轻学子来到哈佛大学公共卫生学院学习这些专业技术，最终为中国政府提供技术性的咨询。另外，中国还存在一些很严重的问题，比如环境、营养、肥胖、糖尿病、心脑血管病、恶性肿瘤等，在这方面我们流行病学系和营养系也有很多著名的针对大量人群的研究，因此我们也欢迎中国的学生来到这里学习这方面的知识。这些在我看来是今后中国项目部未来的发展方向。

马晶：谈到新中国60年的历史，您能不能谈一谈您对中国医疗卫生发展的看法，特别是对此次新医改的看法？

布隆：我并不是中国医疗卫生政策方面的专家，但是从我了解到的来看，新中国的医疗卫生基本可以分成三个阶段。第一个阶段是1949年到20世纪70年代末期，赤脚医生为农民提供最基本的预防保健和医疗服务。第二个阶段是20世纪80年代到21世纪初，由于改革开放，医疗服务逐渐走向私有化，更注重城市医疗卫生的发展、更专业化的医师培训，一方面提高了城市医疗服务质量，另一方面有6亿—7亿人，主要是农村与城市贫困人口，无法享受到高质量的医疗服务，其中很大一部分人享受不到任何基本医疗服务。这其中衍生了一些问题，因为按诊断与治疗项目付费而不是按绩效付费，一方面许多病人接受了大量的没必要的医疗服务，另一方面因为没有社保，很多人享受不到医疗服务，因病致贫的现象非常严重。第三个阶段就是现在，我认为中国正经历世界历史上规模最大的医疗卫生改革。2009年4月出台的新医改方案中提到，期望2011年医保能够涵盖80%—90%的中国人口，到2020年，能够实现基本全民医保。这是一个雄心勃勃、经过缜密研究和深入探讨的改革计划。首先肯定会需要大量的资金，而且是否能够最终实现这样宏大的目标也是一个未知数。但其目标和出发点都是非常激动人心的。另外非常值得一提的是，尽管我不是这方面的专家，但据我所知，这次医

改是中国首次把改革方案的草案在网上公布,并向全社会征集到了成千上万条意见和建议。这是非常少见的,这是民主和开放的体现,非常让人惊讶与振奋,并且很多政策制定者告诉我说有很多条例最终整合了大量的民众意见。

马晶:这说明这次的民主尝试在中国是成功的,至少是在医疗卫生政策制定领域。

布隆:是的,我觉得是非常成功的,我也希望看到民主能够在中国社会其他领域有进一步的体现。总之,我认为这次中国医改是一个非常令人期待的大事。改革涵盖了所有应该包括的项目,从预防、公共卫生、农村的医疗可得性、流动人口的就医问题、在城市提高初级保健诊所的能力,到绩效评估、成本控制等。如果哈佛大学能在经济、社会学、预防、保健、医疗的绩效评估等方面上有所帮助的话,我们也非常愿意贡献我们的力量。

马晶:说到这次中国医改涉及的医疗服务在低收入和农村人口中的可及性问题,您认为美国在这个方面有哪些经验教训可取?

布隆:我想美国可能更多的是提供反面经验,也就是说中国应该避免走美国已走过的弯路,那就是美国虽然是全世界最富的国家,但还有相当一部分人没有医疗保险。有意思的是,世界上所有的发达工业化国家,除美国以外,都具有一定意义上的全民医保,有的是由政府支付一部分,有的是通过税收。美国之所以没有全民医保,是由一系列非常复杂的长期历史事件决定的,并且很难改变。目前的状况是奥巴马政府与美国国会也正在讨论美国的医疗改革方案,其中主要内容是推行全民医保和控制医疗费用。虽然大多数美国人都认为应该有全民医保,可核心问题是没有人愿意支付这笔巨额费用。如果通过全民税收、富人税收和雇主税收，很多人会反对。事实上美国人对税收很敏感，没有人愿意付更高的税。我觉得这样的困境与中国所面临的是相似的。尽管中国经济飞速发展，可这次医改所需要的资金的数额是非常巨大的。虽然已经投入了一大笔资金，但我想这还只是个开始，是远远不够的。随着科技的发展，人们的需求也在不断地增加。有一个理论是这样的：如果人们真的是非常穷困潦倒，他们就放弃了，他们也不会向政府寻求什么；但是一旦有机会能够改善，社会上、技术上或者是健康方面的需求就会大量地增加。因此如果一旦打开了覆盖农村与城镇贫困人口基本医疗的大门，当成都或者其他小城市的人意识到所能得到的医疗服务质量与在北京和上海的差距非常大时，对高质量的医疗服务的需求就会大量地增加，我认为这是一件好事，政府就应该为人民提供这样的服务。但最终的核心问题是，我们究竟如何支付这些费用？随着很多高端医院的发展，目前世界各地的人到中国、新加坡、印度来寻求相对低费用的治疗，事实上，这对于整个国家的医疗水平的带动作用是非常小的。我们应该尽可能地去平衡控制这些高端医院的高成本和地、县、社区级医院的基本医疗服务成本，通过合理的激励机制让更多的医生到乡村去提供医疗服务，这是很多国家所面临的共同问题，包括美国，也包括中国。事实上，这些也是我们中美在医疗卫生政策领域对话的基础，我们有很多共同感兴趣的问题，如何解决众多人口巨额的医疗费用，哪些路能够走得通，哪些路走不通。当然更重要的是学习那些失败的经验教训并且避免它们，我想这对于两国的医疗改革的意义都是重大的，这也是我一直坚持要把我们的对话继续下去的原因。

马晶：我非常同意您的观点。推行全民医保和控制医疗费用是为广大老百姓提供切实可行的医疗服务的两个重要方面。作为公共卫生专家,在您看来中国医疗卫生领域所面临的首要问题是什么?

布隆: 这个很难讲,不过在我看来,对于世界上任何一个国家,特别是中国,最首要的问题就是医疗卫生服务的公平性问题、贫富差距的问题。这些经济、社会和医疗服务上的不公平,将会导致社会的动荡。那么这次医改如果能够缩小这些差距,整个社会就会朝着和谐社会的方向迈进。第二个问题是政府要知道他们做的事情是否能够真正造福于人民。一方面要公开征求意见,自然这也是政治走向民主化的标志,我也就不展开来说了。另一方面,如果我们花了大量的资金和精力来施行改革,而民众所感受到、接受到的服务反倒更差了(相对于民众较高的期望值而言),自然医改的效果就会打折扣,因此一个关键的问题就是要通过实证来制定政策,要知道如何跟踪测量和评估改革的绩效。没有一个国家有完美的医疗卫生和保障系统。对于中国过去的经历来讲,绝大多数政策的制定缺乏循证研究。第三个问题就是,我们无法避免地要面临更多、更严重的新发传染病威胁,比如H1N1。自2003年SARS之后,中国在传染病监测、早期发现和实验室研究上已经有了很大的提高。然而中国并没有准备好的是即将到来的慢性非传染性疾病的迅速增长,其中包括肥胖、糖尿病、心脑血管疾病、恶性肿瘤以及环境污染所带来的种种疾病。这些将成为中国的巨大负担,特别是有一些中国人有先天的(基因决定的)高发的疾病,比如糖尿病。同时还有老龄化所带来的问题,比如谁来负责农村和城市老年人口的健康,谁给他们提供医疗服务,这些都是中国必须考虑的问题。

马晶: 您提到的这三个问题都很重要,尤其是慢性非传染性疾病在中国绝大部分地区不仅已成为主要死因，而且给家庭及社会造成很大经济负担。我们需要有全新的理念、思路，采用循证研究的科学方法，寻找解决问题的路径。如您前面所提到的，哈佛大学正致力于面向世界。随着中国医疗改革与卫生事业的发展，您认为哈佛大学及公共卫生学院在中美对话中的角色是怎样的？未来的5—10年里，您认为哈佛大学公共卫生学院可以给中国的医疗卫生事业发展提供哪些帮助？

布隆：是的，但我首先要澄清，我很少用"帮助"这个词。因为我并不觉得中国需要的是帮助，中国的医改是中国政府的责任。由于美国在医疗改革中也存在着很多问题，因此我们也很难告诉中国怎样做会比他们现在正在做的更好。在中国项目部所组织的培训班的第一堂课上，我总是告诉学员们，如果你们在这里什么都没有学到的话，那么一定要学到美国在改革进程中做错了什么并努力地避免犯这些错误。我们的意图并不是希望中国和美国一样，而是客观地分析美国在改革中存在的问题，找出其中的不足与失误，以此为中国的改革提供思路。因此我想针对前面提到的一些中国社会发展与医疗卫生领域所面临的主要问题，我们可以提供几方面的支持，其中一方面是分析能力，比如如何在信息和资源有限的情况下进行决策，如何分析成本绩效，如何合理地进行卫生事业投资，如何避免浪费。我认为我们的实战经验也许不如那些在世界银行里专门分析中国问题的专家，但是我们的特长在于培训与科研，我们把这些分析工具教给需要的中国官员和未来的领导者，最终他们掌握了这些工具，应用它们来解决自己国家和地区的问题。因此，哈佛大学并不是给中国的问题一个或者多个解决方案，而是给那些致力于解决中国问题的人一个学习的机会，让他们最终自己解决这些问题。我们大学所做的就是通过教育为未来作准备。

马晶：非常感谢您对中国的精辟分析与见解。最后一个问题，您如此喜欢并了解中国，那您最喜欢的中国城市和中国菜是什么？

布隆：我曾访问过的每一个地方都非常的不同。我每次去中国都非常的激动和兴奋，像苏州、上海都有很多有意思的事情可以做。我最喜欢四川菜，成都自然是最正宗的。但其实在北京、上海也有很多非常棒的餐馆。我在波士顿也找到了一两家不错的四川味儿的中餐馆。

马晶：谢谢您能够在百忙之中接受采访。这对于我们来讲是非常难忘的经历。作为一名中国人和哈佛医学院的教授，我深深地为您多年来对中国医疗卫生和公共卫生事业发展所做出的努力和贡献表示敬佩和感动，并借此机会希望哈佛大学、哈佛公共卫生学院与中国的合作能够不断发展扩大。

哈佛大学医学院

中国医疗卫生的改革与发展

受访人——刘远立
采访人——吴静、曹鉴

刘远立教授

刘远立，"卫生体系学"创始人之一。从 1994 年起，在哈佛大学公共卫生学院从事国际卫生政策的科研和教学工作长达 16 年，历任博士后研究员、助理教授、高级讲师、博士生导师。现任哈佛大学公共卫生学院"中国项目部"主任。刘远立曾担任"全球健康公平行动计划"的组织协调人，"全球健康公平联盟"的发起人之一和董事会成员，联合国"千年发展目标"顾问委员会委员，世界银行、亚洲开发银行、世界卫生组织、联合国儿童基金会、联合国计划开发署等国际组织的项目顾问。刘远立还受聘担任国内数所高校（包括清华大学和华中科技大学）卫生政策与管理专业的兼职教授，2007 年创立清华大学卫生与发展研究中心，并担任清华大学公共管理学院卫生与发展研究中心主任。此外，刘远立教授作为中组部特聘专家出任中国医学科学院、北京协和医学院公共卫生学院院长，他还是中国卫生部卫生政策与管理专家委员会、"健康中国 2020"专家委员会委员。

主编手记

2009年7月初,哈佛大学公共卫生学院中国项目部主任、著名中国卫生政策与管理问题专家刘远立教授应邀接受了在哈佛做访问学者的中国卫生部官员吴静博士和哈佛大学流行病学博士生曹釜的采访。采访活动从7月6日开始,先后进行了三次交谈。

吴静:知道您刚刚办完"2009年中国卫生改革与发展高级国际研修班"。作为这个班的班主任老师,您一定很辛苦。所以,特别感谢您能接受这次采访。想必您一定非常关注目前已经在全世界100个国家流行开来的甲型H1N1流感,请您先就中国在应对这场流感中的表现以及所面临的挑战谈谈您的看法。

刘远立:与6年前应对SARS的最初情况相比,中国政府这次的反应非常迅速和强有力。虽然国内外有些公共卫生专家(包括我的一些哈佛同事)认为中国所采取的防控措施过头了,但我历来有一个基本观点:对付任何新发传染病,小心没大错!我们应该看到,甲型H1N1病毒是一种传染性特别强、致病性较强但致命性不是非常强的病毒。但正是由于它较强的传染性,加之甲型流感的毒株很容易产生变异,在人体中传播后尤为如此,因此,我最近特地请教了我的老领导及好朋友——哈佛公共卫生学院的前任院长白瑞·布隆(Barry R. Bloom)教授。他认为,甲型H1N1病毒很可能在2009—2010年的秋冬季卷土重来,很难预测届时H1N1病毒的毒性会有多强。所以,我们应该加强监测病毒的变异情况,及时调整防控措施。

吴静:什么措施?

刘远立:由于非常多的甲型H1N1流感病例表现出流感

症状，所以不可能对每个这样的病例都进行病毒筛查，这也是为什么美国的绝大部分地区都已经停止了这种做法。由于目前 H1N1 病毒毒性介于常见的季节性流感和恶性流行病之间，所以各国的工作都逐渐集中在控制疫情传播方面，即建议出现感冒症状的人待在家里，避免接触社会上的其他人。对成年人来说，3 天以上高烧不退就是一个警告信号。要让人们知道什么时候需要去看急诊，这是挽救人们生命的关键方法之一。我们建议只为病情较重的病人提供达菲或乐感清。这不但是因为只要多喝水与卧床休息，绝大多数病人都会自然康复，还因为这些药物很容易产生抗药性。

当然，防治流感最关键的措施是注射疫苗。因此，现在最重要的是让具有资质的生产商在秋天前尽可能多地生产出大量疫苗。因为 60 岁以下的人基本上没有对 H1N1 病毒的免疫力，现在至少有三家美国生产商和一家英国生产商准备在秋天生产含有佐剂的 H1N1 甲型流感疫苗。这种做法可以大大提高疫苗生产的效率，中国有关部门应该密切关注这方面的进展，加强国际合作。

吴静：实际上，突如其来的甲型 H1N1 流感让我们又一次清楚地看到了一个运行有效的医疗卫生体系是多么重要。作为研究医疗卫生体系的专家，您能不能谈一谈您对"医疗卫生体系"的定义和认识？

刘远立：按照系统论的观点，任何一个"体系"的性质都是由它的特定功能和结构决定的，并按照一定的规则来运行。医疗卫生体系是由一定的人、组织和资源集合而成的一种特殊社会组织形态，它是以拯救生命，修复、维持、促进人民的健康为主要目的而存在和发展的一个特殊服务行业。

那么，医疗卫生体系的主要功能有哪些呢？首先，医疗卫生体系存在的前提是人们对健康有需要和需求。因此，医疗卫生体系的主要功能是拯救生命，修复、维持以及促进人民的健康。这也是为什么世界卫生组织将健康状况改善之程度（如婴儿死亡率的下降等）作为衡量各国医疗卫生体系运行绩效的主要指标。但是，我们应当认识到，健康的概念是多维的（包括生理和心理层面的健康），而影响健康的因素是很多的，包括遗传、营养、环境因素，等等。医疗卫生保健只是其中之一。所以，一个人群的健康状况不好的话，我们不能简单地将它归因于医疗卫生体系运转不好。有些人群健康状况指标（如人均期望寿命）更多的是综合反映了一个社会的经济发展和人民生活水平。而另一些指标（如孕产妇死亡率）则较为敏感地反映出一个医疗卫生体系的运转情况。

作为一个特殊的服务行业，医疗卫生体系的另外一个功能就是满足消费者除直接改善健康以外的其他愿望和需求。比如说，每个病人去医院时都希望能够马上挂上号，并在一个整洁舒适的环境中就医。同时，"病人"去看病的目的还包括从医生那里获取有关他（她）到底有没有生病这样一些知识以及得到温暖的关爱这样一些心理需要，等等。因此，医生服务态度的好坏直接影响到消费者的满意度。

医疗卫生服务与一般的消费品和一般的服务行业最大的不同在于：一是它与人的生命息息相关，并不是可有可无的；二是它的不确定性，即人们什么时候需要去看病以及需要花费多少我们很难预料；三是不少现代医疗卫生服务技术复杂，成本很高。所有这些特点都让有组织的筹资与支付（而不是完全依靠消费者自己付费）在医疗卫生领

域里变得十分必要。

综上所述,现代医疗卫生体系具有三项主要功能:第一,维护与增进人民的健康;第二,让顾客满意;第三,费用分摊。这样,我们就可以将健康状况、消费者满意度以及人们对其所需要的医疗卫生服务的可支付程度作为衡量医疗卫生体系运行绩效的主要指标。所谓医疗卫生体系的运转效率,就是指为了达到这三项指标,社会所付出的成本。而一个医疗卫生体系是否公平、公正,主要就是看这三个指标在不同人群中的分布情况。

我们再来看看医疗卫生体系的主要构成有哪些。医疗卫生体系由四个既各负其责又相互影响的"子系统"所构成。

一是医疗卫生监管系统。如果把医疗卫生体系比作一个人体,那医疗卫生监管系统就像是人的大脑中枢神经系统,它指挥着整个医疗卫生体系的运转。这个系统主要回答三个问题:谁来监管?监管什么?如何监管?国内、国际的经验都表明,要使医疗卫生监管系统发挥良好作用,首先信息要通畅;其次,担负监管任务的职能部门要有充分的权威性,同时执法必须要严。

二是医疗卫生服务提供系统。医疗卫生服务提供系统就像是人的两只手:一只手提供针对整个人群的公共卫生服务,另一只手提供针对每个个体的医疗保健服务。医疗卫生服务提供系统构成了整个医疗卫生体系的核心部分,这个子系统运转的好坏,直接影响到人们的健康保护及其对医疗卫生体系的满意度。这个系统主要回答三个问题:谁来提供服务?提供什么样的服务?如何提供服务?

三是医疗卫生资源提供系统。这是医疗卫生服务系统的一个重要支撑系统,因为任何医疗卫生服务的提供都无一例外地需要一定的资源组合。我们可以将医疗卫生资源分成两大类，即物质资源（药品、仪器等）和人力资源（受过专门训练的医生、护士、药剂师等）。这个系统有两个关键环节：一个是生产环节，一个是流通环节。俗话说，"巧妇难为无米之炊"，再好的医疗卫生服务系统，如果没有一个适宜的资源提供系统作支撑，也是无法正常有效运行的。

四是医疗卫生保障系统。它是医疗卫生服务系统的另一个重要支撑系统，主要解决医疗卫生服务由谁来"埋单"、支付哪些服务（福利包的设计），以及如何支付等问题。建立医疗卫生保障系统只是手段，其真正目的应该有二：一是提高人们对基本医疗服务的经济可及性，使得人们在获取所需要的医疗卫生服务时不受价格因素的限制；二是提供一个医疗费用的社会风险分担机制，以解决或缓解"因病致贫"的问题。

对医疗卫生体系的"解剖学"分析给我们的基本启示是，医疗卫生体系是由四个子系统所组成的，它们紧密相关，缺一不可。同时，医疗卫生体系受到社会、经济、政治环境的制约。因此，一个医疗卫生体系的运行好坏可以从这四个子系统身上、它们之间的互动以及它们与其周边环境的互动关系中寻找原因（见下页图）。

吴静：2009年4月，国务院颁布了"新医改方案"。您对这个方案怎么看？它能否解决老百姓所关心的"看病贵、看病难"的问题？

刘远立：众所周知，医改是一个世界性的难题。美国总统奥巴马一上台就很快召开白宫医改高峰会议，其他欧洲、亚洲、非洲、拉丁美洲国家也都在进行医疗卫生体制的改革，因为医疗卫生是一个与人民的切身利益息息相关

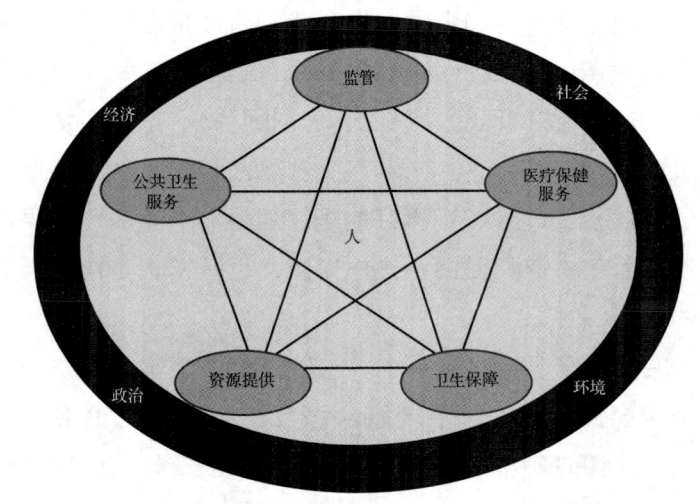

医疗卫生体系结构

的最重要的民生工程之一。在这样的全球背景下，首先应该肯定，此次中国的医改方案研究时间之长、涉及部门之多、征求意见之广泛、改革目标之明确、财政投入力度之大，都是史无前例的。

但在还没有看到关于如何具体实施医改方案的配套文件之前，仅仅从目前公布的方案来看，对于你提出的问题，还很难得出一个十分肯定的答案。温家宝总理说医改应该让人民群众得实惠、医务人员受鼓舞。我所接触的医务工作者，真正"受鼓舞"的似乎不多。从人民群众得实惠的角度，我比较关注在未来三年开展的五项改革。作为一个研究卫生政策和管理的学者，我一般用三个标准来评价任何一个出台的公共政策：一是政策目标的可测量性；二是政策措施的可操作性；三是政策实施的有效性。拿着这三个标准来衡量近期医改五大重点实施方案（第一，加快推进基本医疗保障制度建设；第二，初步建立国家基本药物制度；第三，健全基层医疗卫生服务体系；第四，促进基本公共卫生服务逐步均等化；第五，推进公立医院改革试点），其中有三项措施（第一、三、四项）的重要影响是可以期待的，而另外两项（第二、五项）其目标的可测量性、可操作性、有效性还不是十分清楚。

要想让人民群众切实从医改方案中获得实惠，最重要的是要解决三个问题：第一，看病贵；第二，看病难；第三，患病多。而日前出台的医改方案针对这些问题都准备采取一些措施。"看病贵"在中国主要原因是医疗保障制度不健全，所以这次改革的重点是扩大保障的覆盖面，例如：要求到2011年基本医疗保障制度覆盖人群达90%，也就是说，三年后将有11亿中国人基本实现"病有所医"。"看病难"主要是住大医院难、看专家难。这其中一个主要原因是由于基层的医疗卫生技术水平不高，老百姓不太信任。所以五项改革的第二项重大改革——加强基层卫生网络的建设，我认为可以在一定程度上帮助缓解看病难的问题。患病多是上游的问题，如果我们不解决上游截流的问题，老百姓患病会越来越多。目前由于居住环境恶化、生活方式改变以及人口老龄化等原因，中国面临传染病和慢性病患者增多的现实问题。如果不采取有效的措施，中国人疾病的负担会越来越重。而医改方案中提出加强公共卫生服务和疾病控制服务的均等化、加强公共卫生体系的建设，可以说是非常必要和及时的。

另外两项改革——基本医药制度的建立、公立医院的改革，到底是针对解决看病贵、看病难，还是解决患病多的问题，目前还不是很清楚，具体实施细节也还有待考察。所以目前这两项改革的效果到底能有多大还不好说。

吴静：*未来三年，"新医改方案"进入实施阶段。您认为影响医改目标实现的主要挑战有哪些？而积极应对这些*

挑战应该有哪些思路？

刘远立：第一，是技术上的挑战，即如何认真仔细、因地制宜地解决好医改中的重点和难点问题（如"以药养医"的问题）。第二，是政治上的挑战，即如何解决好各个利益集团的协调问题（如医患双方合理合法的权益都要受到保护）。通过理论研究和国内外经验的总结，我们可以得出这样一个结论：解决医改一系列问题的有效途径是搞好"三力建设"系统工程，即能力建设（包括技术与管理能力）、动力机制建设（达到既定目标有赏）、压力机制建设（没有达到目标有罚）。虽然未来三年开展的五项改革，每一项都面临一系列挑战，但我历来主张决策者要善于抓住纲举目张的重点问题。

第一，如何改革基本医疗保障制度的支付方式。随着基本医疗保障覆盖面的迅速扩大和基本医疗保障水平的明显提高，随着政府对于基本医疗保障制度投入的加大以及基本医疗保障统筹层次的提高，基本医疗保障制度作为医疗卫生服务的购买者，其谈判实力和调节供方行为的杠杆作用也明显增强，完全应该并且可以通过改革供方付费与结算方式，在保障服务安全和质量的前提下，促使供方服务效率的提高。国际经验充分证明，按项目付费是导致医疗费用上涨过快的主要原因之一。因此，付费方式改革的核心目标是让供方不再从提供过多的、不必要的医疗服务中获利。无论是按病种付费，还是按人头付费，新的付费方式都需要界定供方在成本控制上的责任与风险分担。鉴于各种不同付费方式的优缺点以及不同的实施条件，应当鼓励各地方在试点过程中大胆创新，科学评估，探索出一套有中国特色的付费方式"组合拳"。

第二，如何界定和规范基本药物的使用。建立基本药物制度的初衷是规范用药行为、控制医药费用，但主要问题是如何界定和推行"基本药物"目录。如果在界定"基本药物"的过程中片面强调成本，这会不会与基本医疗保障制度所强调的"保大病"的基本原则发生冲突？因为价廉的药，很多人也许都能支付得起，而恰恰是一些效果好、临床必需、价格昂贵的药，病人负担不起，需要医疗保障制度的帮助。比如，脑血管病成为中国居民第一位的死因，而超早期溶栓治疗（中风后三小时之内实施）能够显著降低患者的死亡率和残疾率。但是，由于溶栓特效药极其昂贵（使用一次约7000元），基本医疗保险不报销，很多患者支付不起，导致延误治疗，随后给患者及其家庭、社会等造成的巨大负担，恐怕远远不止7000元。此外，如果对不同级别的医疗卫生机构基本药物使用率作一个硬性的规定（特别是规定公立基层医疗卫生机构全部配备和使用基本药物），会不会由于中国区域之间、人群之间的巨大差异，对一定的人群、在一定的地区由于机械地执行基本药物制度的有关政策而使"看病难"的问题更为严重？

　　第三，如何有效提高基层医疗卫生服务的利用率。随着基层医疗卫生机构硬件和软件的加强，加上基本医疗保障制度提高报销比例，基层医疗卫生服务体系的利用率有望得到一定的提高。然而，消费者是否使用基层医疗卫生机构，除了方便和价格的因素外，主要取决于其对于服务提供方信任与否。现在老百姓动不动就往大医院跑，就是担心基层医疗卫生机构缺乏鉴别诊断与及时处置的能力，甚至在转诊的过程中延误了最佳干预时机。医学的复杂性、科技的更新换代速度常常超出基层医疗卫生机构的应对能力，因此，不断提高基层卫生水平和服务利用率的最有效方式，是建立起医疗资源的纵向整合、区域医疗中心与基层卫生机构紧密协作的机制。我注意到，在《关于深化医药卫生体制改革的意见（征求意见稿）》（新医改方案）中有医疗资源纵向整合的内容，但在近期重点实施方案中却没有提及。孤立地搞基层卫生机构的硬件和软件建设，效果是有限的。

第四，如何有效发挥医疗机构的预防保健职能。医改方案将公共卫生体系建设放在了一个非常显著的地位，值得充分肯定。但是，医疗机构毕竟是人民群众接触最多、容易发生交叉感染的地方；同时，医务工作者的专业威信和职业道德都使得他们在同患者及其家属的接触过程中，应该而且完全可以在有病早治、无病早防、树立健康的生活方式等方面，成为服务对象的良师益友，然而，由于传统的医学模式的束缚、医务工作者职业道德教育的缺乏、体制机制上的不健全等原因，除防保科室外，医疗机构的其他科室基本上是"只看病，不见人"，忽视了预防保健的职责。不仅如此，很多医生本身就是"烟鬼""酒鬼"，没有起到健康生活方式的榜样作用。这种局面不改变，加强对严重危害人民健康的各种疾病的监测、控制、预防，提高人民群众健康水平的目标就很难实现。

第五，如何保证公立医院落实其"公益性"。医改方案强调"公共医疗卫生服务的公益性"。从公立医院的角度来看，保持"公益性"意味着不以营利为主要目的，不赚钱的项目照样开展，付不起医药费的穷人照样服务。关键问题在于谁来为"公益性"埋单？在政府对公立医院投入有限的情况下，指望公立医院能够自觉自愿地维护其公益性是不现实也是不可持续的。在实现全民医保覆盖之前，困扰医院"公益性"的主要瓶颈问题是如何通过建立"统筹调剂基金"等方式有效解决"医疗欠费"问题。

刘远立（前）与吴静的采访合影

吴静：有一个核心理论问题在"新医改方案"的讨论中曾经反复出现过，估计今后还会继续出现，那就是医疗卫生领域到底应该是政府主导还是市场主导。关于这一点您怎么看？

刘远立：我以为，笼统地谈"政府主导"或者"市场主导"都是一种偏见和误导。首先，从实现社会公平的角度来看，政府对于特殊人群（如弱势群体）的医疗卫生保健始终负有不可或缺的主要责任。其次，医疗卫生体系是一个极为复杂的体系，每个子系统都有着不同的功能和特性。而政府干预与市场机制分别具有其独特的优势和"失灵"之处。因此，政府与市场在医疗卫生不同的子系统里面就应当有不同的作用。

在医疗卫生监管这个涉及卫生政策法规的制定与执行等问题的子系统里，政府当然要起主导作用。医疗卫生服务提供子系统有两种情况需要考虑：政府应当直接提供公共卫生服务，并且保证全民公平享有；而个人医疗服务的

提供则可以发挥市场竞争的作用，带来效率的提高。医疗卫生资源提供子系统也有两种情况：物质资源（药品、仪器等）和人力资源（受过专门训练的医生、护士、药剂师等）。由于医疗卫生资源的提供与科学技术的发展和各个相关产业的发展紧密相连，因此，可以充分发挥市场调节的作用。但对于市场所忽视的特殊资源（如并不一定赚钱的疫苗的开发、边远地区的合格人才的培训和输送等），政府负有不可推卸的责任。最后是医疗卫生保障子系统：政府既有直接资助的责任（例如弱势群体的医疗保障不可能指望市场竞争来产生），又有组织筹资的作用（例如社会医疗保险制度的建立离不开政府的强制）。但特需个人医疗服务可以由个人付费或商业医疗保险来解决。

不难看出，政府与市场在中国现行的医疗卫生体系中有"错位"的迹象。所以，中国医疗卫生体系的问题，并不完全是由"市场化"造成的。政府既有"缺位"（如投入不足）的问题，也有"越位"（如处于垄断地位的公立医院逐利行为明显）的问题。因此，在中国的市场经济条件下，医改的关键是将政府干预与市场机制有机地结合起来，从而实现公平高效的改革目标。

吴静：我想问问，您是从什么时候开始关注中国的卫生体制问题的？

刘远立：虽然我从小在工程兵部队里长大，亲眼看到、亲身体会到山沟沟里老百姓缺医少药的痛苦，但真正系统地研究中国的卫生体制问题，应该说是从20世纪80年代中期开始的。当时（1985—1987年），我是武汉同济医科大学（现在的华中科技大学同济医学院）的硕士研究生，所选专业是"社会医学与卫生事业管理"。在做毕业论文的过程中，我在梁浩材教授、林竟成教授、周寿祺老师的指导和鼓励下，去湖北、江苏等地的农村考察，得到大量第一手的资料，当时就深深感到中国卫生体制存在许多问题，我作为从事这个专业的有志青年，暗下决心今后一定要做出自己应有的贡献。没想到 1993 年年底，我到哈佛大学跟萧庆伦教授做博士后，他交给我的第一个任务就是与"中国卫生经济研究与培训网络"的 9 个大学和研究所合作，研究中国农村贫困地区的卫生筹资与组织问题。从此，我对中国卫生体制问题的关注越来越多、投入越来越大，直至其成为我现在的中心工作。

吴静：作为中国卫生部卫生政策与管理专家委员会委员以及"健康中国 2020"战略规划专家组成员，您在长期参与中国一系列卫生体制改革与发展问题的研究过程中有哪些体会愿意跟大家分享？

刘远立：卫生政策研究属于社会科学范畴。我认为，一个优秀的社会科学工作者应该同时具备"入世"与"超凡"两种品质。所谓"入世"就是要对现实社会充满好奇、关心和责任。很多学者满足于歌功颂德或揭露阴暗，但我总要在找到了解决问题的"良方"后才真正有一种成就感。但与此同时，作为一个学者，还应该坚定地保持自己的独立性。不知你注意到没有，哈佛大学的校徽上有一行拉丁文"VERI-TAS"（"真理"）。要追求真理，没有一种不向任何权贵献媚、尊重但不迷信任何权威、"敢为天下先"的精神是不行的，这就是

哈佛大学校徽

我所说的"超凡"的第一层意思。另外一层意思是要有创新精神，因为改革就是创新。

举个"超凡即超前"的例子。现在，中国政府正在全国农村大力推广"新型农村合作医疗"制度。很少有人知道，我和我的同事们曾经艰苦地做了长达8年的相关研究，包括于1993—1996年做的对114个贫困县的调查，于1997—2000年做的对8省10县恢复合作医疗制度的现场干预实验。人们很难想象，我们的这项研究，尤其是恢复合作医疗制度的现场干预实验曾经是多么困难的"地下工作"，因为当时向农民筹资办合作医疗被看成是"乱摊派"，动用政府资源帮助建立农村的医疗保障制度被当作"填无底洞"。甚至于有两个试点县，由于上级领导的压力，不得不中途停止项目。现在回过头来看，我们这群人如果没有对中国农民兄弟的关怀和追求真理的勇气，是不可能挺过来的。再举个"超凡即创新"的例子。2001—2003年，我有幸作为"国际专家组"的主要专家，参加了中国城市医疗救助制度的试点研究。在沈阳、成都的调研中我们发现，由于医疗费用的测算不准和福利包的设计缺乏弹性等原因，很多需要医疗救助的家庭实际得到的帮助距离他们的需要相差甚远，而与此同时医疗救助基金却有大量结余。于是，我就提出了一个大胆设想：在年末基金尚有相当结余时，对那些符合一定条件（如主要劳动力生了可治大病）的贫困家庭给予"二次救助"。这个想法刚提出来的时候也是遭到了不少人的反对，但现在我高兴地看到，不仅很多城市的医疗救助制度采用了这个办法，而且许多农村的合作医疗制度也在搞"二次救助"。世界上不存在没有阻力的创新，要创新就要勇于和善于克服阻力。

曹鎏：刘教授，您好。很荣幸有机会对您进行采访。

作为一个积极关注国内外卫生事业发展的留学生和公共卫生的初学者，我注意到您近期不仅积极为中国的医疗改革献计献策，而且还出版了《构建全民健康社会》这本书。您能否向大家具体介绍一下究竟什么是"全民健康社会"？

刘远立：好的。《构建全民健康社会》这本书完稿于中国应战汶川地震时期，中国政府和人民在这场天灾中的表现，让每一个华夏子孙深深感动，也使我们对此书所研究的中心问题，即在中国构建一个"全民健康社会"的必要性与可行性问题有了更加深刻的认识。

简单地说，"全民健康社会"所倡导的健康概念包含"全面健康"和"全民健康"两个方面的含义。"全面健康"指的是我们所要推动的健康，这其中不仅仅包括生理疾病和人身伤害的处置、预防、康复，还包括心理健康与社会和谐，更要把健康上升到文化的层面来认识和推进。"全民健康"是指健康应该为社会全体公民所共同享受、共同创造。"全民健康社会"认为对健康的追求应该贯彻到社会活动的各个环节，实现人人健康、处处健康、时时健康。

近十几年来，国际社会不断认识到经济发展本身不是最终目的，人类自身的发展和幸福才是最终目的。而健康，作为一项人的基本权利，是其中最重要的一环。中国有句老话"留得青山在，不怕没柴烧"，说的也是这样的道理。有个人的健康才有个人事业的发展，有全民族的健康才有我们国家可持续的蓬勃的发展。随着中国经济的飞速发展，我们看到，心理紧张、公害、水、大气污染、不良生活方式、吸烟酗酒、家庭暴力、交通事故等心理、社会因素已经成为影响目前中国人群健康，造成疾病、伤残和死亡的主要因素。解决这些问题，不断修正和完善现行的单一的医疗卫生体系是必要和必需的，但也是远远不够的。我们必须从全社会的角度，从经济、技术、文化等综合角度来解决健康问题。同时，我们应该把如何适应和满足日益增加的健康需求作为重要的经济命题提上日程。基于以上考虑，我们提出构建"全民健康社会"。

曹崟：那么您能否具体介绍一下，为什么我们国家现阶段需要构建全民健康社会？

刘远立：可以说，构建全民健康社会是一个理想，是一个永无止境的过程。但对于中国现阶段而言，它有着经济、政治、社会及文化四个方面的特殊意义。

首先，从经济意义上来讲。中国自改革开放以来，由于片面追求经济增长，经济发展在一定程度上是以牺牲健康为代价取得的。因此尽管我们实现了经济的快速增长，健康改善却进展缓慢。更不容忽视的是，经济增长还带来了很多新的和潜在的健康风险因素，例如环境污染导致的相关疾病、西化的饮食结构和生活方式造成的慢性病，以及艾滋病等新发重大传染病的威胁等，这些都威胁到经济的长远发展。根据中国卫生部的数据，2003年中国的疾病经济负担达到了1.2万亿元，占GDP的10.3%，其增长速度高于GDP的增长速度。与西方国家主要面临慢性病负担不同，中国国民健康面临双重疾病负担，一是传染性疾病，包括艾滋病、"非典"、肺结核、乙肝等；二是慢性疾病，包括循环系统病、恶性肿瘤、糖尿病等。我们所提出的构建全民健康社会的要义之一就是通过各种手段，在社会活动的各个环节控制健康危险因素，实现疾病早期预防、早期诊断和早期干预，并且通过倡导健康文化等来促进人们建立健康的生活和工作方式，从而潜移默化地控制疾病的发生和传播，大大减轻社会的疾病负担。所以呢，从经济的角度来讲，我们需要构建全民健康社会，来改善人力资源、减轻疾病负担、促进经济的持续增长。与此同时，目前世界各国纷纷意识到健康经济将是下一个朝阳经济，对健康经济主导权的争夺将是下一轮国际竞争的焦点。中国如能在健康经济的发展上抢占先机，紧紧把握知识经济的机遇，充分发挥创新和创造的作用，将大大有助于增强中国经济的竞争力。在对外贸易中，高"健康附加值"产品的出口将有助于突破发达国家的"贸易壁垒"，从而改善中国在对外贸易中的不利地位。总之，抓住经济结构转型和调整的时机，借此积极推进健康经济和新健康产业的发展，将是中国经济实现跨越式发展、在世界经济舞台上有所作为的一次重大契机。

其次，它具有一定的政治意义。构建全民健康社会所涉及的主要问题是如何通过医疗卫生服务体系的搭建、健康产业的发展和健康文化的传播，形成一个覆盖全体人民的健康保障、健康促进的大系统。而且，全民健康社会强调健康的公平性、健康服务的普遍可及性，减少乃至最终消除因病致贫。因此，全民健康社会本身就是和谐社会的重要内涵之一，构建全民健康社会的过程有助于增进社会的和谐与稳定。中国和平崛起的过程，既是经济、科技、军事实力不断提升的过程，更是文化、意识形态等方面的吸引力、亲和力不断增强的过程，也就是软实力不断成长和积累的过程。中国的和平崛起，必然把构建和强化软实力放在重要位置，而全民健康社会所倡导的新的健康文化将是中国软实力的重要组成部分。

再说说构建全民健康社会的社会意义。过去的30多年，居民贫富悬殊、社会福利缺乏、地区发展不平衡、社会分配不公等状况随着飞速发展的中国经济而日益严峻。对中国而言，21世纪主要面临的挑战不是进一步加速增长，

而是确保增长的红利能够惠及全体人民，建设一个和谐、稳定、繁荣的社会，满足十几亿人口日益增长的物质需求和精神需求，如健康、教育、就业、住房等，特别是对于一部分贫困人口，要首先满足他们的基本生存需求，进而使他们达到较高的发展水平，享受较高的生活质量。从社会意义上来讲，我们需要通过构建全民健康社会，通过为全体人民提供基本健康服务，来促进全体居民全面健康水平的提高，而这将极大地改善居民的实际福利，促进社会的发展。

最后，构建全民健康社会也与中国文化的传承与发展相关。众所周知，传统医药、养生文化是我们华夏文化的重要支脉。联合国已经把中医列入非物质文化遗产而加以保护，其主要原则是"顺应自然、调和阴阳、益气养行、积精养神"，注重行为养生、早期干预、整体施治等，这与现代人追求平衡、自然的健康观念恰好契合。在构建全民健康社会的过程中，将中国传统医药文化中具有深厚的文化魅力和哲理的这一套优秀的健康文化加以系统整理、诠释，将是对中国传统文化的传承与发扬。另外，传统医药也存在一定的局限性，如果能够根据现代的观点对其进行演绎、发展，吸收现代营养学、行为医学、环境医学和社会医学等的理论和观念，创造出一套融合古典与现代的新的健康文化，这也将是中国对于世界文化的一大贡献。

曹崟：谢谢您！在美国学习公共卫生这段时间，我也注意到，美国的大多数卫生问题都不仅仅是卫生问题，而更多的是社会问题，涉及全社会的问题。卫生领域的革命需要经济、政治上的变革以及国民意识变革的相互联动，更需要前瞻性，需要跳出卫生来看健康。从我目前的理解来看，您所提出的全民健康社会的概念恰恰是基于战略的、长远的、可持续发展的眼光，并结合中国国情综合了经济、政治、社会和文化等多方面的考虑。那么，进一步来讲，我们该如何来构建全民健康社会？这与刚刚出台的医改方案是否矛盾？

刘远立：我们认为，"全民健康社会"有三个主要标志或三大支柱。第一，覆盖全民的医疗卫生体系。胡锦涛总书记在党的十七大报告中已经把建立全民基本卫生制度与提高全民健康水平，明确地作为党和国家的一个重要政策和发展战略提出来。本次医改所要解决的主要问题恰恰就是全民健康社会的第一个重中之重——医疗卫生体系建设，使人民能够享有公平可及的医疗服务。第二，蓬勃发展的全民健康经济。健康经济不仅仅包含传统意义上的医药行业，还包括营养、预防保健、健康管理以及体育健身等维护和促进健康的产业及其技术支持系统。如果没有蓬勃发展的健康经济，医疗卫生体系的可持续发展就失去了一个重要的技术基础，而全民健康水平的不断提高、生活质量的不断改善也失去了一个重要的知识支柱。第三，广泛普及的全民健康文化。把健康上升到文化的层面来理解、认识、推动，不仅仅由于我们现在要强调健康的生活方式，还由于健康文化也代表了一种新的人生观和社会价值观，这也是构建和谐社会很重要的一种新的文化理念。所以概括起来讲，"全民健康社会"就是由覆盖全民的基本医疗卫生体系、蓬勃发展的全民健康经济和广泛普及的全民健康文化所构成的。

正如你所说，构建全民健康社会需要高瞻远瞩，需要政府重视，需要全民行动。这里我们的研究队伍仅仅是给出几点建议，以求抛砖引玉。我们认为，第一，要推行全民健康立法。与当前卫生事业的发展现状相比较，中国现行的卫生法律法规显得十分局限和单薄，法律法规内容较为单一，每项法律所规范的只是卫生领域的某一方面，针对性较强，在实施中也是各司其职，管理范围上往往是条块分割，不能满足卫生事业涉及多方面、多领域情况的需要，与日益发展的卫生事业局面也不相符合，难以解决面临的新问题，不能使卫生事业的发展得到全面的保障。除了出台相关的政策措施外，制定统揽全局的关于健康的针对性大法，并依法治理、依法规范无疑是最佳的应对措施和管理途径，这也是时代的呼唤、科学发展的需要。要解决看病难、看病贵的问题，使卫生改革达到令人满意的效果，必须有相关的法律作依据，在法律的高度上，全面、系统、配套地进行制度设计和利益协调。因此，在遵循卫生事业发展规律的基础上，国家对健康立法已成为必然选择和当务之急。这一过程将推动整个社会、整个中国从单纯"要全民健康"向"全民要健康"迈进，实现从传统卫生"以病为本"向全社会"以人为本、以健康为核心"的跨越。

第二，应该联合立志于中国全民健康事业的企业、研究机构、软件开发机构和应用部门，以及从事全民健康事业的科研、教育、开发、生产、应用和管理的团体，形成全民健康联盟。通过协调一致性的策略实现广泛的资源汇聚和高效的成果传播，为联盟成员单位提供沟通和合作平台，共同推动核心技术攻关，促进产品的推广和应用，促进中国全民健康事业、公共卫生医疗服务行业在核心技术方面实现跨越式发展，建立全民"健康联盟"，打造出完整的卫生与健康产业链，建立基本医疗体系与预防干预体系相结合的新机制，共同打造产业链，为构筑和谐、节约和创新的社会做出贡献。这将有助于推动保障模式从医疗保障向健康保障跨越，为国家的公共卫生事业发展和全民健康保障服务，推动全民朝着"向节约要健康、向创新要健康、向和谐要健康"迈进。

第三，发展"健康经济"，更好地在全社会倡导以人为本、以健康为核心的可持续发展模式和现代健康维护观念，使健康产业与健康经济成为"中国发展模式"持续的经济增长动能。随着人们收入水平的提高，在整个消费结构中对于教育、医疗及环保等的需求和支出会越来越多，这就要求在促进经济发展、提高人们收入水平的同时，要加大对教育、医疗及环保等设施的建设，以满足人们不断增长的对"健康经济"的需求。

第四，推动"以人为本，以健康为核心"的创新。在"以人为本，以健康为导向"的国家施政方针下，巨大的中国经济市场同时产生了巨大的"健康消费"市场。拥有世界1/5人口的中国，有着13亿人的健康需求的强大市场。传统的"先有产品后有标准"发展为现在的"先有标准后有产品"，这种事实标准的出现，使得标准者得天下。如果我们能够把握知识经济带来的机遇，在健康领域有所作为，就有可能成为人类健康科技自主创新的领导者，实现从"中国制造"到"健康创造"的跨越式发展，成为21世纪全球新的社会进步和经济增长力量。

曹鎏：非常感谢刘教授为我们讲解全民健康社会的概念，那么我们也衷心地希望中国可以早日把全民健康社会的构建提上日程。我个人很荣幸能够加入"中国项目部"（China Initiative），参加研究及培训组织等相关工作，并在您的领导和同事的一起努力下顺利举办了第四届中国卫生发展与改革高级研修班。在过去的4年里，我们的高级研修班已经在国内卫生行政高管中引起了不小的反响。作为最初的创始人和该项目的负责人,您能否具体介绍一下这个项目的情况?

刘远立:好的。哈佛大学公共卫生学院中国项目部(HSPH China Initiative)是经过哈佛大学校领导正式审查批准,于 2005 年成立的。这是哈佛大学历史上第一次就一个国家的卫生与社会发展问题专门成立一个中心,充分说明哈佛大学领导,特别是刚刚卸任不久的哈佛公共卫生学院前任院长布鲁姆教授对于中国卫生与社会发展问题的高度关注。我十分荣幸被任命为项目部主任,负责开展三个方面的活动来帮助促进中国的卫生和社会发展:(1)卫生领域的高官高管培训(已经在哈佛大学培训了约 300 名省政府秘书长、国家各部委司/局长及地方的厅/局长和大型医院的院长);(2)针对中国尚未解决的健康发展问题进行应用性研究(包括医疗卫生领域的制度创新和技术创新);(3)定期在北京和波士顿举办"中央党校—哈佛大学中国社会发展论坛"。2008 年 3 月底,我有幸陪同哈佛大学校长德鲁·福斯特(Drew Faust),在人民大会堂向习近平副主席汇报了我所主持开展的哈佛大学与中国各界的交流活动,受到习近平副主席的肯定和鼓励。

2005 年 6 月 21 日,哈佛大学与中国卫生部、清华大学在人民大会堂签订了意向书,决定每年共同举办若干期卫生行政高官高管人员培训班,每期 3—4 周(清华 1 周,哈佛 3 周)。2006 年夏天和冬天,我们成功地举办了首期培训班。2009 年 7 月初,我们已经顺利完成了第四期培训班的培训工作。研修班邀请国际知名学者及专家进行授课,内容涉及卫生体系及其分析方法,卫生政策与政治,医疗服务保障、筹资与支付制度,医院系统发展,药品领域规制,公众领导力与卫生改革培训及现场参观教学等;旨在将理论与实际紧密结合，将国际经验与中国的国情紧密结合，将开阔眼界与解决实际问题紧密结合，将培训与研讨紧密结合。迄今为止，培训班取得了初步成效，产生了一定影响。作为这个培训班的"班主任"，我感到肩上的担子很重，然而一种强烈的使命感和荣耀感推动着我与我的同事一道，不断提高我们的工作质量和效率。例如，目前我们正在研究怎样在办好"哈佛班"的同时，回国办好"北京班""上海班""湖北班""西藏班""新疆班"，等等。

2005年3月，刘远立在清华大学作报告

曹崟：作为一个留学生，我非常敬佩您在旅美20余年的过程中，能够时刻想着用自己学到的知识和经验来回报祖国，那么究竟是怎样的经历与心态，使得您能够坚持不懈地致力于推动中国卫生事业的发展？不知您是否愿意与国内的同行和年青一代分享您的心路历程？

刘远立：当然愿意。当我1987年离开祖国的时候，农村的贫穷与疾病所带来的负担深刻地印在我的脑子里，激发了我学习卫生政策的欲望，激发了我为中国及全世界人民的健康权利而努力的欲望。我从小在一个从事"三线建设"的工程兵部队里长大，小学阶段基本上是在农村山沟里度过的。我的父亲是一名军医，他的治疗对象既有生病或受伤的部队官兵，也有得各种地方病（如缺碘引起的甲状腺肿大）的当地农民，还有被农民视为"命根子"的耕牛。你们很难想象改革开放前中国边远山区是多么贫困！正是早期有了这些经历，我们这一代人（恢复高考后第一、第二批大学生）才倍加珍惜得之不易的上大学、留学的机会，才更加感到在自己家人的温饱问题解决之后有机会以各种方式回馈社会是一件多么幸运的事情。事业上的成功和物质生活的富裕当然能给人带来一时的、有限的幸福，但最为持久而无限的幸福来自你感到能为这个世界变得更加美好而不断地做出贡献。

我的专业研究主要着眼于运用经济学等分析工具探寻发展中国家卫生体系的效率和公平问题的解决办法。21世纪初，我与几位哈佛同事一起创立了"国际卫生体系研究"这一新的交叉学科专业，并从2003年开始招收该专业的博士研究生。从1992年开始，我有幸参与了不同时期中国卫生改革与发展的一系列重大问题的研究和政策咨询，并与有志者一道，克服重重困难，为推动中国农村新型合作医疗和城市医疗救助等制度的建立作出过一定的贡献。

中国有句古话："身在曹营心在汉。"虽然在美国生活和工作了20年，但我像许许多多"海外赤子"一样，无时无刻不在关注着祖国的发展变化，热切地盼望祖国能够更加繁荣富强、社会更加和谐，并力所能及地贡献自己的一分力量。例如，我曾经担任过明尼苏达大学留美中国学生学者联谊会的主席，在祖国发生灾情的时候组织赈灾募捐活动，并以创办"明华读书会"等形式，不断探讨有关祖国经济与社会发展的重大理论和实际问题。目前，我还担任美国中华基金会的顾问，负责在美国筹资帮助中国贫困地区建立"希望小学"和乡镇卫生院。我为这一点一滴感到由衷的骄傲和自豪，并决心一直坚持做下去。我的父母亲是典型的淳朴而善良的中国人，在我小的时候就给我讲"精忠报国"的故事和道理，并以身作则地帮助那些需要帮助的人。这些言传身教对于我人生观的形成起了重要作用，也使我懂得了为人父母最为重要的事情，是让孩子们从小就建立起与人为善、待人以诚的价值观。现在看到自己的一双儿女能够全面地健康成长，我和我太太都感到无比的欣慰。上梁正，则下梁不歪。

口腔医学在中国的发展与期待

受访人——艾提·若沃斯（Athanasios I. Zavras）
采访人——陈莉莉

艾提·若沃斯教授

艾提·若沃斯，曾任哈佛大学牙科学院口腔公共卫生学主任、哈佛大学公共卫生学院口腔流行病学主任、哈佛大学癌症研究与预防中心主任、世界烟源性疾病预防委员会主席，现任美国口腔癌症联合会主席、美国波士顿大学儿童口腔病科系主任、教授。艾提·若沃斯教授具有口腔流行病学硕士学位、牙科学博士学位和医学博士学位，是美国口腔公共卫生协会的专科医师。作为世界卫生组织的公共卫生专家，艾提·若沃斯教授在世界卫生组织和美国国立卫生研究院等多个组织任职，代表世界卫生组织的欧洲主席在政府间进行谈判，建立了烟草控制公约草案。艾提·若沃斯教授撰写学术论文 40 多篇，主编及参与编写专著 10 本，担任《牙周病学杂志》(*Journal of Periodontology*)等十余本国际权威期刊的评阅专家，承担多项美国国立卫生研究院科研项目，他的研究成果对美国和欧洲制定国家政策有深远的影响。艾提·若沃斯教授是一位杰出的教师、研究者、学术管理者和政策顾问。他的研究目的，一是通过将人口学和基因结合起来，在分子水平上发现复杂疾病的病因，从而提高全社会的口腔健康状况；二是寻找创新、安全、有效和高效率的技术促进医疗保健。

主编手记

2009年5月12日，为迎接中华人民共和国成立60周年庆典，哈佛大学牙科学院口腔公共卫生学主任、哈佛大学公共卫生学院口腔流行病学主任、哈佛大学癌症研究与预防中心主任、著名中国医学卫生问题专家艾提·若沃斯教授应邀接受哈佛大学牙学院访问副教授、华中科技大学同济医学院附属协和医院口腔中心副教授陈莉莉的采访。采访活动先后进行了三次，本书主编也应邀参加一次会晤。本文得到中华口腔医学会名誉会长樊明文教授和中华口腔医学会正畸专业委员会主任委员林久祥教授审阅指导。

陈莉莉：若沃斯教授您好，最近美国口腔组织（Oral Health America）引用了您对口腔癌症预防的一些新观点，引起了许多人的关注。您认为口腔癌症早期发现并治疗，能节约60%的治疗费用。中国有13亿人口，随着社会经济的发展和生活水平的提高，人们对口腔问题越来越关注，口腔癌症在危害我们身体的同时，也极大地影响了我们的面部美观和功能，您是哈佛大学癌症研究和控制中心的主任，也是口腔癌症联合会的主席，您能否给我们谈谈口腔癌症的相关问题？

若沃斯：这是现在口腔界关注的一个热点问题。我2010年准备申请的美国国立卫生研究院的科研项目，就是与中国合作研究口腔癌症的基因防治，同时针对中国政府"健康中国2020"活动，准备到中国相关城市及地区宣传口腔癌症的预防及筛查。

以前，我经常听到中国人说"牙疼不是病，疼起来真要命"，这种观点是错误的，也是危险的。随着经济的发展，中国老百姓的生活有了很大的改善，社会文明日益进步。人们已认识到，口腔疾病不容忽视，牙病看得越早，手术越简单，成本越低。很多人拖延到最后，只能导致更严重的后果。最新一次世界范围的普查结果显示，在所有的肿瘤性病变中，口腔、咽喉部恶性肿瘤排在第6位。根据世界卫生组织（WHO）1990年提供的资料，每年大约有50万例新发的口腔颌面部恶性肿瘤病例。口腔癌症两个特殊的危害就是死亡率较高，同时面部外形的改变会给患者带来更多心理及生理上的压力。更为严重的是，由于人们普遍缺乏对口腔癌的认识，早期口腔癌往往不能引起足够重视而延误了最佳治疗时机，造成无可挽回的后果。

及早预防、及早诊断、及早治疗，往往是达到最佳疗效的不二法则。我自1998年至今研究的方向之一就是口腔癌症的致病因素及早期防治的意义。预防口腔癌最重要的是要避免吸烟、饮酒。还要保持良好的口腔卫生，及时拔除牙齿残根、残冠，避免刺激口腔咽喉。合理健康的饮食习惯、积极参加体育锻炼、避免肥胖，可能会避免63%的口腔癌。生活方式越健康，也就意味着越能将这些癌症拒之门外。口腔癌症是多种因素共同作用的结果，但改变不良生活习惯至少可以降低癌症发病率，这需要全社会共同努力。

陈莉莉：您是口腔界非常有影响力的专家，撰写科学论文40多篇，主编及参与编写专著10本，担任《牙周病学杂志》（Journal of Periodontology）、《美国牙科协会杂志》（Journal of the American Dental Association）、《癌症成因与控制》（Cancer Causes & Control）等十余本权威杂志的评审专家，并在世界各地广泛演讲。我们想知道在您看来，口腔作为全身器官的一部分，有着怎样的作用呢？

若沃斯：消化是人体循环之本，消化不好，会降低身体的免疫力，而口腔就是消化道的前开口，牙齿则是口腔的门户。牙周疾病引起的麻烦顺着消化道会引起脑中风、心血管疾病、孕妇早产畸形儿、细菌性肺炎等严重疾病，所以说"口腔是人体健康的第一道屏障"。鉴于牙病的高发病率和重要性，世界卫生组织已将其列为继肿瘤、心脑血管发病率之后的第3位。众多研究表明，牙病与多种重要疾病之间有联系，这些病症不仅包括动脉粥样硬化和心肌梗死，也包括脑卒中、肺炎、中风、糖尿病、骨质疏松和导致自发性早产的产科并发症。此外，口腔疾病作为感染病灶，还能引起多种炎症，如脑脓肿、肺部感染、关节炎、内心膜炎等。

因此我认为，维护口腔卫生不仅仅是口腔健康的需要，也是全身系统性的健康保障。口腔健康是人的权利，也是一种责任，是全身健康的重要组成部分，同时也是国家整体健康水平、社会文明程度和国民素质的重要标志之一。

陈莉莉：我有一位好朋友，在中国很知名的口腔医学院当医生，申请到美国读牙科学位后，却留在美国开业。我曾经问过他原因，他说在美国当牙医，才觉得自己是一个真正的医生。那么您觉得在中美当牙医，从医生的角度来讲最大的区别是什么？

若沃斯：我想这种区别主要来自两个方面：一个是精神上的，一个是物质上的。一方面，在美国做牙医很受尊重，病人听医生的话，遵医嘱执行得很好。你跟他说两个小时不能吃饭，他就会坐在办公室里看钟表，不到时间绝对不吃饭。但在中国内地，特别是以前的牙医"准入制度"把关不太严格，医生的素质良莠不齐，好多人认为"牙疼不是病"，牙医不是真正的医生，从整体上来说很难得到病人的绝对尊重。

哈佛大学牙科学院临床大楼

另一方面，美国牙医的收入比较高，能满足他们物质上的需求。同样的服务项目，在美国的收费基本上是中国的5—10倍。在西方国家如美国，牙科主要是营利性的，在中国则刚刚开始。相对于其他医疗服务，中国牙医的劳动强度偏高、收入水平偏低。前段时间，一个中国大陆留学生牙痛，去了波士顿一家华裔牙医开的诊所，先交了60美元的挂号费。牙医诊断说，造成牙痛的原因是牙齿破损，可在破损处安装一个牙套，但最便宜的牙套也要600美元。他感觉与国内相比费用太高。由于在美国看牙昂贵，许多中国留学生就怕患牙病，小病只能忍着，实在忍不住了才去看医生。难怪不少中国留学生回国时往往肩负着一个"重要使命"，那就是看牙。看不起牙医的还有不少经济拮据的美国人，美国的牙齿治疗费用是墨西哥的4倍，每年都有成千上万的美国人跨越国境去墨西哥的边境小镇看牙病或护理牙齿。

陈莉莉：听您这么说，我特别能理解我的朋友了。不过我认为在美国医生受尊重，可能也与他们的职业道德有关吧。我到美国后认识了许多牙医，他们虽然很忙，但对患者仍然十分耐心，告诉他该如何正确刷牙，告诉他牙齿还有什么潜在问题，安慰和引导病人。有时牙医跟病人沟通的时间比治疗时间还长，尊重都是相互的。您刚才提到了牙医的"准入制度"，您能不能将美国和中国牙医的"准入制度"作一个比较？这样我们可能对牙医的社会地位了解得更深刻一点。

若沃斯：牙医在美国有专门的牙科学院，是与医学院分开的，全美有57所牙科学院，加拿大有10所。想当牙科医生的人，首先动手能力要强，其次要有较强的综合能力和社会经验，还要在精神上、经济上磨炼一番。先念完4年大学，在这4年里要修完医学的相关学分，然后通过国家牙科考试（National Board Dental Examination），才能上牙科学院。学制也是4年，一般前2年为基础课，包括一些基础理论和模型上的动手实践；后2年是临床课，包括牙科的临床课程和接触病人的实习。牙科学院的学费很昂贵，一个学期至少要2万美元，全部念下来要20多万美元，没有雄厚的家庭实力是念不起的。8年得到牙医博士学位（DDS或者DMD），可同时进行行医资格考试，通过后可当全科牙医。然后少量的人会继续进行2—3年的专科训练当专科医生，比如专门做正畸、专门做修复，所以一个牙医毕业都快30岁了。

而据我了解，中国内地的牙医分三种：5年学士学位，相当于我们美国的全科牙医；8年硕士学位，相当于美国的专科医生；10年或11年博士学位，相当于美国的DDS或者DMD学位。现在也有长学制的7年毕业硕士学位、8年博士学位。这些医师受到了良好的口腔医学专科教育和培训，他们毕业后，多数在公立医院或大学医院里工作，他们是目前中国内地口腔医师的主力。但是也有不少人仅仅学了3年大专甚至中专，毕业后也当了开业牙医。这样导致口腔行业的门槛太低，"准入制度"有些混乱。所以中国应该提高牙医的"准入制度"，使那些未受过正规口腔教育的牙医逐渐离开医师的位置，去做洁牙师、牙齿治疗师，等等。

陈莉莉：据《美国牙科协会杂志》（Journal of American Dental Association）1999年公布的一项调查显示，从20世纪70年代早期至80年代早期，6—18岁人群的齿洞发病率下降了3/5，这在很大程度上是由于饮水中添加了氟化物，同时牙病预防措施更加先进，但是牙医们依然越来越富有。我在美国也常听人说："你想一年挣100万美金，一个星期还有3天打高尔夫球吗？那么就去当牙医。"这可能有些夸张，但也反映了牙医的经济状况，这是什么原因呢？

若沃斯：部分原因在于牙医们避开了美国医疗保健体制的冲击，转向高消费阶层。目前牙齿护理占美国医疗费用的5%以下，还没有被列为削减成本的重点对象。同时，牙医学新业务、新技术层出不穷，整形服务占全美每年牙科医疗费的10%左右，而这些多半都是要自费的。尤其是那些万众瞩目的大明星们，为了美牙都是不惜重金。例如演技和容貌都无可挑剔的好莱坞大帅哥汤姆·克鲁斯，为了让他的微笑更具魅力，尽管已经40岁了，也像小孩一样戴上了牙齿矫正器。

一般全科牙医每年收入约20万美元，专科牙医每年收入约30万美元，而据最新得到的比较资料，普通内科医生的平均年收入为16.41万美元、精神病医生为14.57万美元、家庭医生为 14.47 万美元、儿科医生为 13.78 万美元。从 1988 年至 2000 年，牙科医生的收入翻了一倍多，但其他专科医生的收入仅增长了 42%，同期的通货膨胀率高达 46%。如果考虑工作时间的话，你就更会觉得做牙医的优势，美国牙医师协会称牙科医生一般每周工作 40 小时，而美国医学会称其他各科医生通常每周工作 50—55 小时，而且两者之间的差别越来越大。

陈莉莉： 中国人说"牙好，胃口就好"；而美国人却说"牙好，形象才好"。美国人经常挂在嘴边的话是"护牙和洗手一样重要"。不少在美国生活的中国人反映，他们初来美国时，对美国人"烦琐"的护牙程序不习惯，社会氛围给他们带来压力。我有个同学 22 岁那年来纽约念书，第一次牙痛去看牙医时，对方问他："你洗过牙没有？"我同学摇摇头。那位医生顿时张大嘴巴，半天没反应过来。我同学满脸涨得通红，他说感觉自己就像穿着睡衣在街上走被人看见一样。这就是一个社会的压力，你要进入主流社会，就必须注意自己的仪表，是这样的吗？

若沃斯： 是的，美国的父母教孩子从小爱牙，多数孩子从两岁起就建立了牙齿健康档案，记录日后每一次护理或治疗情况，这一档案将伴随着主人的一生。洗牙一年至少一次。在美国，爱牙护牙既是"硬性规定"，更是长期养成的自觉习惯，其中有两个好习惯可以说是终身坚持，一是使用牙线，二是洗牙。

在美国，拥有整洁健康的牙齿是身份的象征。据统计，美国人平均每年花在牙齿保健上的钱在 1000—1500 美元，这还不包括牙齿的美容修复。美国大多数家庭购买的医疗保险通常包括看普通牙医的费用，保险涵盖了龋齿、牙周炎、牙龈炎等疾病，但牙齿美容一般不在保险之列。对保

护孩子的牙齿，美国还有一些很具体的做法，比如帮助孩子及时矫正不整齐的牙齿（在美国很难看到牙齿不整齐的人），要求参加剧烈运动的孩子戴上牙齿保护器以免牙齿因意外撞击而受伤。

美国有一个观念：即使是大萧条的时候，在很多人都失业的情况下，有两种人是不会失业的，那就是律师和牙医。可见牙医在发达国家的需求程度。口腔医疗服务在西方国家比较发达，长盛不衰。一方面是行业历史久远，发展速度快，技术和材料先进，很多新的技术和材料均来自发达的欧美国家；另一方面是社会重视，很多家庭和个人都有私人牙科医生，在美国、德国、法国、瑞典、瑞士、日本等国家有很多牙科俱乐部，这些国家口腔医师的比例高，牙科医生与人口的比例，美国不同地区为1：1500—1：3000不等，北欧为1：800，日本为1：1200，其他国家为1：2000—1：3000。而在中国内地，这个比例约为1：20000，所以中国的口腔事业还有极大的发展空间。美国社会对牙科非常重视，以政府对牙科的投入为例，2007年美国的卫生总费用是2.2万亿美元，在整个医疗保健支出增长速度放慢的情况下，对牙科的投入增加了5.2%，达到952亿美元，在中国可能暂时达不到这个比例。

陈莉莉：您刚才提到了中国的发展空间，我想起10年前曾有一位美国朋友对我说："我很难区分出亚洲人的国籍，但只要看牙齿，就能马上判断出哪个是中国人。"她的话深深刺痛了我。现在，我们很高兴地看到，经常有患者定期到医院来洁牙和进行常规检查。中国也将每年的9月20日定为"全国爱牙日"，进行口腔保健的宣传。除了牙病可能导致诸多健康问题外，健康的牙齿还能反映出一个人的修养、一个家庭的生活质量乃至一个民族的文明程度，您怎么看待中国的牙科发展？

若沃斯：牙科的发展是和经济息息相关的，让我们来看看中国经济的发展。中国的人口超过世界的1/5，这么大的一个国家，在短短30年中一跃成为世界经济大国，一系列重要经济指标跃居世界前列，在国际政治经济和文化生活中扮演着日益重要的角色，这是一个了不起的发展成就，不仅实现了国富民强的发展目标，而且发展得非常平稳和谐，可以说是20世纪世界现代化进程中的一个奇迹。

据我了解，伴随着经济的发展，中国牙科得到了快速发展。20世纪50年代，仅有约500名牙医、5所牙医学院；20世纪80年代，牙医的数量达到5700人，牙医学院达到30所；近20年来，牙医的数量增加了10倍，牙医学院从30所增至近100所，每年预计有2000多名本科生毕业，较大程度上满足了不同人群的口腔医疗保健需求。你们的口腔恶性肿瘤治疗、防龋疫苗研究等口腔医学研究达到了国

哈佛大学牙科学院科研教学大楼

际先进水平。中国口腔医疗事业在迅速发展的同时，与世界的联系也正在变得越来越紧密。

20年前美国牙科学院的校园里基本上看不到中国人，可是现在越来越多的中国人到牙科学院来做博士后研究，担任访问学者，或者读学位考美国的牙医执照。我对中国学生的感觉有两点：一个是聪明，一个是勤奋。我有一个学生就是中国人，她可以从早上7:00到晚上11:00都待在实验室做实验，实验也做得非常顺利，很多时候都让我感动，中国人确实很了不起。

陈莉莉：2006年世界牙科联盟年会在中国深圳召开，这是牙科联盟百年历史上首次在中国举办年会，云集了来自世界各地90多个国家和地区的9000多名口腔医务工作者，中华口腔医学会会长张震康在致辞中表示：本届年会的举办，实现了中国口腔界长期以来的一个共同梦想。您对这件事情如何看待？

若沃斯：我听说在考虑举行牙科联盟2006年年会地址时，牙科联盟年会组委会最先只是把举办地点放在亚洲，在与多个亚洲国家的激烈竞争中，中国争取到了承办权。世界牙科联盟最终选择在中国召开2006年年会，一方面是由于中国综合国力、经济实力和国际地位的显著提高，另一方面也是国际社会对中国牙科发展取得的成绩的肯定。

以正畸科为例，20年前，中国大陆的口腔正畸想加入世界正畸联盟（WFO），多次谈判都没有结果，为什么？因为中国大陆的专业正畸医生太少，参加国际会议时几乎看不到中国大陆人士，所以中国台湾加入了WFO，中国大陆却被拒之门外。可是2009年，中国大陆已顺利成为WFO的会员国，而且在短短2个月的筹备过程中，符合条件的会员达到1000多人，成为仅次于美国的全球第二大会员国，不能不叫人震惊。

陈莉莉： 中国的口腔事业确实得到了飞速的发展，我们每一个中国人都是非常自豪的。但是，我们也不能盲目自信或掉以轻心。有调查显示，目前中国口腔疾病的发病率占人口的74%，达到口腔卫生良好指标的成人只有0.22%，而每10个老年人中就有1个全口没有一颗牙的。这说明在中国良好的口腔保健及治疗还有漫长的路要走。您是牙学院研究中国问题的专家，您怎么看待中国牙科现在存在的问题？

若沃斯： 虽然中国牙科的发展已经取得非常大的进展，但我认为还存在一些问题，表现在以下几个方面。

第一，保健意识不强。不管是口腔保健意识还是口腔健康水平，整体都偏低。衡量口腔健康水平的几个指标相对于欧、美、日等国家差距较大。据调查，中国龋齿率较高，牙周健康率、老年人牙齿保有率、乳牙龋齿充填率都较低，这和大家对口腔疾病的认识有关，许多人觉得乳牙不用管，反正以后会换牙，他们没有意识到乳牙龋患对继承恒牙及全身疾病的影响。这个方面我想应该引起中国的关注。

第二，专业牙医短缺。据资料显示，中国受过正规牙医教育的口腔医师不超过2.5万人，人口比例约为1:50000；未受过正规口腔教育的牙医超过50万人，人口比例为1:2500。从数量上看，未受过正规口腔教育的牙医还将长期占据不小的比重，远远不能满足人们对牙病治疗的需求。

第三，牙医分布不均。中国是世界上地区发展差距最大的国家之一。牙医大都密集于收入高、人口密度大、经济发达的地区和大城市，发达地区每10万人口中的口腔医

师数为发展中地区的 4—5 倍。这样就会导致大城市牙医过剩，竞争压力较大，而边远贫困地区牙医短缺，患者无法享受高质量的服务。我想中国政府应该对牙医的培养制定一个规划，使牙医的数量与分布和社会需求很好地匹配。

第四，牙医待遇差和市场需求不均衡。相对于其他医疗服务，中国牙医的劳动强度偏高、收入水平偏低，特别是高级牙医。在美国超过 90% 的牙医是自己开业的，收入很高，很多牙科学院的教授也开有私人诊所，即使全职从事教学和研究的教授，每周也允许在牙科学院的临床门诊出诊一天，以保证其收入。我的临床门诊时间就是每周一。中国的牙医待遇还有待提高。

第五，私立诊所发展不乐观。在中国内地，专业牙医往往集中在公立医院，患者整体来说对私立诊所信任度不高。除了在北京、上海，以及沿海等经济发展水平较高的城市，一些私立口腔诊所有特定的高消费客户，效益尚好；许多不规范不专业的私立诊所只能以低廉的价格来吸引患者，这样就形成了一种恶性竞争。而在美国，大家已经习惯了到私立诊所去看牙，公立医院和私立诊所针对的消费群体不同，私立诊所收费较高但服务质量可能更好。在美国，私人牙医的地位非常高，许多牙科协会的主席就是私立诊所的医生。中国内地相当部分的私立牙科诊所发展不乐观，这有人们观念上的问题，但也有其自身的缺陷，如专业素质不高、设备环境不佳、消毒质量不高、开业管理不完善等。

第六，口腔治疗医疗保险覆盖率低并且地区差异很大。目前中国的医疗保障制度在我看来是不太公平的，高收入、高地位的人享有医疗保障较好，而低收入的人却享受不到应有的保障，而这些人往往是最需要保障的。尽管美国相对于欧洲等一些国家的"全民医保"尚有一定的距离，但对65岁以上的老人、残疾人、肾病末期的患者，我们会给予特殊医疗保险资助，叫Medicare；还有一种Medicaid，是对收入在贫困线以下的穷人、孩子和孕妇，联邦政府和州政府会给予医疗资助；同时，医院不能拒绝急诊病人，这导致美国的医疗欠费现象比较严重，但对病人来说是有利的。在这里，我很高兴地告诉大家，我们马萨诸塞州是美国唯一实现"全民医保"的州。

陈莉莉：若沃斯教授，听了您的分析，我真是茅塞顿开。对这些存在的问题，我们该怎样去改善呢？

若沃斯：我想，可以从以下三个方面采取措施：将减少需要（Need）、增加需求（Demand）、改善供给（Supply）结合起来，全面改善口腔健康和牙齿保健。

减少需要（Need），就是要增加口腔保健意识，对口腔疾病进行早期防治。任何疾病都是预防大于治疗的。措施包括：将口腔健康教育加入学校卫生课程里，建立以学校为单位的窝沟封闭活动，开展氟化物涂膜项目，开展牙齿保健公共教育，在饮水中添加氟化物，进行广泛口腔卫生保健宣教，提供营养咨询，与小儿科医生联合起来对口腔疾病早发现早转诊治疗，口腔疾病筛查和早期转诊，提高自我口腔保健，在没有氟化水系统的社区实施盐氟化，等等。不要等到牙齿有病才上牙科门诊，那样可能需要的就是复杂的根管治疗或者拔牙、镶牙，会比洗牙、矫牙、口腔保健花费更多的时间和金钱。预防的费用贵，治疗的费用不是更贵？从1995年到2005年，中国人使用的牙膏总吨数增长了一倍，一定程度上说明牙齿保健重在预防的观念在中国也逐渐成为趋势。

增加需求（Demand），就是增加患者的支付能力，并

持续灌输"牙好，形象才好"的观念。口腔各类新业务、新技术层出不穷，除了常规的拔牙、补牙，还要不断发展并推荐新的技术，提高大家的生活质量。措施包括：增加政府对口腔费用的支出，呼吁更多的口腔资金支持，扩大口腔医疗保险的范畴，对低收入的人群提供特殊的医疗保险，开展以高风险群体为目标的公共和私人牙科保险计划，开展"微笑美容"宣教，推荐牙齿美容、漂白、矫形等牙科服务，等等。利用先进的软件成像程序向病人展示虚拟照片，比较牙齿整形前后的效果。还可以用微型口腔摄像机展示病人口腔内部状况，这种摄像机的临床价值微乎其微，但没有什么比让病人观看电视机里被放大的难看的牙齿更能说服他们接受治疗了。你要时刻提醒病人，牙齿健康是文明程度的标志，要进入主流社会，就必须要注意自己的仪表，拥有整洁健康的牙齿是身份的象征。

改善供给（Supply），就是改善口腔卫生人力资源短缺和分布不均，为患者提供更好更专业的服务。措施包括：培养更多正规的牙医和洁牙师，对边远贫困地区使用移动牙科治疗设备，对口腔公共服务提供反馈意见，允许专业牙医在边远贫困地区每周坐诊1—2天，对口腔健康状况进行家庭评估，鼓励牙科提供服务的多样性，将口腔保健与禁止吸烟活动结合起来，对特殊需要的患者提供高层次服务，在学校建立牙科诊所，鼓励开设正规的私人诊所，等等。这样才能保证所有的人群都能享受平等的、高质量的牙科服务，从而提高整个社会的牙科治疗水平。

当然，这也依靠当地人口、经济情况、卫生专业队伍等，没有一个单独的最佳方案，需要把三个方面的策略结合起来。

陈莉莉：2009年4月，中国政府推出了新的医改方案，

艾提·若沃斯（左）与采访者陈莉莉（中）、张冠梓（右）的合影

提出2009—2011年重点抓好五项改革：一是加快推进基本医疗保障制度建设；二是初步建立国家基本药物制度；三是健全基层医疗卫生服务体系；四是促进基本公共卫生服务逐步均等化；五是推进公立医院改革试点。不知您关注了没有？您认为这对口腔医学的发展有什么作用？

若沃斯：中国医改是举世瞩目的一件事情，我认为它的五项改革都和口腔医学的发展有一定的关系：（1）全体城乡居民纳入基本医疗保障制度，切实减轻群众个人支付的医药费用，每个人对牙齿的关注会多一些，可以进行定期洁牙和牙齿健康检查，不要因为吝惜钱让牙齿烂得无法收拾才来看牙；（2）实行"医药分开"，牙医是治疗牙齿，而不是开一些药敷衍病人并得到药品回扣，这对提高医生的职业道德、改善医患关系都是非常有益的；（3）在社区、学校、机关、企业、乡镇启动口腔疾病管理和初级卫生保障工作，方便群众就医，使边远贫困地区的民众有条件看牙，改变许多人一辈子都不看牙科的状况；（4）启动实施

保护牙齿健康知识普及，大大增强民众的口腔保健意识；（5）鼓励医师多点执业，使专业牙医定期到基层医院坐诊，提高基层医院的治疗水平，使更多人得到高质量的服务，同时也可以提高医生的正当收入，激发医生的积极性，减少一些医疗黑幕的发生。

中国的医改方案是非常务实而有力的，但是我们需要的是结果。例如美国历史上，从罗斯福到杜鲁门，从约翰逊到克林顿，发动了一次又一次的改革推行全民医保，结果是一次又一次的失败。最终奥巴马能否成功实现美国人"全民医保"的梦想，就像中国这次医改一样，我们只能拭目以待。

谁将影响中国未来的发展

受访人——约翰·瓦特（John R. Watt）
采访人——李琦玫、靳庆军、张冠梓

约翰·瓦特博士

约翰·瓦特,哈佛大学费正清研究所资深研究员,现为独立学者。先后获得牛津大学学士学位、哈佛大学公共卫生硕士学位、哥伦比亚大学历史学博士学位。约翰主要研究中国历史,主修明清历史,主要代表作有《晚清时期中国的地方法官》(*The District Magistrate in Late Imperial China*)(哥伦比亚大学出版社 1972 年版)、《实现安全与财富:清朝的政府和经济,1644—1911》(*To Achieve Security and Wealth: The Qing Imperial State and the Economy, 1644 – 1911*)(康奈尔大学东亚项目,1992 年)。

主编手记

约翰·瓦特博士现为哈佛大学费正清研究所资深研究员。他非常爽快地接受了我们的采访。采访在约翰博士位于剑桥中心的家中进行。那天天气格外好，阳光明媚，气温宜人。约翰博士为我们泡上了清香的中国茶，然后坐在沐浴着阳光的沙发上，与我们如同老朋友般轻松地聊了起来。在采访当中，我们惊讶地发现，他对中国的了解面非常广，对中国的教育、医改、政治、历史几乎无所不知。约翰·瓦特博士会讲中文，听力甚好，堪称一位对中国了解甚深的中国通。

靳庆军：约翰·瓦特博士，能否和我们谈谈您的研究背景？

约翰：好的。我在牛津拿了学士学位，在哈佛修了公共卫生硕士学位，在哥伦比亚大学拿到历史学博士学位。我博士研究方向是中国历史，主修明清历史。1972年在大学发表了论文。然后我当了一段时间的大学老师，此后去了机关工作。开始工作时，加入了一个叫作"美国在华医药发展局"的组织。当时，该机构实际上在中国台湾运作，这也是我为什么通过在这个组织工作培养了对医药史的兴趣。这个组织建立于1937年卢沟桥事变中，就是类似现代的红十字会，后来由于国共内战，它作为一家美国组织撤到中国台湾。但我很高兴地说，无论是在中国大陆，还是在中国台湾，能为中国提供服务都是一件不错的事情。最近我要出版一本关于中国台湾医疗卫生国际发展状况的书，总结我们组织1950—2000年的工作经验。我目前研究的是1911年辛亥革命至1949年的中国现代史，研究现代医药服务是如何发展的，谁成为中国现代医药史各个阶段的领袖，

以及他们的作用和作为，他们为中国现代医药服务的发展做出了什么贡献。这一时期实际上非常重要，因为那时许多西方人士被排除在外，真正的领军人物来自中国医药机构的领导层，他们决定战争年代的政策。这一时期很有趣，我对此做了大量研究。我已经完成了著作的2/3，正在努力完成整本著作。但同时我有各种工作要做，其中之一是作为一家民间基金的管理人，这家基金致力于国际关系研究。我曾访问过北大、中国社科院、复旦、上海社科院以及北京、上海的一些类似的院所机构，一共11家单位，还访问了年轻学者以及一些年长学者——他们希望获得发展的机会，让事业更进一步。因此，我认为对我们在建立整个国际关系学领域很有帮助。我尝试在大学机构作研究。我现在仍旧认识一些在20世纪八九十年代沿着这条路作研究的朋友。从那时起，我努力改善对待中国文化、历史和民族的美国化标准。因此，当我们带团来中国，我们总是介绍一些我们在中国交到的朋友。他们来中国不仅仅是参观长城、故宫，还要到学校去看看，与我们的同事座谈、交流，交换对各种问题的看法。如果可能的话，我们安排他们住在当地居民家里，这样他们就能够对今天中国人的生活有些感性的认识，因为美国人自他们5岁时就被灌输了关于中国的各种误解。因此，我想，只有两国的人民彼此有机会更多地了解对方，才能消除那些误解。很早以前，我对东南亚也很感兴趣。我们在东南亚也是这么做的。我和妻子带领一个教育工作者的团队到越南和柬埔寨去，看看在那些地方发生了什么。不过中国还是我感兴趣的重点。总的来说，基本情况就是这样。虽然我没有常规的科研经历，但对于能够有机会参与中国国际关系领域的重建，我觉得自己很幸运。这对我个人而言也是一个重大机遇，因为我说过，我对民族研究很感兴趣。

靳庆军：我对此印象深刻。谢谢！您是什么时候开始对中国事务这么感兴趣的？

约翰：嗯，早些年，当我在这个医疗机构中担任行政职务的6年期间，我在中国台湾认识了很多朋友，一些是台湾人，一些是1948年、1949年离开大陆的大陆人。他们来自协和医学院等地方，都是些相当有声望的人。说实话，我认为中国内战是场悲剧，中国大陆流失了很多人才，尤其是在20世纪40年代发生了很多事情，所以这些人最后来到台湾定居，我认识了他们中的一些人。我采访了一些这样的人，了解他们在抗日战争中的经历，那时，我就对医疗历史产生了兴趣。

靳庆军：所以从那时之后您就一直从事这项工作。您什么时候学的中文？

约翰：好问题！我不太确定。哈哈，这有点尴尬。应该主要是在4年大学学习期间。那时什么材料都没有，不像现在学汉语那么容易。现在有各种学习工具，磁带、光盘、CD、好的字典，等等。那时我们什么都没有。要查出汉字的含义足以让我发疯。字典太差了，一定是由美国传教士编的，发音不准确。

靳庆军：在那个时代，很少有美国人对学习中文有兴趣，对吗？

约翰：是的。我第一次接触到中国人时刚刚高中毕业。每个高中毕业生都必须到军队服两年兵役，因此我被征召到英国军队。我被分配到马来西亚，开展丛林巡逻。我在马来西亚度过的那年，让我很吃惊。那时候是1948年，在马来西亚居住的一些中国人开始反抗英国殖民政府和马来人的领导。英国人最终同意在1957年将殖民地移交给马

来人。

李琦玫：您那时不会想到，今天您能够在美国家中用中文与中国人交谈。

约翰：事情就是这样。住在马来西亚的大多数中国人都被派去做橡胶树工作，或者去采锡矿了，他们的生活显然很艰辛。当看到他们的生活条件时，我震惊了。从来没有见到过人们生活在这样的条件下，很可怕。现在的马来西亚比起我第一次去时已经好太多了。我发现，我不了解英美以外的任何事情，我一点也不了解中国，一点也不了解中国人，甚至一点也不了解马来人，这是与我所处的世界完全不同的世界。

李琦玫：您这些年来去过中国这么多次，您对那里的发展状况有什么感觉？

约翰：哦，一年比一年好。我对中国充满热情。我第一次到中国是1976年。

李琦玫：上次去中国是什么时候？

约翰：基本一年一次，但2008年因为北京举办奥运会所以没去。我们去了西贡。不过2009年8月肯定还会去。

李琦玫：您是说这十几年以来吗？

约翰：差不多。我1976年第一次去中国。1977—1985年，我在中国台湾逗留。1987年1月又去中国大陆。之后几乎是一年去一两次。

靳庆军：现在中国有很大发展。

约翰：对，很大发展。我记得20世纪90年代初在上海社科院的会议上，参加研讨会的人们都在抱怨说，为什么香港是金融中心，我们上海才应该是金融中心。在会议上，他们都坦率直言。当时我和同事以及民间基金委员会会员坐在一起，他们各抒己见。大家聚在一起时是各抒己见的好时机，同时也发些牢骚。看看现在，上海已是香港三倍那么大，拥有大规模城市化住宅，变化就是这么快。

几天前，我在网上读到新闻说，香港的定位是四个中心。与上海竞争，他们在四个领域有优势。香港、深圳周边的工业区域很广，香港有很大的国际机场，良好的航运设施，以及与东南亚、澳大利亚、新西兰、日本、印度的良好联系，因此香港具有优势。

靳庆军：还有体制优势，健全的法律体制、金融体制。

约翰：是的，没错。香港具有良好的法律体系。所以，我认为，上海和香港他们各有优势，不必担心受到对方威胁。

靳庆军：您现在从事医疗卫生领域研究，您怎么看中国正在进行的医疗改革？

约翰：我知道，温家宝意识到了改善农村医疗服务的必要性，这也的确是必需的。哈佛公共卫生学院的一些专家对此很感兴趣，他们原来都来自中国。我们和他们很熟。

李琦玫：您知道刘远立教授吗？

约翰：知道。我也认识他妻子，他的一个博士生也是我们的好朋友。

李琦玫：他的太太是马静博士。我们也是朋友。

约翰：他们人很好。有一次我们邀请陕西省负责卫生医疗的领导参加晚餐，就在这里，由刘教授带队，我们和他的谈话很有趣。他不太明白我作为美国人为什么对西安的小村庄这么感兴趣，于是我们就尝试作出解释：因为我们的一个中国朋友来自西安，因为他，我们才对那个村庄有了兴趣。

靳庆军：中国西部人口众多，实施改革很困难。

约翰：没错。人口众多使问题复杂化。这么多人，就

会有很大问题。其实相比中国西南部的一些地方，西安周边的村落卫生设施条件不错。这令人印象深刻。

靳庆军：您如何看中国发展的不平衡？

约翰：东部沿海比西部要发达很多很多。我和我的太太安带领一队教师，沿着丝绸之路，一路从西安到喀什，参观了各种社区。我们觉得那边至少落后 10 年。中国必须积攒实力，一边发展东部，一边逐渐带动西部。

靳庆军：您认为中国政府让东部帮助支持发展西部是个好政策吗？

约翰：当然，非常好！这样对西部的人民比较公平。东部的有些人可能会有想法：为什么我们要帮助他们，为什么他们不能像我们一样奋斗？但我认为，这对东部幸运富裕起来的人们和西部不太幸运较贫穷的人们都是件好事。这跟美国一样，美国人被要求帮助美洲和非洲的人。有些人愿意这么做，包括我，我们都向慈善机构捐款。这只是我们财富中很小的、微不足道的一部分。

靳庆军：您认为对西部最重要的帮助是什么，是钱还是别的什么？

约翰：我认为教育比钱更重要。有人说，钱解决不了问题，人才能解决问题，我同意这种说法。当然人们也需要点钱，这也是我在做这个项目的时候学到的。关于人们如何对待日军侵略的项目，美国、海外华人花了很多钱。他们遇到一些困难，但是那些真正的领导者仍然设法尽自己的努力维持道德正义。钱不是最重要的，领导能力更重要。东部人可以提供一些民间社团组织，集中才智，帮助四川、云南等地发展经济、矿业、医疗等方面。我们曾经跟一个四川大学的经济学教授一起吃饭，他说四川是个很穷的省。我当时都不能相信，我一直认为四川省有很大的财力，但事实并非如此，还是有很多穷人。

靳庆军：您去过四川哪些地方？

约翰：我们去过成都、都江堰等。

靳庆军：您去过甘肃吗？

约翰：我去过兰州、嘉峪关。我们去过的少数民族地区有云南。我们去过大理、丽江。

李琦玫：丽江很美，但那儿的人们穷吗？

约翰：丽江的人比较富裕，因为去那里旅游的人很多，但是丽江以外的人还是比较穷的。

哈佛纪念堂

靳庆军：您知道，2009年中国政府一直在调整西部开发的政策，像"一帮一"的政策，就是每一个富裕的省帮助其他贫困的城市，比如山东帮助新疆。

约翰：非常不错的想法。

靳庆军：不只是财务支援，还有科学、技术、教育、

企业等全面的合作。

约翰：知道哪个省支援云南吗？

靳庆军：好像是上海？

约翰：哪个支援贵州？

张冠梓：好像是浙江。

约翰：浙江应该能够提供很多帮助。

李琦玫：您对中国很了解。您去过贵州吗？

约翰：贵州，我只是从一些文献对它有所了解，没去过。我们去过广西。

靳庆军：有个很特别的省区——西藏。它的每个县州都有特定的内地专门省份的支援。

约翰：这种做法非常好。

张冠梓：北京支援拉萨，上海支援日喀则。

约翰：安和我在拉萨待了几天，那儿有个很大的寺，名字我忘了，在西藏东北部。我们都去了那个寺。甘肃有个镇叫夏河镇，也有个很大的寺，叫博拉寺。

李琦玫：您去过不少地方啊。

约翰：外国人都是这样的。有的中国人来美国，他们在美国去过的地方比我们多多了。

李琦玫：您真的很喜欢中国，而且很关心中国教育、医疗等事业的发展。

约翰：我们很关心中国。我们去过很多学校。

李琦玫：你们的确花费了很多时间去了解中国。

约翰：是的。

靳庆军：您怎么看待近期中国少数民族地区的发展？

约翰：我不得不说，从我有限的经历来看，少数民族地区比整个中国的发展落后很多，可能是因为他们要保持自己的文化。比如丽江的纳西族，他们的文化很特别，有自己的宗教等，但是为了保持这种文化，他们失去了快速发展的机会。可能他们喜欢这样。我们还去过在云南西南等地的彝族村庄。他们也有学校，但是我们去过的学校几乎没有什么书。

靳庆军：您听说过摩梭人吗？

约翰：听说过。

靳庆军：知道他们有走婚的习俗吗？

约翰：我听说过。有意思！

李琦玫：您去过多少中国的学校？都在哪里？

约翰：我们去过成都乡村的学校，还有广西桂林的、陕西延安的，我们还去过上海的很多学校。

李琦玫：一共大约多少个学校？

约翰：一共大概三十几个，这在中国只是沧海一粟。

李琦玫：您去这些学校是为了什么？

约翰：看看这些学校做什么、有什么理念、有什么教学目标、如何教学、怎么实施教学，等等。我记得一件事情，在成都听一个老师教美国文学，他讲得非常好，学生都很用功，讨论很激烈。我们就在教室后面听课，非常有趣！我还在北京重点学校听过数学课，老师也教得非常好，教学很专业。

李琦玫：您是自己去的吗？

约翰：我跟我们的教师们去的，希望他们能学习一下。

李琦玫：我知道您和夫人在14年前创办了一个教育的非营利组织Primary Source。这个组织在波士顿很有名气。您太太发起这个组织，您做顾问帮助融资，融了很大一笔资金。你们做得很成功。这个组织有一套体系，对新英格兰地区的公立学校教师在外国语言、各个国家历史等教学方面进行培训，为新英格兰地区的国际化教育开创了新纪

元。你们还做国际教育文化交流工作。这个非营利组织与公立学校和政府教育机构密切沟通，并得到了政府的充分支持和信任。

约翰：我们培训老师教中东文化、伊斯兰文化和非洲文化。我们还进行美国学校和中国学校之间的教师交流，邀请中国老师来美国考察。

靳庆军：您可以简要介绍一下您的项目吗？您如何看待中国近期的教育发展？

约翰：刚开始的时候，整个新英格兰地区几乎没有关于中国的教育。我记得，新罕布什尔州学区的教育官对我说，如果我是学区的教育特别顾问，一定不会设有关中国的教学。这就是14年前我们开始办国际文化交流培训课程的情形。我当时认为他的想法很傻。但是我很礼貌，没有说出来。但我想我们的项目可以不让这样的人参与。当然现在不会有从事教育的人说这样的话了。他们都关注美国学生的未来，都关注他们在全球经济中的生存能力，而在全球经济中对美国至关重要的国家就是中国，中国是重要的贸易伙伴，支持着美国的国债。几乎美国经济的各个方面都有中国的参与。因此，我们告诉他，现在的学生必须了解中国，这无可争议，否则他们就无法与世界竞争。我们主要资源都集中在全球化教育上，美国学生必须学会怎么适应其他文化，怎么在其他文化中生存。他们必须学会走出美国，他们可以从中国开始，中国是跟美国经济关联最大的国家——除了加拿大之外，加拿大跟中国不同。

李琦玫：那个教育官为什么这么说呢？

约翰：他可能是在新英格兰长大的，以前学校连关于欧洲的课程都没有设立。他可能觉得学生们不需要知道中国，他们会像他一样在这个镇上学习，在这里工作，以后还会回到这里。当然过去可能是这样的，现在已经不是这种情况了。如果你想工作，必须到有工作的地方去，不能再待在一个镇上，一辈子做一种工作。而且他显然是个不看世界新闻的人，不愿意了解这个世界发生了什么。

靳庆军：有这样想法的人多吗？

约翰：那时新英格兰地区的教育非常保守，根本跟不上贸易和军事的发展。新英格兰地区是当年新移民乘着五月花船登陆的地方，所以他们思想更传统，作风更保守。他们自信、谨慎，对新的知识和文化总是抱着审慎的态度。我记得有一次带学区领导们到北京、西安和上海参观，有两个人带了很多瓶威士忌，因为他们害怕自己什么都听不懂，所以就喝酒解闷。年轻人不这样，年轻的老师适应能力比较强。所以我基本上还是乐观的。我想这一切都会改善的，美国会更多地了解中国，但是他们必须加快速度。

李琦玫：您怎么看待中国教育的发展？

约翰：我认为那些重点学校非常好，设施很先进。重点学校就是当地最好的、顶尖的。这些学校资金非常充足，他们的设施可跟美国的学校媲美，甚至更好。但如果你去看看那些非重点学校，看看那些乡村学校，你就会觉得差别非常大。他们根本得不到平等的教育机会。不仅是农村，城市也可能有这种情况。整个国家的水平差别很大。当然，如果你去美国密西西比的有些学校看看，你也会发现教学水平有差距。

有人说经过 30 多年的改革开放，中国经济飞速发展，但教育，特别是农村的教育却并非如此。

李琦玫：是的，农村教育落后了。

约翰：这是因为政府对农村学校的投入太少。那里没有计算机，没有良好教育背景的老师。没人愿意在农村当

老师。如果在农村居住的人们能享受到城市的待遇，可能就有人愿意在农村教学了。西安已经开始这样做了，政府修了很多路通往乡村。我们第一次去蒲峪乡的时候，只有一条小路，很难走。现在的路都修好了，从西安到那里只要40分钟。这样人们就可以住在村里，但在西安工作。这样就改变了农村文化，不再是你住在村里，工作只能在村里，或住在西安，工作只能在西安。我们的一个朋友住在西安，他来自乡村，他一直在西安和乡村之间往返上下班。他是个受过高等教育的人，他希望村里人有跟他一样的机会。

靳庆军：我上大学前曾经在安徽蚌埠附近农村的中学当了3年教师。当时是"文化大革命"后期。我们高中毕业后都需要去农村锻炼。当时，有很多大学毕业生在农村和我一起教书，当然他们是被政府分配到农村去的。现在没有强制人们到农村去的工作分配，好教师都不愿意去农村了。因此，我相信当时的农村教师水平好于现在的农村教师水平。

约翰：我想你是对的。我想当时很多受教育的人住在农村做同你一样的事。这对农村的人来说，是一个很好的学习机会。我想毛主席有足够的智慧意识到做这样的事可以两全其美，毛主席认为你们是真心希望到农村去的。

靳庆军：但现在问题依然存在。您认为未来会如何？

约翰：在美国，有一个组织，类似和平组织，把年轻的富有理想主义的大学毕业生送到困难地区教学，以此来平衡教育水平。

靳庆军：谁来运作这类组织？政府吗？

约翰：他们是非政府的非营利组织。

靳庆军：所以中国需要借鉴这类非营利组织模式……

约翰：这是一种可能性。我是说，这是一种适合美国文化的方式，因为美国历史的发展就是人民需要自力更生。在美国，人们普遍有一种想法，无论结果好坏，人民应当自力更生，而不能指望政府来做，即使是民主党人也在一定程度上相信这一点。在中国，是否有这种可能？我想不出有什么不可以的。我不知道你们是否知道，中国台湾有一个佛教组织叫"慈济"，具有惊人的能力。他们其实也在中国大陆开展活动。特别是汶川大地震发生时，他们在24小时内到达四川，致力于灾后恢复和急救，提供医护服务。据我所知，他们目前还未从事教育工作，但他们在63个国家开展活动，包括美国。新奥尔良的大灾难发生时，他们立刻出现在那里。他们组织了老年人和年轻人，说服他们志愿服务、帮助他人。

李琦玫：您对中国、美国在大灾难中的印象如何，比如汶川地震和新奥尔良洪水？

约翰：布什总统过了很久才去新奥尔良，而温家宝总理在24小时内就赶到了汶川。布什总统的做法不能让人满意。温家宝总理的反应是迅速的，我们的领导人反应太慢……现在对新奥尔良的援助仍然存在很多问题，还有很多事情要做。四川的这次灾难要比新奥尔良的严重得多，但是应对的工作很可靠、很好，令人印象深刻。

李琦玫：能谈谈您提到的您和安建立的诊所吗？

约翰：我的一个朋友想开设一家诊所。他有一些从朋友那里得来的资金。我们协助他设立了诊所，在蒲峪乡，可能在西安的东南面。我们提供改善学校体系的建议，筹措了5万美元支持学校。这些钱主要来自美国的老师。我们提供建议，并努力使刘远立教授和其他人产生兴趣，将蒲峪乡作为中国农村的示范村。我们开始建立一个试点，

只是还没有取得成功。

李琦玫： 你们做得很好！您确实在努力帮助中国。

约翰： 我们本可以在学校项目上取得成功，但到目前为止我们失败了。过去有一位非常优秀的校长，他很有远见，但是现在没有这样的校长了，没有人配合我们的工作。

靳庆军： 您认为在中国的现代化进程中，中国应向美国学习些什么？

约翰： 谢谢你问这个问题。反面的教训比较容易吸取，不要让金融人士管理中国，像他们管理美国那样。这不是个好主意，对任何人都不好。他们自己取得成功，榨取了他人的财富。所以我认为中国应当维持严格的金融监管体系。美国曾经有这样的体系，但是国会和执行机构削弱了这些监管。在我看来，中国曾被认为非常脆弱的体系现在看来却强于任何其他体系，非常卓越。中国过去还没有杠杆经济，现在却比较健全。中国企业家和其他人一样擅长发展公司以及开发制造生产流程。我认为可能某些方面中国需要像美国一样有更好的监管，例如食品、药品行业等。尽管某些人认为美国药品监管过度，但我认为过度监管比疏于监管要好。

另外，美国还有一些很好的农业发展政策，这些政策自19世纪晚期就开始实施。康奈尔大学等在很大程度上就是农业推广机构，帮助提高纽约州北部农业的水平，在农村提供种植业的技术信息服务。也许中国可以借鉴这种推广体系，可以向农民提供课程和教育，特别是边远省区，如广西、湖北、湖南这些省区。

靳庆军： 您说中国在进行现代化进程中，不一定要跟美国学。

约翰： 中国的很多方面，比如说金融业，现在很稳健，不要跟美国学，不要让美国的这些人搅乱了。中国的企业家非常有能力，自己有自己的办法，不一定要学美国。医药卫生方面的管理，可能要向美国学习，美国的药品监管比较严，中国的比较散乱，严比宽松好。

靳庆军：非常感谢您的建议，我想这些都是非常好的建议。我同意您的意见，中国不能完全复制美国，不必任何东西都复制美国的。

约翰：绝对不能！一些东西不应被复制。

李琦玫：因为我们不能复制不同的文化、不同的哲学。

约翰：我想中国政府过去30多年都是由工程师来运作，江泽民、胡锦涛、温家宝等，几乎都是工程师出身。温家宝学地质，但没有差别，都是科学。中国过去被军人统治，军人之前则是被学习孔孟之道的人统治。所以我希望那些受过大学教育的有伟大思想的人回到公众领域，因为相对工程师而言，他们对人性有更深的理解。

靳庆军：不久的将来，中央政府的年青一代，他们的专业更倾向于经济、哲学和法律，例如习近平、李克强等，他们都拥有经济和法学学位。

约翰：律师不错。我想我们国家有太多的律师，律师在运作管理美国事务。

靳庆军：中国古代的法律事实上是孔孟之道和皇帝的旨意。但是，现在我们需要遵循一个法律体系。

约翰：是的，我确信你是正确的。在中国历史上有悠久的法律传统，官员需要掌握法律传统来维持法律与秩序。事实上这就是传统的帝国，也就是我在哥伦比亚大学研究的东西。在明朝和清朝，或许有地方官员尽力维持法律与秩序。他们也有法律专家向他们提出建议，有点类似于今天中国政府的做法。但那确实不是一种法律体系，传统的体系是用来保护政府的利益，而不是保护人民的利益。好的皇帝知道平衡与协调，而不好的皇帝则只知道遵循法规或滥用权力。

靳庆军：您讲到明代和清代，这是您大学里所学专业吗？

约翰：我是历史学家。我对历史很感兴趣，对中国历史很感兴趣。相对于美国历史来说，我学习的中国历史更多。

李琦玫：美国历史非常短。

约翰：非常短，都没有太多东西可以研究。

李琦玫：您对中国哪一阶段历史最感兴趣？

约翰：视具体情况而定。我从大学时开始研究，研究领域集中于明代和清代。

靳庆军：您对明代和清代有特别关注的地方吗？

约翰：有的，比如朱元璋。他不是一个很好的人，但他是一个农业改革家，他确实想改善人民生活，这是他做的一件好事。他真正关注普通人民的生活。但是明朝后来

约翰（中）与采访者李琦玫（右）、靳庆军（左）合影

的皇帝们逐渐失去了与人民的联系。这在一段时间内没什么影响，因为当时经济取得了实质性的发展，但是在接下来的几个世纪后他们陷入困境，明朝也因此灭亡。满族人来到中原，那个时候的满族人与普通老百姓没有任何接触，但是他们非常认真地学习儒学，如康熙皇帝非常乐意学习儒家学说，乾隆皇帝也一样。康熙、雍正和乾隆，这些皇帝不但关注儒学，也关注佛教和基督教。

靳庆军：是的，这三个皇帝非常关注普通人民，因为他们的思想非常开明。他们的民族在过去什么都没有，他们想从汉人那里学习尽可能多的知识以便于治理国家。康熙、乾隆来自中国东北，他们属于少数民族——满族。

约翰：是的，他们是少数民族——满族。

靳庆军：但是他们认为他们民族的文化也是中华文化的一支，他们也是黄帝和炎帝的后代。非常有意思！

约翰：当然，当然。因为他们想统治国家，他们想让人民相信他们是黄帝、炎帝的后代。黄帝是一个真实的历史人物，统治着中国的北方。

靳庆军：您认为让美国人，特别是议会、众议院，更多地了解中国人的方法是什么？

约翰：我认为中国政府让美国政治家定期访问中国是个好主意。我是说，我知道他们在定期做这些事情，但是很多时候只是让美国人去参观中国长城（笑）。我遇见过一个美国议员带着他的女朋友在中国官员的陪同下参观长城。一个高级官员出现如此可笑的情形对美国来说是非常尴尬的。因此，我们希望可以派更多严肃认真的政治家到中国去，跟像社科院这样的机构进行真正的谈判和讨论，例如关于中国和美国的环境问题的讨论。现在哈佛正在开展关于中国环境的重大项目和关于中国公民健康的重大项目，

这些才是有意义的事情。你知道，在一些问题上，我希望同样的讨论可以在社科院西藏研究所进行。社科院有非常聪明的人。

靳庆军："不折腾"近来总被提起。

李琦玫：这是很时髦的词，现在很流行。

约翰：不要动摇根基——我想这个词大约是这个意思吧？

靳庆军：是的，是这个意思，不做任何不必要的事使事情更复杂。如果有人找您麻烦，您不想回答而避开，就叫"不折腾"。这个词有不同的英文翻译。

约翰：在美国我们常说"你办事我放心"，这句话很流行。

靳庆军：现在变了。那句话仍然流行，但"不折腾"现在更热。这个词是胡锦涛提出来的，原本意思是保持国家的和平稳定，致力于经济发展。这个词其实很通俗，但是现在变成老百姓的口头禅了。

约翰：18世纪英国有位首相罗伯特·沃尔波尔（Robert Walpole），他曾经说过，让睡狗躺在那儿，不要吵醒它，莫惹是非。他成功地担任首相大约20年。

李琦玫：这近似我们的"不折腾"。

约翰：是的，不折腾，我的理解是：生活很不错，为什么要动摇其根基呢？我认为这就是胡锦涛为什么要提倡"不折腾"的原因。这使得生活更简单容易一些。我想知道汉字"腾"本身是什么意思？

靳庆军："腾"？您知道马跳跃吗？（做手势）这就叫"腾"。

约翰：喔。

靳庆军："折"是指转过来。当您躺在床上睡不着的时候，您就会转来转去。

约翰：喔。这就是"折"。

靳庆军：不要不停地跳上跳下，这是"不折腾"的字面意思。

约翰：谢谢！今天上午，通过国家公众广播我了解到一些关于一个年轻人的信息，他的名字叫"郭敬明"，你们知道他吗？他为年轻的大学生写书，开博客，已经挣了几百万美金。他是个非常聪明的生意人。他25岁已经挣了几百万美金了。我25岁的时候，还没有赚任何钱。

靳庆军：哈哈……您开始得晚了。

约翰：他写小说给学生们看，写抚慰他们的心灵的这类文章。比较有趣！他非常非常成功。广播里还提到另外两个中国作家的故事。首先，他们讲了关于《狼图腾》的作者的故事，你们知道吗？《狼图腾》的作者是"Jiang Rong"，名字对吗？

李琦玫：对，《狼图腾》的作者是姜戎。

约翰：是的，姜戎。我读了这本书的英文版。这是本非同寻常的书，非常深刻，我认为它对中国人有非常好的洞察力。

第二个故事是余华和他的《兄弟》。我没有读过那本书，但是我敬重余华，我想买这本书。

张冠梓：余华大约两个月前在哈佛。

约翰：我很遗憾不知道这件事。嗯，无论如何，这说明中国现在发生了人们不知道的许多变化，因此胡锦涛说"不折腾"是对的。这使得作家、艺术家和商人能够去做他们想要做的事情。而他们想要做的，我认为，有时候比政治家所做的对中国更有影响，因为中国人正在重新审视自己的心灵和灵魂。这些人将唤醒中国人的灵魂，而政治家只是解决他们的温饱问题。

李琦玫：您知道中国仍然处于发展经济的阶段。中国过去一直很穷，因此对很多人而言吃饭是首要问题。政府要养活所有人。我认为这是胡锦涛之所以这样说的原因。

约翰：是的，这是事实。解决吃饭问题是必需的，但是吃饭是为了什么呢？为什么不考虑他们的心灵呢？那是应当做的正确的事情。

李琦玫：您认为人们已经那样做了吗？

约翰：嗯，我认为胡锦涛的政策给了这些人机会去写书、绘画。中国当代艺术展在博物馆举行，我没有去看，但是我看了摘录。这些中国艺术家的作品令人惊叹，非常棒，确实很棒。我认为这些活动越多，人们在中国的生活会越好。经济是重要的，但我们也应当考虑文化的发展，何况中国的文化如此丰富……

李琦玫：您如何看待中国目前的国家领导人？

约翰：嗯，我知道的不多。我聆听过温家宝来哈佛大学时的演讲，也听过江泽民来哈佛大学时的演讲。他们都是非常不错的人，我不反对他们中的任何一个。但我特别喜欢温家宝，他是个值得钦佩的人。他对于中国普通百姓的生活比大多数高官了解得更多。我们对他也比对其他高官了解得多。作为其中一个典型事件，他在汶川大地震发生时前往四川，所以他才知道怎样做到最好。中国需要一个这样的领导人。中国也需要像胡锦涛这样的领导人，他可以提出保持平衡稳定的正确口号。因此，我认为他们是不错的团队。

李琦玫：他们是不错的团队，那么他们之后的下一届领导团队呢？您对他们有什么期许？

约翰：我认为他们将会遇到很大的挑战。因为下一届领导团队不得不应对中国北方地区严重的缺水问题,他们还需要应对空气污染问题,另外还有能源问题。这些都是需要下一届领导团队去面对和处理的重大问题。

靳庆军:还有环境保护问题。

约翰:是的。中国北方地区正在变得越来越干旱,就像美国加州一样。我们在加州的部分地区已经遇到了该问题,但是中国所面对的问题更加严峻。我的意思是哈佛大学有人在研究环境问题,亦告诉过中国政府这些问题。

靳庆军:中国政府完全了解这个问题。长江的南水北调计划就是用来解决这个问题的。

约翰:希望中国政府能很好地解决这些重大的问题。

李琦玫:谢谢瓦特·约翰博士!希望在中国见到您和您的夫人!

中国的历史沿革与未来模式

受访人——傅高义（Ezra Feivel Vogel）
采访人——孙中欣

傅高义教授

傅高义，美国著名东亚问题专家，曾经担任哈佛大学社会科学院荣誉教授、哈佛大学费正清东亚研究中心主任、哈佛大学亚洲中心主任、华盛顿全国东亚事务研究办公室主任等职务。作为美国研究东亚问题的泰斗，傅老精通中文和日文，是名副其实的"中国通"和"日本通"。傅高义1930年7月出生于美国俄亥俄州特拉华市，1950年从俄亥俄州韦斯利大学（Ohio Wesleyan University）毕业，1958年获哈佛大学社会学博士学位，1963—1964年在哈佛大学进行了两年的博士后研究，主要学习中文和历史。1967—2000年在哈佛大学任教直至退休。20世纪50年代末期，在结束哈佛大学的博士生学习后，傅高义来到日本，进行实地研究。经过两年潜心研究，1963年出版了专著《日本的新中产阶级》（*Japan's New Middle Class*）。60年代，他又转战当时还在英国管辖之下的香港，隔着罗湖口岸开始着手对中国广东进行研究。通过对广东地区社会经济情况进行身体力行的考察和研究，1969年，他完成了研究中国的第一部学术专著《共产主义下的广州：一个省会的规划与政治（1949—1968年）》（*Canton Under Communism*）。70年代末80年代初，日本经济异军突起，出于对日本问题的极大兴趣和无限关注，傅高义于1979年推出了一本剖析日本成功经验的专著《日本第一：给美国的经验》（*Japan as Number One: Lessons for America*），此书的出版立刻在美国掀起了浪潮。80年代，随着中国改革开放的全面展开，中国大地发生了翻天覆地的变化，中国再次成为世界各国关注的焦点，傅高义也不例外，应广东省政府的邀请，他再次来到阔别十余年的广东，在各地进行了7个多月的实地考察和研究。1988年，在第三次来粤进行更深一步调查之后，他撰写了第二部研究中国问题的专著《领先一步：改革开放的广东》(*One Step Ahead in China: Guangdong Under Reform*),在书中,他以广东经济为窗口,用鲜活的数据和例子对中国改革开放的历程进行了深度扫描,为美国乃至全世界了解中国提供了一个有力平台。90 年代,"亚洲四小龙"创造了亚洲经济上的辉煌,傅老先生随即于 1991 年出版《四小龙》(*The Four Little Dragons*),他对亚洲形势敏锐的洞察力和快捷的反应速度着实让人赞叹、敬佩。

主编手记

2009年6月9日，傅高义教授在哈佛大学接受了中国学者孙中欣的访问，就美国以及世界范围内对中国研究的发展变化的历程做了深度的回顾与总结，并乐观地展望了中国未来的发展道路。

孙中欣： 从1949年中华人民共和国成立，到今年正好是60年。从这60年中国走过的道路来看，有两个问题值得我们在今天进行反思：一是世界范围内的中国研究这些年来经历了哪些变化；二是中国60年的发展道路给世界留下了什么启示。我想请您谈谈对这些问题的看法。

傅高义： 中国学方面，我主要谈谈美国的中国学，同时也包括欧洲以及其他国家和地区的中国学。第二次世界大战后，中国研究的范围还很狭窄，当时研究中国的学者主要是谈中国的历史、语言和文学，研究中国的社会、政治和经济的不多。在美国，中国研究发展比较快的时期主要是20世纪50年代。但是由于当时处于麦卡锡时代，中国问题是一个很敏感的话题，我们研究中国存在一些问题。我认为当两个国家处于敌对关系时，双方相互间比较接近的人的处境都很艰难。所以当时跟美国有点关系的中国知识分子的日子比较难过，我觉得当时在中国对美国比较友好的知识分子很辛苦。我们在美国也有类似的境遇，但不如中国的那么严重。所以我当时对中国的研究也不多，这种情形一直持续到麦卡锡时代结束。

你刚才说到，新中国已经60岁了。中国是一个有几千年历史的国家，而美国是一个很年轻的国家，才200多岁。所以美国的各个方面，包括政治制度，都改变得很快。到1960年前后，情况就有了很大的改善。

当时美国有一个社会科学研究委员会（Social Science Research Council，SSRC），这个机构比较接近你们的中国社会科学院，但性质不一样。我觉得中国社会科学院有半官方的性质，而 SSRC 的成员是大学里面的学者和专家，包括社会学、政治学、经济学、人类学等各学科。很多大学的专家学者参加了 SSRC 在 1960—1962 年举办的几次专家研讨会。其中，哈佛大学费正清中心、哥伦比亚大学和西雅图华盛顿大学在中国研究方面是最为成熟的。此外，美国还有一个人文学科的组织美国学术团体协会（American Council of Learned Societies，ACLS），它与 SSRC 类似，代表文学、语言学、哲学等学科，是一个专门搞文化研究的机构。当时在美国这是两个比较成熟的研究机构。

说到中国研究在美国的发展背景，不得不提到美国当时的情况。第二次世界大战前，美国奉行孤立主义，很少参与全球事务，第一次世界大战后建立的国际联盟美国也没有参加。但是第二次世界大战后，美国人认识到这个世界已经是个全球化的世界，而美国的确已成为一个大国，也就是你们中国人所说的"超级大国"。美国人认为自己应该担负起世界责任，应该多发展地区研究。过去，进行地区研究的都是一些"古怪"的人，他们主要是为了自己的兴趣爱好而研究。但是第二次世界大战以后情况发生了改变，美国政府开始意识到自己的国际责任，需要多了解全球的情况，美国的社会科学也应该加强对全球各个地区的研究。因而，地区研究已经不再单纯受学者个人意愿的驱使，而是一种国家有意识推动的研究计划。我认为美国当时的情况很接近中国改革开放初期，当然具体动机有所不同。中国当时是觉得自己落后，要了解外国情况以多向他国学习，是为了发展；美国是在第二次世界大战后意识到应该多了解世界各国的情况，应该发展和扩大地区研究，是为了服务其国家战略。

孙中欣：加强地区研究是受美国当时的国家需要推动的，那中国研究的具体情况如何呢？

傅高义：当时我们觉得美国对 1949 年后的中国和中国共产党认识很不够，因此 1961 年后，美国社会科学界的一些代表在 SSRC 组织了一个由 20 多名专家学者组成的社会人类学小组，专门讨论加强地区研究。我也参加了该小组的讨论工作，我们认为美国大学在中国研究方面应侧重政治学、社会学、人类学和经济学等方面，并提出了硕士学位以地区研究为主、博士学位以学科为主的方案。此后我们每年定期开会，讨论的主要内容包括：如何开展对中国社会的研究，以什么标准选择哪些参考书目，资金来源是什么，专门的图书馆应该怎么安排，以及如何培养学者，等等。为了发展中国研究，美国社会科学界连续 5 年一直定期组织专题小组进行讨论，我们社会人类学小组讨论如何发展中国社会学，同时还有讨论中国经济和法律等专题的小组。

当时参加讨论的社会学、人类学学者中，我算是比较年轻的。我个人认为我们是比较客观的，虽然初衷是服务于美国的世界地位，但是我们很客观，不仅仅是爱国主义，不仅仅为了美国，也为了全世界的和谐，为了增进彼此之间的了解。这是 20 世纪 60 年代初中国研究的情况。

当时的专家小组比较小，讨论的问题比较大，但是参与的人不多。主要是前面说到的三所大学的学者，同时也有我们的博士生。这些博士生毕业后到了伯克利、密歇根等高校。20 世纪 60 年代有很多学生毕业，他们中有很多都进入了中国研究领域。当时找工作很容易，拿了博士学位肯定能够去重要的大学教书。当时各大学里研究中国问题的都不多，所以我们互相交流、共同进步。后来研究中国问题的博士生开始使用当时最先进的研究方法和最好的理论来研究中国问题，以显示他们在这个学科领域研究得很深，学问做得很好。在我这样较老一辈的人看来，这种研究方法可能太专太狭隘了。现在的社会科学的博士生很多，可以用很严谨的研究方法，也使用很高深的理论，但是普通人读不懂他们的文章。他们发表文章好像只是为了表示他们是真正的专家，是为了专家而写。我们最早开始研究中国不仅是为了我们学者本身，还担负着让美国和美国民众多了解世界的责任。但是现在的专家越来越多，研究对象却越来越狭窄。

孙中欣：您当时在哈佛大学开设了哪些课程，都是什么样的学生来听课？

傅高义：我第一次在哈佛开讲中国社会，是在1965年，这是哈佛大学首次开设中国社会课程。当时我的学生有三四十人，他们是非常好的学生，其中有十多位后来成了美国名牌大学的教授，包括杜维明（现任教于哈佛大学）、怀默霆（Martin Whyte，现任教于哈佛大学）、高棣民（Thomas Gold，现任教于加州大学伯克利分校）、戴慧思（Deborah Davis，耶鲁大学荣休教授）和赵文词（Richard Madsen，现任教于加州大学圣地亚哥分校）等。课程的内容主要是关于1949年以后中国大陆的情况。我对华侨以及中国历史谈得都很少，主要讲1949年后中国的情况。

孙中欣：当时美国与其他国家和地区在中国研究方面的合作情况如何？

傅高义：费正清认为中国学应该是一门全球的学问，他欢迎全世界的学者来哈佛交流。他是一个很有目标的人，比如他邀请英国有名的教授来这里访问，但是他主要的目的是把自己最能干的学生介绍给这些访问学者。费正清邀请各国学者来哈佛访问一两年时间，并出版相关的学术著作，所以我们有一个关于东亚研究的系列出版物。这些学者来自不同国家，主要是英国、日本、澳大利亚、德国、法国和加拿大等国，别的国家似乎对中国研究得不太多。

孙中欣：进行中国研究的资金来自哪里？

傅高义：当时福特基金会同样意识到美国对于全世界的责任，跟我们这些学者展开了大量合作，同时它们也鼓励其他国家来研究中国。例如，印度本来没有人研究中国，但福特基金会希望能培养一些获得博士学位的印度年轻人来美国研究中国的历史、社会、政治和经济等问题，这样他们回去以后可以继续对中国的研究。但可惜的是，由于其本国经费分配等方面的原因，那些学者的中国研究在他们回到印度后由于得不到所在大学的支持而被迫中断或内容缩减，所以印度的中国研究一直不太发达。福特基金会还资助英国、德国等国家的学者到美国来学习一两年。

值得一提的是，70年代后期和80年代初期，中国研究领域所能做的事情非常有限，而且美国学者不能前往中国大陆。那我们怎么办呢？当时我们这些学者和福特基金会决定在香港组织一个大学服务中心，把全世界研究中国的学者都集中在那里。这在当时起到了非常好的作用，为世界很多大学的学者提供了一个相互交流的平台，我就在那里认识了很多学者，结识了几个很好的朋友。当时除了福特基金会，卡内基等基金会也资助了中国研究。它们专门成立了一个组织，支持这个大学服务中心的工作。后来美国的基金会的理念发生了转变，即它们的职责应该是推动创新倡议，而不是日常维持。

孙中欣：对，现在很多基金会仍然持这样一种理念。它们希望推动创新，创新之后项目可以利用本土资源得到可持续发展。

傅高义：是的。基金会不再给大学服务中心资助后，大卫·威尔森（David Wilson）和港英政府接替了美国基金会的角色。威尔森非常支持中国研究，香港中文大学也表示愿意支持这个大学服务中心。所以原本是一个独立机构的大学服务中心后来变成香港中文大学的一部分。后来成为香港中文大学的图书馆。当时来自世界各地的中国研究者经常在一起讨论和交流，他们主要来自美国，也有一些来自欧洲各国、日本、澳大利亚等。我觉得当时基金会很聪明，它们不仅仅支持美国，也支持其他国家的中国研究者。当时的研究资料奇缺，后来搬到香港中文大学，报纸和其他资料就越来越多了。

孙中欣：回顾当时中国研究领域的发展，主要发生了哪些变化？

傅高义：首先，研究者的心态在变。刚开始，美国人当然不喜欢共产主义，但是我们认识到我们应该多了解并客观地理解中国的情况。美国学者起初也不喜欢苏联。苏联研究的对象很多是从苏联来的难民，而这些难民都憎恨苏联，所以学者们会受到他们的影响。但是我们对中国比较有好奇心，也觉得中国人很好，虽然制度和我们不一样，但是我们应该多理解他们。虽然我们当时也有一些偏见，但我觉得还是比较客观的。70年代初到80年代初，很多美国学者是反对越战的，很多是左派学生，他们觉得要多了解"革命社会"。这种精神不仅仅影响到对越南战争的看法，反映到学术上，他们也反对美帝国主义，支持革命。支持毛泽东和毛泽东主义的大有人在，有的人甚至认为邓小平、刘少奇似乎有点太"右"了。

其次，与中国人的接触也影响到研究者。当时在美国大学里研究中国的都是美国的好学者，比一般的美国学者要好。因为学中文非常难，想学这么难的语言的当然是优秀的学生。所以当时无论是国务院的工作人员，还是大学或研究机构的学者，研究中国的人都是美国社会的知识精英。他们最初没有机会直观地了解中国。80年代以后，中国留学生来到美国，尤其是1977年以后高考上大学的人，他们很多都有在工厂和农村实践的经验，这些经验对于美国学者和学生更多地了解中国非常有帮助。说到这些留学生，1977年参加高考的人大都是1981年以后出国的，当时邓小平非常支持出国留学。

最后，中国研究变得越来越详细和专门化。

孙中欣：有一些人认为，新中国60年走过的发展道路，是一个很特别的发展模式。最近一些年的经济发展的奇迹也证明了这样一个道路是行得通的。您是否认为当代中国的发展道路是人类社会发展的一个特别经验？

傅高义：我认为在很多方面，中国的确有独特的做法。中国的历史这么长、规模这么大、发展这么快，1978年后，中国在共产党的领导下进行改革开放，走向市场经济，这个过程的确有其独特的方面。但是另一方面，我个人认为中国大陆的经济和社会发展与中国台湾地区及日本、韩国有很多相似之处。

孙中欣：您的一本书就是讲"亚洲四小龙"发展模式的。

傅高义：是的。英国和美国资本主义的发展，现在看起来是比较慢。但是英国和美国的资本主义道路不是学外国的，而是自己搞的。后发展的一些国家可以学习发达国

家的一些做法，也可以由政府主导发展，寻找比英、美更快的发展模式。我想，这也可以说是一种发展模式。日本、韩国和中国台湾地区虽然没有共产党，但是它们也是政府领导经济发展，刚开始也是权力比较集中，自由并不多。所以我觉得中国大陆与它们相同的地方还是很多的，都属于亚洲后期快速发展的一种模式。

现在有人批评美国是冒险主义。我觉得美国应该少欠钱，最近几年美国的欠债太多、赤字太大。中国不同，中国每年的经济发展很快，没有赤字，只有贸易顺差。所以有人说，中国政府做得不错、美国政府做得不好。我个人认为，这不一定是长期的情况。中国的情况很特殊，中国是个劳动力密集的社会，廉价劳动力很多，另外中国市场很大。从日本、韩国和中国台湾地区的经验看，劳动力工资很快就提高了，劳动力密集的产业很快就不行了。但是因为中国大陆农业人口太多了，可能劳动力密集型产业还可以持续一段时间。这是中国的特殊情况，所以经济有望继续发展。我觉得中国领导人的政策也比较明智，允许多种经济形式共存，有乡镇企业，有公私合营，也有国有企业等，所以经济成绩显著。当然，社会学家认为，中国还有一些可以改善的地方，比如农村问题、社会不平等问题，等等。所以我个人认为，中国和美国的发展都有极其独特的条件，不能用所谓的"中国模式"和"美国模式"来概括。

目前中国对世界的影响力的确比以前大了。现在中国很多人都会讲外语，中国派一些会讲外语的人参加国际会议，发出中国的声音。但西方还是有很多人认为中国国内自由不够，学术研究禁区也多，因此，中国的影响力还是比较有限。如果我是中国领导人，我也很难处理这个问题。

将来中国是不是会走美国这样三权分立的道路，我觉得中国不一定要这样做。这是一个非常难解答的问题。

孙中欣：随着中国的发展以及影响力的提升，产生了"中国威胁论"与"中国贡献论"等说法。不知道您对此看法如何？

傅高义：人们很难预测20年后的情况。现在国外的中国人很多都很谦虚，学习态度都非常好。但是别的国家感觉中国比较骄傲自满。不知道20年后，基本的态度会不会改变。美国人第二次世界大战后比较谦虚，到80年代开始变得自满。日本人在80年代后期很自大，连美国人也看不起。我觉得将来的情况很难预测。

另外一个问题是中国的军费。邓小平时期主张和平发展，军费的开支不太大，所以80年代初军费比较低，但后来增长较快。每个国家都希望保护自己国家的利益，这并不奇怪。总的来说，中国提出的"和谐社会"口号很好，中国在世界舞台上的做法也是负责任的。问题是中国人的态度和军备增加两个信息相加，会引起世界的疑虑。

孙中欣：对于中国的未来，您是悲观派还是乐观派呢？

傅高义：我当然是客观派，但是我偏向乐观派。比如中国的农村问题，中国政府的确想把农村搞好。中国民众的一些不满，很多都是对地方政府的不满而已，不是对中央政府的不满。中国文化本来是不能批评领导的，现在能批评政府的多了，这也是进步和自由度提高的一个标志。有的人认为中国目前的问题很严重，我不同意。中国社会的不满情绪并不是很严重，不满情绪还远远不至于严重到闹革命的地步。但这只是我个人的看法而已。

最近《华盛顿邮报》有个在中国住了很多年的记者说，改革开放后，中国很多人拥有了自己的房子、车子和财产，

那些人是不想搞革命的,因为他们要保护自己的财产。农村里面土地虽然不是私有,但是包产到户,农民有地种,能种自己要吃要用的东西。

孙中欣:当一个社会里很多人都拥有一定的财产时,他们就可能在政治观点上比较保守,希望保护自己的财产,不希望有剧烈的变革。您写过一本书,是研究日本中产阶级的,您如何看中国中产阶级的成长问题?

傅高义:日本的中产阶级跟中国的很不一样。我在日本做研究的时候,日本的公司是终身制度。中国的中产阶级不一样,中国白领的职位很不稳定,很多都要跳槽,在不同公司间流动,不稳定。所以我希望中国的社会保障制度能在10年时间内不断健全。我个人认为现在中国的中产阶级不如当时日本的中产阶级那么稳定。

孙中欣:世界范围的中国研究中,欧美学者的声音比较大。考虑到语言的优势以及中国国内强有力的学术期刊的数量等因素,您认为中国研究的重心有没有重新回到中国的趋势?中国本土学者又应该扮演什么样的角色?

傅高义:我觉得中国国内有很多很优秀的学者,比如中国社会科学院的一些学者就很好,而且中国国内的学术发展越来越快。但是中国国内也有一些研究是出于宣传的目的,不是搞学术。很多能干的学者还是到国外去学习了,此外中国在图书资料等资源方面也有一些限制。

塑造国际新秩序是全世界的共同责任

受访人——傅高义（Ezra Feivel Vogel）
采访人——白云怡、谢文婷

傅高义教授（温燕摄）

主编手记

2019年7月,美国著名中国问题专家傅高义联合百名专家学者发表了题为《与中国为敌适得其反》的公开信。2020年4月,包括傅高义在内的近百名美国前高官和专家学者发表题为《拯救来自美国、中国和全球的生命》的声明,呼吁美国与中国合作抗击新冠肺炎疫情。作为全球最大的两个经济体,在一些人看来,当下的中美关系却在"自由落体"式恶化。更让人忧心的是,在因疫情、选举及其他社会问题而导致国内一片混乱之际,美国仍在全方位对华施压。如何看待中美之间频频出现的冲突与摩擦?两国关系的未来将会怎样?《环球时报》记者白云怡、谢文婷视频连线90岁高龄的哈佛大学荣休教授、费正清东亚研究中心前主任傅高义,听他详细阐述自己的思考。

美中军事冲突必须避免,因为后果太严重

环球时报:去年11月您曾表示,在对华强硬这点上,没有所谓"华盛顿共识"。但今年我们看到,不论共和党人还是民主党人的对华态度都日益强硬。过去几个月情况有所改变?对华强硬是否已成为新的"华盛顿共识"?

傅高义:当时我说的是,华盛顿并没有就"对华接触已经失败"达成共识。我认为直到现在这一现实仍然没有改变。尽管当下两国关系非常糟糕,尽管特朗普政府将事情推到如此疯狂的极端,可以说华盛顿仍有一种广泛的共识,即我们必须找到与中国合作的办法以避免冲突。

华盛顿现在有反华情绪,在大选背景下,我们可以预期特朗普和拜登都会表现出对中国的批判态度。但我相信,在大选之后,无论下一任总统是谁,我们都明白,即便是

在谋求自己的国家利益之时，我们也必须找到和中国建立更好关系的新路径。我认为大选之后美国政府在对华态度上会有变化。

环球时报：如果特朗普连任，您认为他会调整对华态度？

傅高义：特朗普政府是一个非常混乱的政府。首先，我并不认为特朗普有很大概率当选。如果他连任，我想他会很在意自己未来4年的政治声誉，因此他会避免和中国产生冲突。不过，美中之间将很难有一套完整的合作规划，两国关系将会杂乱无序，但会比现在好一些。

环球时报：中美会发生军事冲突吗？

傅高义：很不幸，两国有发生武装冲突的可能性。尽管没人希望这样的局面发生，而且这将导致所有人的失败。如果我们回顾第一次世界大战发生的历史就可以看到这样的可能性："一战"始于一件小事，并很快波及多个大国，尽管它们并未计划参战。

今天，如果南海发生一场很小的摩擦，就可能会很快升级。如果不能对此有所控制，就很可能带来灾难性后果，每个国家都会成为输家。这将非常可怕。

我相信台湾地区领导人已意识到，过分寻求独立是挑衅大陆出兵，他们会试图避免这样的危险。但如果北京领导人担心台湾会跨过"台独"红线，或者他们认为美国不会因为大陆出兵而参战保护台湾，那么就存在美中间爆发战争的真正危机。台湾问题引发的冲突可能会升级为一场对全人类造成灾难性打击的大战。为避免这样的重大危险，我们必须加强美中领导人间的理解。

所有关心世界、关心美中关系的人都要意识到，我们必须避免军事冲突，而要做到这一点，我们需要更好地了解彼此。

香港出现困局，但"我不认为'一国两制'失败了"

环球时报：您认为香港是否将会成为中美之间的战场？

傅高义：首先，我不认为美国会派遣军队，所以不存在真正军事意义上的"战场"。美国会在公共舆论上就香港问题提出严厉批评，他们对那里要求更多自由的年轻人十分同情。一个现实是，美国很难找到对香港产生实际影响的办法，毕竟美国无法控制特区政府。但很多美国人相信他们应该对中国处理香港问题的方式持批评态度。因此，我想香港会成为美中公共舆论的战场。

环球时报：邓小平当年曾提出"一国两制"50年不变，现在50年已走过接近一半。西方有人称"一国两制"或许已经失败，您怎么看这一说法？

傅高义：我认为当年邓小平先生提出的"一国两制"是一个非常正确的决定，其本意是想让香港和内地在交流中逐渐合作。所以我不认为"一国两制"失败了，但就上述这点而言，现在确实处于一个不太好的状态，面临很多挑战。

香港社会有很多不幸的问题。很多内地人才前往香港，在那里找到好工作，同时香港最富有的阶层从房地产行业中赚取大量利润，收取高额租金。而很多当地人，包括没有获得体面工作的年轻人，不得不为面积极小的房屋支付高昂租金。他们的生活一直很不愉快。这些年轻人也没有向政治领导人表达意见的渠道。香港的领导者们，无论富裕阶层、政府还是抗争者，都没有很好地处理问题。现在形成了一个很大的困局。

现在，北京希望通过国安法和派驻国安人员平定香港局势。不过我认为，这能否真正起到作用，归根结底还是要看北京和港府接下来能在多大程度上真正解决香港民众的问题。如果能从现在做起，并和当地民众进行讨论，我预期局面能在未来几年有所好转。但如果只是采取强力措施，而没能解决这些深层次问题，抗议和冲突恐怕还会长期持续下去。总之，香港需要一些更有想象力的领导人，找到新的方法，为香港人带来新的希望，同时给予他们表达自己想法的自由。

找到"竞争而不打架"的共存方式是一项历史使命

环球时报：对于中国来说，您认为中国政府在当下的历史任务是什么？

傅高义：我认为美中两国的历史任务是塑造一个国际新秩序，这也是两国共同的责任。这就像奥运会比赛里，运动员们会非常激烈地竞争，但他们不是在打架。所以，找到一种"竞争而非打架"的共存方式，是美中领导人当下共同的历史使命。

我和很多美国的知识分子都认为，美国没有加入亚投行是一个错误。在这个国际银行，中国领导人在建立规则和搭建框架方面表现出色。在非洲，中国在推动基础设施项目上做得很好，尽管他们在对外关系上还有待改善。我认为"一带一路"倡议也是个不错的主意，虽然目前尚在起步阶段，还需要调整工作方法，但它在连接欧亚大陆方面能起到重要作用。我想，很多有思想的美国人已开始看到这一点。

在这一背景下，中国领导人需要找到一条和其他国家合作并解决分歧的道路。美国独大的"单极"时代正在结束，美国不可能像以前那样拥有巨大的影响力并领导全球所有事务。这就意味着，中国需要同美国和其他国家合作，为世界提供一个全面的新秩序。在这个秩序中，世界不会被分为敌对的几块，因为这对所有国家来说都会是灾难，世界应该在一个整体架构中团结起来。

目前摆在我们面前的一个危险是，美中两国的超级民族主义者们试图分道扬镳的声音太大，愤怒的情绪过于高涨。政府需要对此予以控制。

此外，在国内，中国在基础设施建设和提高人民生活水平方面取得令人赞叹的成就，农村人口持续向城市流动。相反，20世纪70到80年代美国在从工业经济转向服务经济的过程中做得不太好，社会贫富差距悬殊，富人越来越富，穷人越来越穷。贫富差距扩大是很多人支持特朗普的一个重要原因。

因此，我认为中国领导人现阶段的另一个历史任务是，阻止贫富差距扩大，这一点极为关键。中国领导人应当想办法创造一种新的服务型经济和新的就业形式，让科技发展能惠及每一个人，提供工资差距不那么大的就业机会。

环球时报：您也是日本问题专家。数十年前，日本被描述成美国最大的经济威胁，而今天中国被认为是美国最大的对手。两者有何相似和不同之处？

傅高义：我对那段历史记忆深刻，我当时应邀在日本和美国演讲，而且还在美国政府内工作了两年。今天的美中关系和当年的美日关系存在几点不同。

首先，美国和日本是军事同盟。在中苏交恶后很短的

一段时间里，美中也曾在安全领域有过紧密的合作关系，但这种关系并没有持续下去。而美国和日本的安全合作持续到了今天。

其次，日本后来很快在美国建设了大批工厂，几乎每个州都有，为当地提供了大量就业机会。

再次，日本的经济泡沫在1989年前后破裂，但我们不认为中国的经济泡沫会破裂。

最后，中国的增长潜力大得多，中国经济可能会持续增长并在未来超过美国的规模。美国人届时会发现很难接受这一点，但我们必须学会慢慢接受。

我希望当中国经济超越美国时，中国能够非常谨慎小心，因为那将是美国人非常不安的时刻。我想中国可以做很多事，让这个过程显得更"平滑"些，比如在美国建立更多工厂、允许美国公司在中国公平竞争、购买更多美国商品等。但必须承认，即便中国做了所有这些，这件事情仍将非常棘手。

美国"也许会经历几年伤脑筋的时光"。

环球时报：美国的医疗水平世界领先，但在这次的新冠肺炎疫情中，美国感染人数和死亡人数均位居全世界首位。造成这一局面的最大原因是什么？

傅高义：詹姆斯·法洛斯最近在美国《大西洋月刊》上发表的一篇文章，给出了最全面的解释。很显然，这个问题的答案是特朗普政府。

事实上，在新冠肺炎疫情出现之前，前几届美国政府已经有比较完备的应对流行病计划，我们有一个很好的总体计划。但特朗普没有实施这些计划，他甚至在一开始听说新冠病毒时表现得这好像不是一件大事，导致很多反应滞后。特朗普政府显然必须承担最大责任。

环球时报：您是否担心特朗普政府动辄"甩锅"中国的言行，会对全球联合抗疫和世界经济复苏造成负面影响？

傅高义：确实如此。现在美中两国在不停地互相指责，这非常糟糕。怎样对付新冠肺炎疫情？两国此时真正该做的是合作开发新药、生产抗疫设备等。但现在我们在做什么？对着彼此大喊大叫，追究到底是谁引发了现在的局面，谁做错了什么事情。我们需要承认，我们在这次新冠肺炎疫情的应对中都犯过错误，但现在我们应该继续前行。

环球时报：您前面提到美国的内部问题。严重的疫情和社会上不断的抗议，都让外界看美国有种"混乱"之感。美国的国内问题会在多大程度上影响甚至重塑美国与外界的关系？

傅高义：美国现在确实存在严重的问题，但美国有改革与改善的能力。当然，未来美国人会继续批评中国。我成长于美国中西部的一个小镇，很明白那里的情况和当地人的思维。不过，我仍然认为美国有着强大的复兴潜力。

我知道现在一些中国人认为，美国曾是一个强国，但它现在正在衰落。我想说，美国将不再会像我年轻时那样，在世界上拥有完全的主导地位，但许多美国人仍在努力把我们的国家变得更好。

就在数天前，《纽约时报》用整整一个版面讨论美国的不平等问题，指出我们必须在缩小贫富差距上做更多工作，尤其是改善黑人的生活状况。所以，尽管民主可能搞得一团糟，比如我们正在经历历史上最糟糕的特朗普总统任期，但民主也可以让所有人提出建议，采取各种方法，让我们的社会变得更好。

我不认为美国会因目前的问题彻底垮掉。我们也许会经历几年伤脑筋的时光，然后慢慢从疫情中恢复。我们也

在试图寻找一条新的经济道路，解决那些在过去数年没能成功解决的问题。我希望美国能找到这样一条路，尽管并不容易，但请不要就此认为美国将走向失败。

美国曾犯过很多错误，比如，我们中的很多人不愿接受中国的崛起。但我和很多人都在努力，争取更好地和中国打交道。美国仍然是一个有能力不断自我纠偏的国家。

不可能"脱钩",中美应同舟共济

受访人——傅高义(Ezra Feivel Vogel)
采访人——温燕

傅高义教授(温燕摄)

主编手记

已故美国历史学家亨利·斯蒂尔·康麦格早在 1970 年就说过："美国缺乏安全感，竞争欲望强烈，而且极其冷酷无情。美国人必须在一切领域一马当先——财富第一、权力第一、军备第一……任何竞争者的存在都被视为是对美国的大不敬。"而 20 世纪 70 年代就著有《日本第一——给美国的经验》的美国学者傅高义（Dr. Ezra Feivel Vogel）曾表示："我说'日本第一'不是指日本经济是全世界最大最强的，而是要告诉美国人，日本是如何发展的。"2019 年中美关系最为紧张之际，近百名美国学术、外交政策、军事和商业界的成员联名签署题为《与中国为敌适得其反》的公开信，身为哈佛大学荣誉退休教授的傅高义就是其中之一，他呼吁美国总统重新审视对华政策，并表示对华强硬绝非"华盛顿共识"。2020 年 1 月，年近九旬的傅高义接受《环球时报》记者温燕专访，他强调"美中要同舟共济"，并坦率地解释为什么美国对中国强大极度忧虑。从这位"中国通"的言谈中，可以感受到中美关系的复杂，也可以洞悉一些美国政治人物的真实心态。

"百人公开信改变不少美国人对华态度"

环球时报：当一些西方学者认为，美国对华遏制政策已超越党派界限时，您的观点却是"所谓对中国采取强硬态度的'华盛顿共识'并不存在"。为什么？

傅高义：在一些美国人看来，当中国加强在南海岛屿的军事部署时，事态就发生了变化，并为此担忧。其他方面的原因是，当中国经济规模尚小时，美国对华还没有那么多的抱怨。但当中国企业日益壮大并成为全球巨头时，情况就大

不相同了，美国的抱怨声也就由小变大。我不认为这只是美国政治（环境）发生了变化，这也是奥巴马政府最后几年一些美国人对中国相关举措做出的反应。中国军力增强、军费增长使得美国更加担忧。因此，不仅是美国人，可以说各国军队都会保持严阵以待之势——即为以防万一而时刻准备着——"万一出现问题，我们该怎么办"。当中国尚未强大之时，美国就必须做好准备，这样做可使军队在中国一旦被认为要武力解决台湾问题时就能做出新的反应。所以，我认为这并非只是政治上的反应，而是美国对中国世界地位改变这一现实的反应。当中国弱小时，美国会对弱小的国家富于同情之心，但当中国强大时，态度就会发生相应改变，就会感到不安和担忧。这是人之常情。

总之，中国行动和态度上的改变，相应也改变了美国的行动和态度。中国的壮大和军事力量的延伸确实增加了美国的担忧。这种担忧始于奥巴马政府的最后几年，并在特朗普政府时期得以延续。如果民主党人赢得今年的大选，他们也会采取同样的做法。

但在我看来，美国在对华问题上仍存有很大争议，甚至在特朗普政府内部，也有不同的观点。现在有很多美国人说，"我们必须与中国合作"，但应以何种方式与中国合作？如何应对压力？我认为，大多数美国经济界人士都明白，关税壁垒（对改善美中关系）起不到真正的帮助作用，它引发问题，但解决不了问题。我们意识到，贸易战并没有真正帮助解决美中之间的问题。还有美国人认为，如果美国不对华施加太大压力的话，中国企业将会"抢走"美国的知识产权，并认为中国的做法与日本在20世纪80年代的做法相类似——当时日本人要实现现代化，他们关注什么就想方设法获取什么。我认为这也是"后发展国家"的普遍做法。

美国自视是一个强大的国家，但当竞争对手实力变得强大并逼近自己时，美国的担忧就增加了。从这点来看，美国的强烈反应是非常能够理解的。甚至从美国人的角度看，因为中国赶上来的步伐太快了，很快就会成为一个超级大国，所以没有人会忽视中国。当然，美国政客对民众有时会说些比实际需要更为强硬的话，会发表一些（对华）措辞强硬的声明。我认为，这也是我们能理解的政治现象。这意味着在公开讨论和媒体文章中，有时会夸大其词。对此，我们也会感到不公平。我们会维护美国的利益，但也清楚我们必须与中国人合作，因为他们完成了许多事情、取得了巨大成就。当今世界是如此的相互依存，你不能将美中彻底分离开来，美中必须要合作并找到合作的路径。这就是2019年6月我们百人写公开信的初衷所在。

环球时报：你们在《与中国为敌适得其反》的公开信中呼吁美国总统重新审视对华政策。半年过去了，您认为，美国对华政策有什么实质改变吗？

傅高义：这些美国人都是备受尊敬的有识之士，他们担当重任，并非等闲之辈。我认为这封公开信改变了不少美国人的观点。人们现在不会说："（我们）有共识，必须要对华强硬。"更多的人现在说，"我们必须学习与中国合作"。当然，中国所做的一些事情我们是不赞成的，但我们能客观看待。实际上，中国是一个强大的国家，在世界各地做的贸易都很好，甚至超过美国。世界太小，小到密不可分。美中或不得不合作，而且双方要找到合作的路径。这是我的观点。"世界是平的"，换句话说没有一个国家可以和另一个国家相互完全切割，彼此均是全球化的一部分。我更喜欢强调我的表述——那就是美中要同舟共济。既然

美中无法相互回避，就不得不相互适应。

我不相信一些专家在签署这封公开信后又后悔，并改变初衷。实际上，大家也有各自不同的观点，其中一些人也写了不同的信，如有的军方人士。但我认为，我们这一群体意识到必须与中国合作，因为美中在同一条船上。这样的声音不能被忽略，而且我们发出的声音也没有被忽略。

美中之间不应有"薄弱环节"

环球时报：新加坡总理李显龙去年说"美国不太可能像对待苏联那样对待中国"。对此，您怎么看？

傅高义：美中当前的形势与此前美苏形势截然不同。中国向世界各地派出很多人，去了解世界，学习国际规则，参与国际业务。他们非常融入世界，这是全新的形势。美国的对华政策是复杂的。特朗普政府正试图与中国达成阶段性经贸协议。

环球时报：越来越多的人意识到中美不应也不可能"脱钩"，但在高科技领域甚至在两国学术机构的合作与交流上，美国采取的一些做法又让人非常担心。从您的观察看，在这个问题上，美国普通民众和政治精英的观点是否有很大不同？

傅高义：我并未从一个美国人的角度对美国公众进行"民意测验"，那是盖洛普和皮尤等民意调查机构的事，但我认为美国公众舆论也在发生变化。从总体来看，美国的公众舆论现在非常关注高科技领域的话题。整个世界正在进入新技术发展时期，我们没有一个现成的答案。有时我们抱怨自己国家的企业，有时又抱怨其他国家的企业，比如担心中国企业是否会通过互联网来"研究"美国企业的机密。

日本是美国的军事盟友，从这点看美日共同携手做事要容易得多，但在20世纪80年代，日本企业被认为试图获取美国企业的机密，至今美国人仍对此耿耿于怀，还在批评日本。

是的，我认为，美中"脱钩"是不可能的。尽管有些方面可能会有些问题，但也不会"脱"得那么彻底。我们将继续致力于让美中"不脱钩"，而且没有薄弱的环节。

既要捍卫美国利益，又要与中国多方合作

环球时报：5年前，您在接受《环球时报》记者专访时曾说，从1972年尼克松访华以来，不管谁当美国总统都要和中国谈问题、谈合作，因为"中国是一个大国，美国除与中国合作外，别无选择"。在您看来，中美能找到双赢的解决方案吗？

傅高义：我认为，美中要双赢没有简单的解决方案。这意味着美中双方要做大量的努力，要相互理解，官员们要加强对局势的正确判断。目前尚不清楚中国将在多大程度上扩大海外军事力量，以及将在多大程度上努力影响美国的媒体。当然，美国必须捍卫自己的利益，但为了两国和世界的利益，美国又应努力与中国在很多问题上合作。我们必须从中找到既适用于中国也适用于美国的解决方案。美中双方密不可分，我们意识到彼此在同一条船上，就要同舟共济。

环球时报：您既是日本问题专家，又是中国问题专家，会有意识地拿两国做对比吗？您认为，中日可以相互学习的地方有哪些？

傅高义：我认为，日本早期发展与今日中国相似。比如，日本的做法是让外国公司很难在日本成为主导力量。

其中有些合理的做法我们还是可以接受的，但也有很多做法被认为是不公平的。谈到中日之间的问题，日本应在先进技术领域寻求与中国企业的合作，中国也应向日本学习有关保持社会和平、稳定的做法，以及日本与其他一些国家保持良好关系的做法。

采访花絮

"美中应同舟共济"

傅高义：哈佛大学荣誉退休教授、知名汉学家和日本问题专家、《邓小平时代》一书的作者傅高义博士的家就坐落在哈佛大学的校园边上。《环球时报》记者来到"傅老"房前时，比约定的专访时间大约早了5分钟。这时我看到一位长者从雪后初霁的校园小道缓步走来，正在犹豫是否抓拍张照片时，老人已走近，并朗声用中文和记者打招呼："我是傅高义。"老人很健谈，一眼就看出记者是北京人。整个采访一气呵成，傅老也给记者留下了深刻的印象。

傅高义告诉记者，他中午是在哈佛图书馆度过的。尽管年近九旬，但他上台阶时步履稳健，记者甚至有些跟不上他快捷的步伐。傅老家的客厅洋溢着喜庆的中国红，对此他笑道："圣诞一过，距离中国的新春佳节就不远了。"在他家的客厅里，不仅洋溢着喜庆的中国红，触目所及还有很多中国元素，如古色古香的花盆、中文书法条幅等。专访中，记者更是强烈地感受到傅高义先生对中文的挚爱，他甚至提议用中文接受专访。只是记者觉得他用母语英文表述观点会更加准确,他才没再坚持。但作为美国知名的"中国通",傅高义的中文真是流利,甚至带着明显的北京儿化音。

傅高义坐在客厅的中式小硬木凳上接受采访时,神采奕奕,侃侃而谈。一步入他家客厅,《环球时报》记者就请傅老坐在沙发上接受专访,但他坚持要坐在硬木凳上,并说:"这是我最喜爱的凳子。"当记者告诉傅老"坐在红布沙发上拍照色彩效果更好"后,他欣然配合,但拍照后又坚持坐回到他的中式硬木凳上:"拍完了?那我要坐回到我的凳子上了。"这个细节让记者感到,傅老真是一位童心未泯的老学者。

结束专访时,傅高义说:"这是我忙碌的一天。"话音未落,门铃声就响起,波士顿电视台的记者扛着摄像机鱼贯而入。2000年,担任哈佛大学费正清东亚研究中心主任的傅高义荣休,但他一天也没闲着。荣休那年夏天,他就希望"做一些能有所贡献并能延续的事"。退休近20年,他一直是这样做的。接受《环球时报》记者专访前,傅老刚从日本进行学术交流归来,他说:"从日本回来的第二天,我就进入了工作状态。"

《环球时报》记者专访中,傅高义再三强调他很喜欢自己对美中关系的表述,即"美中应同舟共济",他甚至还建议用这句话作为此次专访的标题和结语。

高速城市化：中国发展中的重大挑战

受访人——穆赫辛·穆斯塔法维（Mohsen Mostafavi）
采访人——王林

穆赫辛·穆斯塔法维教授

穆赫辛·穆斯塔法维，建筑界著名学者，具有国际影响力的建筑师，曾担任美国康奈尔大学建筑、艺术和规划学院院长以及英国 AA 建筑学院院长。目前担任哈佛大学设计研究生院的亚历山大和维多利亚·威利（Alexander and Victoria Wiley）设计教授。从 2008 年到 2019 年，担任哈佛大学设计研究生院院长。

主编手记

王林，上海交通大学设计学院建筑学系教授、博士生导师，中国城市治理研究院研究员、城市更新保护创新国际研究中心主任，哈佛大学研究学者。曾从事上海市城市规划管理工作16年，曾任上海市城市规划和国土资源管理局风貌管理处、总规处处长、上海市城市规划设计研究院副院长。她担任的学术兼职有中国城市规划学会城市更新学术委员会副主任委员、国家历史名城保护学术委员会委员、中国建筑学会城乡建成遗产学术委员会理事、工业建筑遗产学术委员会委员、上海市规划委员会专家委员、上海市科学研究会城市历史文化保护专业委员会主任委员、上海建筑学会历史建筑保护委员会副主任委员、欧美同学会哈佛校友会副秘书长、城市土地学会全球理事等。原文以《国际视野中的城市化挑战与策略》为题刊于《时代建筑》（2010年第4期），本书获得其授权进行删减。

中国正在进行的大规模快速城市化、城市规划和城市发展策略如何应对这一史无前例的挑战等问题已经成为国际学术界关注的热点研究课题。作者利用2008—2009年在哈佛大学任高级访问学者的机会，对西方发达国家的城市化发展进程及当代西方学术界关于城市问题和城市规划问题的重要研究成果进行考察和研究，并对40多位国际知名的建筑和城市规划领域的专家学者做了专题访谈，与他们探讨美国近百年城市发展进程中的经验与教训，了解他们对中国当代城市发展的思考与建议。本文即为作者（以下简称"王"）对哈佛大学设计研究生院（Graduate School of Design，Harvard University，GSD）院长穆赫辛·穆斯塔法维（Mohsen Mostafavi，以下简称"穆"）教授访谈的节选。穆

斯塔法维教授是建筑界著名学者，也是具有国际影响力的建筑师，曾任美国康奈尔大学建筑、艺术和规划学院院长以及英国AA建筑学院院长。

王：您什么时候开始对城市研究感兴趣？您目前研究和关注城市的哪些问题？

穆：我从学生时代开始关注城市问题，尤其是对于建筑与城市发展之间的关系十分感兴趣，那时我的研究重点集中在伦敦市区的历史街区。伦敦不是一个单一化的城市，而是由一系列不同的邻里街坊组成的，我的部分工作和研究就是基于伦敦城市中这些类型的某一个街区。20世纪70年代，人们开始对城市各种不同方面的问题进行研究，尤其关注城市历史和城市角色，以及建筑与城市的关系。我在那个时候越发对景观建筑的历史以及景观建筑和城市发展的关系感兴趣，这种兴趣来自我的个人经历和教育背景。

我现在的工作和研究兴趣集中在对既有城市深刻理解基础之上对未来城市问题的思考，包括如何改进它们，如何塑造它们。同时我也特别关注生态和城市发展之间的关系问题，目前我正在写一本生态城市主义的书，其主要观点是在你也参加过的2009年4月哈佛生态城市主义（Ecological Urbanism）会议上形成的。

王：我十分欣赏您在哈佛举办的生态城市主义会议上，强调以生态意识统筹城市发展的全过程的观点，它将使GSD不论建筑师、城市设计师还是景观设计师都能与城市发展建立起更为紧密的联系，成为整个城市生态网络的一部分。这是一场成功的盛会。现在我想问另一个问题，从城市化角度来看，在"二战"以后，尤其是过去的半个世纪最重要的变化是什么？

穆：有一件事你可能注意到，在美国，无论是在理论界还是教育界都很少有和城市及城市主义相关的概念，城市在更多情况下是经济增长的结果，几乎不存在与金融发展无关的城市发展。正因为如此，私人企业在城市发展过程中具有很大影响，当然也可以说郊区化以及城市蔓延是经济影响城市发展的一个最明显的佐证。汽车的出现是形成城市蔓延的一个主要诱因，以至于城市已经不再是一个特定的区域。我们的城市不再是传统意义上的城市，而是一个涵盖郊区的更大范畴的地区。作为独立的社区并具有独立地方认同，美国郊区有它特殊的重要意义。它属于一种城市现象，这种现象产生于人们迁入城市然后又迁出城市。城市郊区化的一个重大影响就是导致很多城市的居住人口下降，我认为近年来这一现象有某种程度的改变。例如，现在郊区的居住者中有一部分正在迁回城市。同时，某些美国城市发展出了一种新的居住形态，在那里人们有两个家。譬如在旧金山，人们有一个家位于城市以外的郊区，另一个在城市中，通常离工作的地方比较近。在美国你会发现，郊区和城市蔓延区也有自己的社区网络，有工作和休闲的地方，那里的人们在某种程度上并不需要城市。然而现在很多人回到城市，追求城市所特有的多样性、活力和文化生活。

在学术上，一些历史学家和作家例如柯林·罗（Collin Rowe）提出了"拼贴城市"的概念，然而我们很难分析这种观点的影响并证明它是否正确。最近一段时期，你可能会发现新城市主义思想的影响扩大了。这是因为英国和美国的一些地方都出现了对传统城市的某种需求和怀旧情绪，而新城市主义恰恰为人们提供了一种回到过去的感觉，它以一种历史城镇的方式来组织住宅和郊区社区。

王：目前城市发展面临的最大挑战是什么？

穆：我觉得目前的挑战是，我们如何理解密集化以及城市化等主要因素对城市的影响。在中国你们也许已经面临了这个问题，因为你们面对的是高速增长和城市密集化的挑战。在这个过程中，规划师、城市设计师以及建筑师应对城市化和城市发展时拥有的工具是什么？我觉得这个问题很重要。我们需要一些在某种程度上和以前不同的工具，需要一些从历史城市或当代城市那里继承下来的工具。

同时，随着城市增长而出现的挑战是一个城市如何合理利用资源和能源的问题，这就是为什么我们要通过可持续发展和生态实践的框架去思考城市问题。我们有什么新的工具？我们不能再简单照搬现有的设计模式，或者简单地追求减少能源消耗，我们需要考虑可持续性和生态性，如何节约资源和能源，如何减少人类活动对地球的影响，以及如何从不同的角度去设计。

此外，并不是每一个社区都面临密集化和城市化问题。在美国的一些城市，比如新奥尔良和底特律，主要问题是人口流失。因此当代城市的另一个挑战就是，一些曾经繁荣的工业城市如何解决人口流失的问题。对这个问题需要以一种新的方式去思考。

我不认为存在一种放之四海皆准的方法，我们需要根据不同的情况去理解不同城市的问题。也许解决城市问题的最大挑战是如何以最敏锐的方式找到不同城市的不同问题及其后续的影响，如何为人们提供高质量的公共空间、室外场地、合适的住宅、高质量的基础设施以及交通系统。

而且我认为，未来城市发展的另一个重要问题是如何减少汽车对环境的影响，所以，对于公共基础设施的不同处理方式成为我们思考不同的城市形态的一个关键问题，即建设一种不依赖于汽车的城市。

王：您曾经在全世界很多城市旅行或居住过，能不能举几个较好地处理城市发展问题的城市案例，并描述一下它们的主要特点？

穆：好。我认为当前国际上有些大城市正在寻求新的发展方向。以纽约为例，你会发现在市长布隆伯格的领导下，这个城市拥有一些专门针对规划设计和"公共公园"建设的部门。这些部门在纽约这样的城市具有很重要的地位。我觉得最近几年纽约在城市建设中的投资不仅是经济上的，同时也是智力上的。

伦敦在市长肯·利文斯顿的领导下，最重要的发展集中在交通和基础设施方面。对进入城市中心的小汽车实行税收制度，同时改善现有的公交系统。我认为伦敦的公交系统因此得到了极大的改善。伦敦一直尝试着去处理这些城市问题，它有一个独立的部门管理"公共公园"系统，例如格林公园（Green Park）、海德公园（Hyde Park）、摄政公园（Regent's Park），政府对于这类被称为"公共公园"的基础设施都进行了规划和给予大量投资。我觉得这里的关键问题是：什么是公共空间，谁来为公共空间埋单，公共空间的品质如何得到保证？我觉得我们可以从伦敦的例子里受到一定的启发。

巴黎的交通系统"PER"同样为城市作出了重要的贡献。这是一种很好的连接郊区和城市的方式，对于居住在郊区的人们来说，这种方式使得城市的可达性得到了提高。现在在巴黎，即使你住在城市环线以外的郊区，仍然可以通过"PER"到达城市的中心，因为"PER"的铁路系统相对于地铁来说要快捷得多。

我觉得有趣的是，基础设施在实施建设的过程中成为

民主的一种表现形式，政府发展基础设施来满足人们的交通需求。在美国，人们出行需要依赖汽车，这种依赖变成了公民自由和解放的一种象征。这是一个很复杂的问题。美国的汽油价格低廉，于是在某种程度上几乎可以说，政府实际上参与了制造污染的过程。

同时，世界上有很多的城市，甚至很多小城市做了大量杰出的工作。我相信亚洲包括中国的很多城市，例如上海，都在城市的快速增长过程中在地铁等基础设施方面进行了巨大的投入，并在短时间内取得了显著的效果。

我认为这里的问题是，在一个发展速度如此高的城市中，很难去想象现在的建设对今后的影响是什么。一种方式是建设完成后再去看会发生什么，而另外一种方式是，快速发展的同时，运用一些具有先进理念的工具去规划和分析现有的建设对将来会造成的影响。法国里昂是一个很有意思的城市，它委托不同的景观设计师来解决规划中的问题，创造新的城市空间。所以里昂的景观和城市空间之间的结合是很成功且很有趣的，值得一看。通过里昂这样的城市我们可以看到，什么是好的，什么是不好的，什么是有效的，什么是无效的。

王：我喜欢里昂，它拥有很悠久的历史，但仍然能看到非常现代的生活，你还能体会到城市新的景观。我下面的问题是关于中国的。您去过哪些中国的城市？这些城市有哪些方面让您感到印象深刻或者迷惑不解？

穆：我去过的城市主要是北京和上海，但也对中国的其他城市很感兴趣，希望能够更多地了解那些发展中的小一些的城市如二级城市或者地级城市，以及了解中国文化的多样性。目前西方的研究者们对于北京和上海给予了很多的关注，但问题是我们并不了解中国其他方面的多样性，例如食物、历史、风俗，等等。我很想了解这种多样性以及不同的民族表达自己的方式。同时由于如此高速的增长，也许在中国，城市的发展会在全球化、信息化中趋同。我希望哈佛大学设计学院的研究也可以更多地关注这个方向。

王：那么在全球化的背景下，中国在城市化进程中面临的最大挑战是什么？

穆：我认为中国最大的挑战是高速度的城市化，这是人所共知的。所以，关于这个问题我们究竟知道什么，我们能以多快的速度发展，我们能以多快的速度建造，这是值得探讨的几个问题。

我想在中国，对于规划部门而言，一件有意思的事情是如何对待建设与社会反馈之间的关系。关键是如何将从已建成项目中得到的经验应用到将来的建设中去。城市建设也许有几种不同的原型，但对于已建设的项目所产生的影响我们了解多少呢？哪些是有效的，哪些是无效的，积极的一面是什么，消极的一面是什么？这些结果可以作为经验用于将来的建设么？因为中国发展的速度如此之快，我想它应该有一个信息反馈系统，一个不断修正、完善、加强、进步的系统。我想这将是一个整体看待这个问题的很好的方式。

同时，尽管当下中国在提供基础设施、住宅、商业等基本需求的问题上面临着很大的压力，政府也不应当一次把它们都建设完，而应该为未来不确定的情况预留一些空间。在中国，国家很强势，带有很明确的目标，它想要把事情做完。但预留一些空间对设计和规划而言未必是一件坏事，因为建筑和空间将会存在很久，这些预留的地方可以留给我们一些余地来犹豫、怀疑以及思考，将来是否可以用其他的方式来做这件事情。发展一种能够容纳未来有机增长的规划策略也许是一种有趣的规划方法。

在当下十分重要的一件事，也是我们刚才讨论过的GSD可以参与的，是中国主要的三线城市和二线城市如何向北京和上海这样的大城市学习它们的发展过程，特别是向上海学习。这并不是要简单地复制上海，而是要思考我们如何能在某些方面做得不一样，对待那些过去被证明是有效的和无效的工作。

对中国的城市建设而言，仅仅拥有基本的东西是不够的。城市不应该只有基础设施、住宅、商业，城市还需要公共空间，不同种类的公共空间。政府需要思考艺术、文化等方面的发展，休闲活动是制定规划时需要考虑的一部分，城市应当是让它的公民具有振奋感的地方。你不会仅仅想要一个机器一样的城市，你不会想居住其中的人们仅仅是起床、工作、上互联网，你不想一座城市退化为仅仅具有功能性的事物，你还希望它具有其他让人兴奋的层面。

在美国，人们经常讨论宜居城市，即城市的宜居性。很多人喜欢纽约，因为它是动态的，并且是一个适于步行的城市。尽管有大量的人居住在那里，但是人们并不感觉它很庞大。这涉及城市的强度问题，它取决于相互毗邻的不同场所的密度，意思是说，这种强度的城市具有多种层次的活动，不仅仅是居住和工作。与之相对应的中国城市空间应该是什么样子的呢？这是一个很让人兴奋的设计挑战。

王：您刚才谈到复制，小城市喜欢复制北京或者上海，就像有人说中国人想要复制美国梦一样——每个人都希望有一幢别墅、一辆汽车，以及想去哪里就去哪里的自由……

穆：复制不是一个好的办法，但我完全可以理解这种梦想。你需要做的是用另一种方式来达到这个目的，那种方式要同样的好，同样振奋人心。我想，美国的经验是，我们应该思考在大尺度范围内发展的动态形式，应该关注整个区域，而不仅关注城市而忽略郊区，或者相反。就美国而言，城市和郊区处于不同的管辖范围。如果有人在郊区提供更好的利益，它就会从城市中把人们都吸引过来，人们就会从城市中搬走。所以，就规划角度而言，从区域的尺度去思考具有很重要的意义。在这个尺度上去看基础设施、住宅区的动态变化，去看哪里应该有高密度的发展带、哪里应该有发展节点、应该有哪些不同的发展节点，从整体上去考虑这些问题。

某种程度上来说，我觉得这些在美国是很难完全实现的，因为美国有太多分散的管理部门。但中国由于权力结构更加集中，事实上有机会思考更大规模的发展态势，还可以思考如何让这种大规模的发展更加具有可持续性，具有生态上的友好性，而交通方面，汽车的局限、公共基础设施的局限等一系列问题如何解决……所有这些都可以通盘考虑。

以公共交通为例，我的看法是，如果要鼓励人们去使用它，就需要保证它具有十足的吸引力，要让乘坐公共交通工具成为一种令人愉悦的经历。因为如果可以坐在我舒适的小汽车里上下班，听着音乐，拥有自己的空间，我为什么要和另外5000人一起挤地铁呢？如果我能负担得起的话，驾车当然更容易。所以，解决的办法是将来要逐渐将更多的资金投入到公共交通部门，让公共交通变得更好，拥有更积极的形象。世界上最伟大的几个城市之中，以巴黎的地铁为例，那里的人们使用地铁的过程是很愉悦的。有时候它钻入地下，有时候又回到地上，在地上的时候你会有机会感受这个城市，观察这个城市，所以乘坐地铁成为感受城市的一个重要方式。

我们应该更加主动地去思考这些事情，比如人们如何使用基础设施。所以，我支持那些功能性强且高效率的事物。但除了满足功能性，我们还需要让人们使用它们的过程是积极的、愉快的。这将会是品质的问题，不仅仅是数量，或者说不仅仅是效率。我觉得这一点对于你所问的关于中国的问题是很重要的，即不仅仅把工作做完，还要关注工作完成的品质。

最近有一本书叫《作为空间的结构》（*Structure as Space*），这本书主要介绍了瑞士工程师于尔格·康策特（Jurg Conzett）的作品，包含工程、建筑、桥梁、高速公路以及景观等方面，关注建筑与工程技术之间的关系，以及基础设施、景观与高速公路之间的关系问题。这对我来说是一个很有吸引力的领域，因为可以不仅从纯粹功能性的角度，还能够从日常生活的角度去看待工程技术。例如，道路施工与具体场地的关系，这不仅是工程技术和土木领域的项目，同时也要能够给人提供视觉上的享受。从其他角度来说，我觉得重要的是人们创造的东西不是只具有功能性或美观性，而要能够将功能性、美观性和愉悦性结合起来。（特别感谢夏仪、黄健翔与田瑞峰帮助整理访谈笔录和翻译工作。）

全球化时代,什么是中国的价值

受访人——黄万盛
采访人——刘涛

黄万盛教授

黄万盛，1950年生，上海市人，原籍江苏，1977年毕业于上海交通大学，1981年毕业于中国社会科学院哲学研究所，曾任上海社会科学院比较文化研究中心、比较哲学研究室主任，上海中青年理论家协会会长，1992—1997年任法国国家科学研究中心客座研究员；现为美国哈佛燕京学社研究员，从事思想史、文化批评、比较文化研究等，研究领域包括哲学、伦理学、政治学、社会学、教育学、经济学等；兼任清华大学伟伦特聘教授，中国社会科学院特聘研究员，西安交通大学、黑龙江大学等校客座教授或研究员。2001年以来主编"哈佛燕京学术系列"著作：《公共理性和现代学术》《儒家与自由主义》《理性主义及其限制》《全球化与文明对话》《启蒙的反思》《大学理念与人文学》等，在国际学术界产生广泛影响。著有《道德理论实践》《危机与选择》《革命不是原罪》等，在美国、法国、德国、中国大陆、中国台湾和中国香港等国家和地区发表文章上百篇。

主编手记

2009年1月，美国哈佛大学燕京学社研究员、国际知名学者黄万盛教授应邀接受了复旦大学中文系现当代文学博士生、哈佛大学东亚语言与文明系访问学者刘涛的采访。访谈中，黄万盛教授从多角度对中国当前社会、中华民族的价值资源等问题作了深刻阐述。

刘涛： 黄老师，您好！我这次想向您请教一些大的问题。我来哈佛的一个感受是：或许因为职业分工过细之故，哈佛的教授一般不喜欢讨论思想史的大问题；有中国背景的学者则不太一样，我们往往有"天下兴亡，匹夫有责""位卑未敢忘忧国"的传统，故时常会讨论一些大的问题，当然这样亦会有危险，但是我们一直有这样的情怀。我们今天讨论一个大的主题：全球化时代，什么是真正的中国价值。我不能胜任这个大题目，所以请您多指教。

黄万盛： 是啊。我在一篇文章《西方知识分子的困境和理论》中谈起过一个故事："'9·11'事件之后，我曾经在教工俱乐部遇到《正义论》（*A Theory of Justice*）的作者罗尔斯（John Rawls）教授，那时他的身体状况已经很糟糕。我问他为何没对'9·11'发表一些看法，他说这不是我的专业，而塞缪尔·亨廷顿（Samuel P. Huntington）发表意见更合适。"美国的知识分子基本是学院知识分子。这有好的一面，对问题的认识更精细、更具体。但是也有缺憾，就是往往忽略甚至故意回避对一些重大问题的思考和研究。这和美国传统的哲学意识形态有关，美国主流的哲学立场还是实用主义，无论政治意识形态还是日常生活领域，实用主义的影响都是非常广阔和深远的。特别是杜威（John Dewey）的工具主义实用主义，把知识和学问当作工具和手段，因此知识的工具性成为标准和取向。后来的分析哲学更加强化了这种立场，特别注重分析模式的合理性，认为这是真正的甚至是唯一的学问。把人们引导到细枝末节的讨论中，量的检讨成为主流的学术尺度，所以，量化的政治学、社会学、人类学、经济学大行其道，这些学问和分析哲学一样，直到现在还是美国大学最主要、最基本的课程。我看这一套东西现在对中国的影响也日趋增大，很多学者也认为只有用这样的功夫做出来的学问才是学问，对重大问题的关怀常常被当作"游谈无根"的空疏议论。这里包含了一定的危险，学术研究最基本的人文立场被忽略了，尤其在社会发生重大事件，特别是重要转折的时期，人们更需要对重大问题的探索关怀，因为它关乎人类的命运和未来。我们今天就处在这样一个时期，需要对大问题的关怀，在美国也有一些我称之为"自由主义左派"的知识分子在这方面做了重要贡献。我近几年一直在问：当世界从"民族国家"转向全球社会的时候，什么是中华民族的贡献？什么是中华民族的文化信息？可是，来源于中国学界的声音是如此的微弱，高分贝的喧嚣仍然是盗版的西方学术在中国的大合唱，嘈杂并且浮夸。因此我们能够讨论一些大问题，是非常有价值的。

刘涛：是的。现在国内亦有这样的倾向：学问越做越精细，但大的关怀缺失了。在我的印象中，您喜欢将全球化表述为一个"大同"社会。"大同"在先秦文献中有两处表述。一是《尚书·洪范》篇，其中有"汝则从、龟从、筮从、卿士从、庶民从，是之谓大同"。二是《礼记·礼运》篇讲"大道之行也"之"大同"。此后康有为作《大同书》，将其与公羊"三世说"连在一起。孙中山、毛泽东也提"大同"。我每次到波士顿的中国城，远远地望见孙中山手书的"天下为公"四个字就深深感动。这是我们民族的文化气魄,这是我们祖先的气魄,我们不能辱没了先人。您能不能说说您对于"大同"的理解?

黄万盛:以前讲"大同"只是一个祈望,现实中不能真正触及。西方比如柏拉图的《理想国》、莫尔的《乌托邦》等,都是如此。但是今天的情况使得我们讨论大同成为可能,就是因为全球化。民族主权国家将世界割裂的时代即将崩溃了。资本已经越过国界,国界越来越没有意义,政府成了资本的合伙人。世界的结构正在改变。此前因为意识形态、地域、习俗的不同而分割的世界正在整合起来,变成一个资源共享、成就共享、经验共享,当然风险也是共享的世界。各种各样的地方经验,具有普世化的可能。可是现在的问题是:面对这样的经验,如何去整合,要将世界整合为什么样的社会?这就需要我们的古典经验,需要我们的历史记忆,需要中国的群体智慧,需要我们中国的经验和价值的参与。

一 中美学界大势

刘涛:对。这就是我们当下的时代特征,我们思考问题应该从这个时代的精神特征出发。时代特征与美国有关,与中国有关,与知识分子有关,与每一个人都息息相关。您能不能谈一下,在这个"大同"时代之下中国和美国的大体情况,或许最能见出中美情况的就是中美学术界的情况。

黄万盛:好。那我们先说中国。20 世纪 70 年代末期,中国终于从一个封闭的意识形态语境中走出来,却突然发现,我们离世界很远,当时担心的是我们会不会被开除地

球"球籍"。所以一下子卷入一个"现代性冲动"之中，"四个现代化""五个现代化"全来了。这是当时面对挑战的一个社会转变。这个转变导致中国把西方当作目标，必须奋起直追，把落后的那么多年赶上。因为当时我们觉得西方在往前走，而我们没有。当时主要以西方为标准。今天的语境有根本的变化，即全球化问题的出现。中国的开放使得世界有可能将中国卷进去。资本、技术、产品的进入使得中国人的思维发生改变，生活方式的改变非常大，甚至比我们想象的还要大、还要快。二三十年前，我们压根儿没有想到现在年轻人的生活方式会变成这样。现在若从学术的角度去看，我们会发现很多方面出现脱节，即中国社会发展的速度比学术的进展要快得多。中国的经济今天已经在西方有很大影响，但是中国的学术和文化产品在西方有影响吗？几乎还没有起步，学术的发展仍然跟在西方后面走。一个正在成长的大国不能只是经济动物，它应当有文化贡献。这方面我们远远不如印度，应当引起各个方面的广泛重视。现在喜欢说软实力，没有文化资本能有什么软实力呢？而文化资本的构成有两个主要的方面：一是有活力的大传统；二是深刻睿智的学术界，可以引领时代的变化。但是今天中国学术界的主流，却仍然被笼罩在西方学术话语中。西方的一个人物说的话，我们的学术界会紧紧追随，当成热点，还有人忘情地炒作。甚至在西方已经受到批评成为过去式的学术，也会在中国炒出惊人的动静，比如最近在中国掀起的施密特（Wilhelm Schmidt）和施特劳斯（Leo Strauss）热就是这样。这当然也值得研究，但是这些之所以成为热点，背后有着深刻而又复杂的原因。

刘涛： 中国的施特劳斯热背后有比较深的原因。中国学术界近30年来，有三个人物曾引起巨大影响：一是康德；二是海德格尔；三是施特劳斯。我们对这三个人的接受，亦分别有不同的原因和情况，从侧面可以见出其时的风气和状况。现在海德格尔逐渐退热，施特劳斯逐渐升温。施特劳斯是古典学家，亦以政治哲学著称。他对苏格拉底和色诺芬等人的研究，让中国学者认识到回到中国古典和西方古典的意义。另外20世纪80年代中国开始去政治化，以至于学人对政治漠不关心，现在亦慢慢开始关注政治哲学。晚清以降，我们就开始向西方和日本学习，施特劳斯让我们多少看到了一些西方的底子。我们不仅要学习西方的表，更应该摸摸西方学术的底子，重新理解西方的大传统。晚清以来，学习西方几乎是和切断中国传统同步，以至于鲁迅激愤地喊出"不读中国书"。施特劳斯反过来也启发我们应该去重新理解中国的文化大传统。

黄万盛：你说的或许也有道理。但是，假如重视中国自身的传统资源，也要通过施特劳斯才能实现，这实在是很大的讽刺。好像是因为西方的施特劳斯重视柏拉图的传统，因此我们也要重视自己的传统。难道施特劳斯不重视传统，我们就因此没有应当重视传统的理由和资源了吗？不要忘记中华民族是世界上文明绵延最长久的生命群体，中国传统的传承创造了世界上最为巨大的历史文献宝库，没有一个民族像中国这样重视生生不息、继往开来，历朝历代的知识精英最基本的学术训练和精神情怀就是"往圣绝学"。这是我们中华民族的看家本领，现在我们却需要施特劳斯来启示我们重视自己的传统，很可悲，也很可笑。因此，如果施特劳斯真能带来一些启发的话，倒是应当深入思考为什么中国那样重视古代前辈智慧的传统现在断了。那种全盘西化、全盘反传统、破"四旧"（"四旧"，指旧

思想、旧文化、旧风俗、旧习惯)、彻底决裂的近现代的意识形态应当受到检讨批判,可是这种意识形态现在仍然有很大影响、很大的社会基础。事实上,对施特劳斯的炒作也是在这种全盘西化的基础上出现的。我多少了解一些这方面的情况,事实上,热衷于引进施特劳斯的那几位学者,对中国自身的传统的态度多多少少是比较不屑和轻慢的。这里牵涉到对施特劳斯的基本理解的问题。施特劳斯基本上是古典精英主义者,认为柏拉图以后没有有价值的思想,或者说那些思想不仅一无是处,而且是有害的。特别是近代的哲学思想,因为太多的大众关怀介入其中。在施特劳斯的立场上,普罗大众最多只是历史的存在,而没有历史的意义,历史的意义是由精英决定的。这样的观念,在美国学术界被普遍认为是极其右倾的保守主义。它曾经在学术界有过影响,但是现在的影响主要不在学术界,而是在实际政治领域,那些代表大企业阶层的极端的共和党的政治领袖往往仍然是施特劳斯的拥趸。公然宣称施特劳斯主义的人,在学术界已是寥寥无几。我在哈佛曾经接待过几位从中国过来搜集施特劳斯研究资料的博士生。他们非常失望地问我,为什么在美国的大学中没有什么人在研究施特劳斯,这与他们想象的情况完全不同。施特劳斯做梦都不会想到在他故去30多年后,在中国会有一个如此炫目嚣张的"施特劳斯"热。在我看来,这种炒作其实要点并不在于对中国传统的重视,而在于商业社会中日益失语的知识分子企图重回主流的精英自恋。虽然这里体现的问题意识不无价值,但是他们找错了"话语代理商"。可以肯定地说,这种反现代性的精英主义将注定是非常孤独无聊的。它不会对中国社会产生什么持久和深远的影响。我们要做的工作和施特劳斯是截然不同的,施特劳斯重视的传统是反现代性的，而我们重视传统是为了传统的现代生命和健康发展的现代性。之所以会出现把施特劳斯的传统和中国重视的传统混淆起来，的确说明中国的学术主体性确实尚未建立起来，故西方一有动静，就会在中国引起反响，这只是相当于填补学术真空而已，甚至不辨真伪是非，一股脑扑到一些问题上，搞出各种各样的"热"来。我得提醒一句：热是发烧，高热就是高烧，那是生病了。正是在这个意义上，我特别强调，在中国高速发展的前提下，由于中国学术主体性的缺失，所以事实上我们的学术是大规模地落后了。我们面对的问题很大，亦很多，但是反思得很少。

刘涛：您说得有道理。我此前硕士读西方美学专业，对此有深切的感受。我们一度紧跟西方之风，心理分析、新批评、结构主义、后结构主义、酷儿理论、性别研究、西马、文化研究等，跟得让人眼花缭乱、头晕目眩。学术是一个民族最为根本的东西。您刚才谈到中国学术上跟着西方走，没有自己的主体性，其实

尤尼特伦第一教堂

也正是我们民族主体性尚未树立。我们认同的价值往往来自美国，我们自己的价值却没有显现出来。您先在法国待了很多年，后来在美国亦生活了 10 多年，我想您对美国的

认识会比较全面，亦会比较切身。我们谈完中国，就请您接着谈谈美国和国际社会吧。

黄万盛： 好，我们来看看美国和国际社会的情况。比如现在美国经历了这么大的金融危机，我想这半年你们都会有切身的感受，但是你去看美国的学术界，明明是新自由主义学派的经济理论，支持了很多不恰当的经济方案，树立了很多不恰当的经济观念，结果导致了这样大的灾难，但是到目前为止，来自美国经济学本身的自我反思尚没有。每一个经济学家都说，他们其实并不反对政府的干预，但是他们忘记了此前他们都是坚定的市场主义者。若从道德的角度说，这背后有一些学术良心的问题，学术本应该对此承担责任，但是现在大家都推卸掉了，而且不作反思。这种现象不仅仅在经济领域，还包括社会生活和文化等各种领域。现在我们看到的情况是，支撑一个国家的经济结构和基本经济制度的仍然是民族主权国家时代的意识形态遗产，而事实的经济活动却已经越过国家的疆界成为世界性的。这是一个巨大的落差。国家仍然以国家利益来规范和要求经济活动，但是企业家、金融家、商人、投机客却是满世界地开辟经济的新大陆，资本、技术、产品的流动轻而易举地瓦解各种各样的国家管制，政治家的保护主义比以往任何时候都更加苍白无力。这次金融危机肇端于美国，可是它几乎在同一时间残酷地打击了世界的所有地区，欧洲、亚洲、拉丁美洲皆无例外，甚至像中国这样经济管理和理念与美国很不相同的国家也不能幸免。比较起来，很多受害者遭受的损失甚至比肇事者还要严重，美国现在有46个州接近破产，可是在北欧、东欧、亚洲、拉丁美洲等地区，有些国家已经破产。可以看到，就是经济危机也已经是世界性、全球性的了。到底怎样应对这场危机？这之间也充满了民族主权国家意识形态与全球化的紧张对峙。一方面，我们看到全球性的联手行动，像 G7 现在更多地被 G20 代替，世界比以往更多地关心来自中国、印度的经济举措；但是另一方面，我们也看到各式各样的国家保护主义横行霸道，以美国为例，它现在明目张胆地强调"买美国货"，既忘却了是中国的出口商品维持了美国日常生活的廉价消费，也毫不在乎中国出口加工产业的破产倒闭。美国拯救经济危机的主要手段是以政府干预为金融业脱困。政府不是经济生产单位，它只能采取行政手段，无非有两条：一是大肆举债；二是多印货币。前者是把危机转嫁给纳税人，用纳税人的今天和明天为金融家和投机者埋单，这是牺牲老百姓利益的做法，因此在美国引起强烈的道德信任危机；后者是把危机进一步输出，利用美元作为国际主要结算货币的身份，用政府行为让所有的美元持有者为美国付账。这样的"救市"，既不对本国的老百姓负责，也不对世界负责。在这个意义上，我们应当认真检讨全球化时代大国的责任。大国是因为自己是大国所以可以毫无顾忌、不择手段地掠夺他国的财富使自己更强，还是有责任让所有比它弱小的国家分享它的成就？中国是正在崛起的大国，是走美国的老路，还是展现令人欣喜、耳目一新的大国风范？这牵涉人类和世界的未来。美国现在这样的做法是没有未来的。从 2008 年下半年危机大规模爆发以来，我多次指出，这次金融危机不是行业危机，而是结构性的大危机。2008 年 10 月，我在国内访问时，曾在广州等地作过专门的演讲，讨论金融危机的结构性原因。在我看来，美国现在的"救市"，其实不是在救市，而是在救美国的这套制度！到现在为止，美国主流的经济学家、政治家们仍然认为美国在制度结构上没有问题，这套制度还是世界上最行之有效的，没有什么人作深层的制度反省。大学的经济学教学仍然是芝加哥学派所代表的制度经济学、计量经济学，就像危机没有发生那样。人们为什么不考虑一下，难道这套经济学真的与经济危机没有关系，不需要负任何责任？加尔布雷斯曾经把这套经济学称为"丧失良心的经济学"！制度的自信所导致的愚蠢终究会被现实改变，反思的那一天也许很快就会到来。看看美国，20世纪80年代后期出现大规模经济危机，到90年代中期出现的复兴只维持了几年，到21世纪初就出现了网络科技泡沫引起的金融危机，被重创的纳斯达克到今天都没有恢复元气，现在更大的危机又铺天盖地而来。节奏越来越快，规模愈演愈大，这不是结构性的问题？在可预见的未来，美国和世界必须赶紧准备为货币和资本的贬值、大规模的通货膨胀而战斗，我已经听到它沉重的脚步声了。老百姓该怎么办？经济学家们，政府精英们，媒体的宠儿们，难道你们就不能把那仰视资本家的目光垂顾一下在汗水和灰土中讨生存的普通大众吗？的确，他们不能！不仅是他们，也包括我们。我不认为我批评美国的问题就意味中国没有问题，"彼可取而代之"，不是这样的。事实上，中国有同样的问题，有些方面好些，有些方面更严重。我所强调的是中国的资本主义制度化困境可能相对小一些，它的探索更有可能出现"制度的突破"，如果它能够有充分的自觉。就现代社会而言，其实，我们都深陷在一个理念、制度共同构造的陷阱里，自由与平等，社会公正与个人权利，不能两全，扶起东来西又倒。这种基本理念上的困境，使得我们的任何选择都在两难结构之中。但是，世界的观念地理已经改变了，我们已经到了一个重要的历史时刻，无论中国还是美国，无论东方还是西方，我们必须面对一个共同的转变，即全球社会。所谓民族主权国家，它积累了一套意识形态、一套价值谱系、一套社会法规和一套运作制度，但是所有这些现在突然都要面对势头如此之大的全球化进程。在这个进程之中，国家会如何改变、社会会如何改变、政治的职能是什么、经济的本质在超越国家之后应当是什么、个人在全球资源中其生活观念会如何重新建制、人与人会面临什么样的矛盾、如何来调节等，所有的领域都出现全新的课题，包括导致全球化加速的技术领域本身。我们称之为资讯社会。资讯社会对生活观念的改变，科学技术对日常生活的影响，都是深刻的社会问题和哲学问题。所有的这些问题，中国的学术界、西方的学术界反思得都不够。在这个时刻，我认为我们作为学者面临一个双重的任务：一是学术创新；二是制度创新。

刘涛：对。学术创新要与制度创新关联起来。学术不是在象牙塔中，而是与国计民生息息相关。学术创新一定要转化为制度，方是学术之大用。比如，儒家从来不是为学术而学术，而是心怀天下苍生。孔子、孟子、朱子的学术正是为了国计民生。美国的经济学家们在第一线面对这次经济危机，不会完全沉默吧？应该会有一些反思或者思考吧？

黄万盛：有些美国学者针对这次经济危机说，这是美国格林斯潘时代的经济政策的后果，过于宽松的货币政策导致大量货币进入市场，于是产生现在的经济危机。这是一种说法。第二种说法是布什时代采取了错误的经济政策，特别是对银行的监管出现了问题。第三种说法是，有人认为美国的经济危机起因于中国，因为中国的美元储备太高，这样迫使美国不断地印钱，所以才有经济危机。

格林斯潘在危机爆发之初曾经承认他的金融政策有问

题，但是最近翻供改口，认为导致金融危机的主要原因是产品流通形成在美国之外的巨大的美元储备，他特别指出中国的外汇存底是危机的直接原因。这是很荒唐的。先不要讨论他的理论是否正确，仅仅从道德角度来说，这样的说法也是有违公道的。哪有这么不讲道理的逻辑：中国资源、劳动力的廉价出口支持了美国的日常生活，最重要的是帮助美国完成了基本产业的转型，劳动密集型、资源高消耗、治理污染成本高的产业转到了中国和亚洲其他国家，而美国可以依赖所谓高科技的产品，在美元主导的定价体系下，不等价地交换中国和其他发展中国家的产品，一个生产成本不到 1 美元的电脑软件，在知识产权保护的理由下，可以获得 100 倍的利润，而中国出口的一件衬衣即使在支付工人最底线工资的情况下，也很难保证 20% 的利润，借用中国商务部部长曾经说的，中国要平均出口 10 亿件衬衣才能换回一架波音飞机，这是什么样的交易？而现在这反而成了美国金融危机的原因！当然中国自身也要反思。造成这种结构，也有中国方面的原因和责任。五六年前，我提过建立世界统一的货币体系，改变单一或少数国家垄断世界价格权力的局面。我相信这是早晚的事，一定要走这一步，否则不仅经济的危机会加剧，政治、军事的危机也会积累爆发。就美国这次金融危机而言，其实，制度缺陷、货币供给失控、借贷消费的生活方式、疏于监管的金融体系、肆无忌惮的投机和那种只追求利润的经济学理论，任何一个方面都要比中国的外汇储备承担更大的责任。

到目前为止，所有关于经济危机问题的权威检讨，都是从经济政策和经济现象的角度来进行的。相反，在民间社会却有一些比较深刻的反思。经济学家和政治家们基本没有从经济制度角度进行讨论，经济制度背后的学术理论讨论现在更是几乎没有出现。我在国内一次关于美国金融危机的演讲中提到过，我们要考虑经济危机和经济学本身的关系。相当长的一段时间以来，经济学改变了其性质，丢掉了人文性的一面。经济的本义是经世济民，发展经济的根本目的是发展社会，发展社会最重要的体现是改变人民的生活质量和生活水平。这是我们经济学的根本目标，所谓经世济民、利国利民。但是现在芝加哥经济学派，就是美国最强势的经济学派，发展了一套主要是数字和统计的经济学，这与人丝毫无关。经济学是彻底的科学，只是模型，只是单位资本的最大利润。比如我们都有10块钱，怎么能够赚更多的钱？于是经济学成为解决如何更多地赚钱的数量模型。至于赚来的钱如何正当地分配，几乎已经不是经济学的问题了，没有经济学家会考虑这样的课题。在这种学术理念下，各种金融手段、各种各样的衍生品都在不断地被设计出来，目的就是赚钱。哈佛有位政府学院的经济学教授认为，不管怎样，只要财富多了，归根到底对社会有好处，完全无视社会财富的增长伴随着贫富差距的日益增大，完全不在乎盲目追求财富对环境、对人心的污染，把发展财富当作绝对的不二法门。这种观念，在最近的20年来也是中国的基本的意识形态。我看值得我们认真反思。

最近50年，国际学术界，尤其是美国学术界非常彻底地把经济学变成了严格意义上的科学，完全与人无关。一个完全脱离了国计民生的经济学，有没有可能来帮助这个社会长治久安？所以经济学要对这个问题负责任，经济学鼓动了某种错误的倾向，为某种错误的选择提供了理论依据、学术方法和运作这些错误理念的人才。比如这次危机中的所谓金融衍生品，大多是由哈佛商学院和其他顶级商

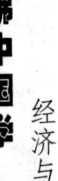

学院培养的天才们设计出来的。再比如奥地利学派，长期以来只迷信市场的力量，认为市场可以解决一切。中国也有这样的学者。他们甚至在美国金融危机出现之后还坚持这样的立场，认为美国政府没有必要采取动作，市场最终可以自我调节。我相信市场有自我调节的能力，市场或许可以最终解决问题，但是这个过程很长。在这个过程中被市场牺牲掉的老百姓怎么办？谁来照顾他们？你只是相信市场有自我调节能力，但是调节过程中人的生死存亡跟你毫无关系。我们到底需不需要相信这样的一种市场力量？市场需要调节是因为市场错了，对不对？那市场为什么没有防止这些错误的能力呢？市场一定导致垄断，市场一定导致投机，市场一定导致只追求利润而不关心人文。这些都是市场不可避免的弊病，市场主义者完全不管这些。这样的经济学能否达到人类发展的最终目的和要求？这背后有理论的问题，而且我认为理论要负主要的责任，因为我们创作了一套理论来鼓励为非作歹，我们用这套理论培养了为非作歹的人。美国这方面有一些反思，但不是在经济学领域，而是在社会学和人文领域。比如提出"理性人"的概念，即这种人非常理性化，对市场规律完全了解，对市场机制完全掌握，但是，有一点，这样的人没有丝毫的同情心。他可以按照市场的规律去拼命地赚钱，而在赚钱的规律下被牺牲的人他完全可以熟视无睹。这是不是我们希望的理想社会呢？我们能不能容忍这样的经济学？几年前，我在《珠江经济》上发表了主题是"重建人文经济学"的演讲稿，现在看来，这个声音实在是太微弱了。但是，这方面的学术创新，现在已经刻不容缓了。

刘涛：这是经济学的异化。若回过头来看看我们的经济学资源，比如《史记》的《货殖列传》，可以看出我们是如何对待经济学的。《货殖列传》推重子贡，这是儒家经济学一脉；推重计然和范蠡，这是道家经济学一脉。这几个人是何等胸怀和气魄啊！

黄万盛：对。现在的经济学已经脱离了其古典传统。

刘涛：孙中山那里还好。他谈到英国不顾国内人民死活，为利益所驱动，反而出口粮食。他提出"民生主义"，明确表示不能发展只顾赚钱的经济。

黄万盛：现代经济学就是按照科学建立的，但是这样的经济学你能不能接受？我们要将科学的迷信去除掉，我们尊重科学的价值和力量，但是我们应该知道在科学背后尚有更深刻的价值，就是人文。所以听任科学本身的发展，我们怎么去面对科学对人所造成的伤害？比如现在随着生化科学、基因科学的发展，很多危害已经出现了，这是一个非常尖锐的问题。

二 当下的强势价值及其困境

刘涛：1840年以来，我们的民族面对着一个"救亡图存"的任务，那时候第一印象会觉得是我们的科学技术落后，所以战败、挨打。故"五四"的时候，陈独秀提出"德先生"（民主）和"赛先生"（科学）。1978年改革开放之后，中外经济差距大，反差亦强，我们也自然会将原因归结在科学上。

黄万盛：科学当然有价值，但是，就今天的情况而论，科学的价值只是在工具理性的价值中。我们需要科学技术，需要它作为发展的手段。可是不幸的是，我们没有将其作为一个单纯的工具理性，而是将其作为一个价值的标准，当成纯粹理性、价值理性。这是一个危险的问题。将科学当成一个形容词来用,而且是正面的形容词,这说明科学被当成一个权威资本,被当作一个价值理性。我要讨论的是这种心态。这种心态和启蒙运动有关,启蒙运动要反对神的权威,神说世界是这样的,于是他们用科学知识证明世界不是这样子的。科学当时只是在那个特殊时期承担了这个责任。而且在那个时代条件下,科学主要是通过各种各样的知识来体现它的社会作用,用所谓的客观知识来夺取被教会垄断的世界的解释权。培根说"知识就是力量",这句话的翻译可能有些问题,现在的这个译法包含了把知识当作世界观、当作绝对的正当性标准的意思。"knowledge means power",如果译成"知识就是权力"可能更符合培根那个时代的语境,知识在那个时代扮演的角色就是向教会夺权。那个时代已经过去了。现在的问题是如何正确地认识和评价知识,知识的权威性和知识崇拜产生了新的问题,形形色色的各种知识主宰了人们的日常生活和社会生活。一方面是知识领域本身的自相矛盾,知识的不确定性和时间性等方面的困境,给现实的生命世界带来困惑。另一方面,知识的权威性太大,完全没有办法覆盖人们生活的非知识领域,信仰、情感、价值、交往,包括生活的常识方面,都是知识所无能为力的,但是知识自启蒙以来,以科学的名义获得了近乎"真理"的身份,它取代了神,因而它自己便有了神的身份和魅力。任何一种经由神化而产生的全能主义意识形态,在我们这个时代都不可能拥有持久的生命力。作为意识形态化的科学和知识崇拜早就开始了"褪魅"的历程,特别是现代所谓的"知识大爆炸",更是加剧了这个进程。知识爆炸导致人们无所适从,生命科学、神经科学、遗传学、基因科学的各种新知识促使人们思考必须建立知识的人文和伦理的前提。间接的影响还来源于知识成果的滥用，尤其是生化科学领域的一些反常识和反人文的尝试，不仅产生负面后果，而且引起知识恐惧，进一步促使人们思考科学和知识的正当性边界。现代西方已经没有多少人认为科学是价值理性，而且它会更多地提醒你：科学可能会伤害人。科学主义事实上是非常负面的意识形态。我这样说，并不是鼓励新的反知主义。科学知识的近代发展极大地推进了人的自我完善和社会发展，它的贡献是绝对不容置疑的。我强调的是把科学知识放在一个恰当的位置，坚决地消解它的意识形态功能，让人文、价值、智慧、传统、习俗更好地发挥作用，引领人们生活的方向。事实上，只有经验主义才会发展知识崇拜和科学拜物教，理性主义哲学从来就没有停止过对知识权威性的质疑，当然理性主义建构的那种所谓的普遍原则也造成了巨大的困境。我能够接受这样的看法，从维柯（Vico）到福柯（Foucault），哲学的主要任务是回到生活世界。在这个意义上，价值理念、价值哲学是基本的核心问题。今天，我们讲学术创新，讲制度创新，这当中最为重要的问题就是价值理念如何建立的问题，在学术创新和制度创新的背后有没有深刻的价值理念支撑。

刘涛：对。自晚清以降，"科学"的地位在中国一直呈上升趋势。"科学"在中国一开始就不是作为工具理性对待的，故而科学成为当下最为强势和核心的话语。我们接着谈谈当下流行的一些强势价值，比如民主、自由、平等，怎么样？

黄万盛：好。党的十七大报告很多处讲到民主、自由、平等，可见，即使是中国最高的意识形态也在关心这些问题，这在情理之中。如果中国真正启动政治体制改革，那就必须处理这套价值原则和中国政治生活的基本关系。这是由西方启蒙运动发展的一套价值理念。这一套近代的价值具有非常伟大的意义，一直带动西方走到今天。毫无疑问它是普世价值的重要组成部分。但是，这套价值也有重要的缺失，它在西方现代社会语境中也面对各种各样无法摆脱的困境，西方的学者也在不同程度地反思和发展这套价值，当然主要是在他们自身的资源和问题意识的基础上，这样难免不落入西方的自我局限。我看到国内有学者批评自由、平等、民主、人权等普世价值，我不知道他们的批评背后具体针对的是什么，但是从所得出的结论来看，似乎有些过分了。不管地方经验是多么特殊，从非洲到美洲，从亚洲到欧洲，在世界各个地区，对把自由、平等、人权、民主作为基本价值是普遍认同的。难道我们还要回到中世纪和奴隶社会？事实上，中国二三十年来的突飞猛进，一个重要的原因就在于今天的中国民间的自由度要远远大于"文化大革命"时代，广大民众有参与经济建设的积极性，能说自由不是中国所需要的价值吗？重要的问题不在于这些价值是不是普世价值，而在于普世价值是不是就是这些？这些价值作为普世价值是不是够了？难道中华民族5000多年积累的价值资源可以不是普世价值，仁爱、民本、同情、礼让、和谐、修养对于其他地区的生命共同体就不是价值资源？普世价值应当包含具有涵盖性的地方经验，它是一个宽广而发展的体系。在这样理解普世价值的意义上，现在应当严肃思考的是西方近代这套价值是不是足以保证我们面向未来；我们面对中国深刻的转变，我们面对世界的高度整合，必须考虑这些价值是不是可以完全担当。因此考虑学术创新和制度创新时，应当考虑中国的价值资源到底有多少。如果仅仅是自由、平等和民主，这样只能导向西方社会，同时也会产生主体性认同的问题。

我们不妨将这些价值放在一起来作些具体讨论。自由固然是一种价值，可是它跟平等的关系应该如何处理？我要个人的自由时往往会损坏平等，美国现在就面临这个问题。共和党上台时强调自由，放松市场管制，结果富人得了很多好处，穷人收益不多，贫富差距加大，社会平等出现很多问题。民主党上台时，发现自由过度，社会公共问题缺口很大很多，于是着手解决平等的问题，要发展教育、发展医疗、发展退休保险或公益活动。这样往往会高额征收个人所得税，对个人自由产生负面影响。所以这两个价值本身往往不能自洽，突出平等的时候往往伤害自由，突出自由的时候往往伤害平等。西方政治的两党制，事实上与其崇尚的价值有关，价值之间不能自洽，于是每一个党坚持一个主要方面的价值，兼顾其他的价值。经常的情况是兼而不顾，不是它不想，而是它做不到，因为两个价值之间就相互矛盾。那么，一个社会可不可以说，这四年讲自由，后四年讲平等？可不可以这样发展？应不应该有更好的社会制度能够使得这些价值各安其位，发挥出其最好的一面，而且同时不损害其他的价值？这就是我后面要谈的价值创新。如果没有制度创新，仍然认为这样是合理的，那就是你我各一套，大家轮流坐庄，不仅政策缺乏必要的稳定性，社会也会被这些党派意识形态的价值人为撕裂。但是这些问题一直存在着。很多人认为美国两党制是民主制度，这当然是民主的一种形态，但是两党制背后更为深刻的理由却是价值间不能自洽。如果价值可以自洽的话，何必两党分别代表？

刘涛：您这个说法说得很有意思。能不能具体谈谈？

黄万盛：政党政治是西方民主的重要因素。在美国，民主党比较强调平等，共和党比较强调自由；法国左派强调平等，右派强调自由；英国工党强调平等，保守党强调自由。无一例外。这是不是合理的制度？当然比起独裁制这是合理的，因为将自由和平等的空间开出来了。可是对于一个理想的社会而言，这是有问题的。如果看不到这些问题，那制度创新就不会有动力。我们讲法制的社会也是这样，充分的法制社会使得情不能发展，使得文化资本和社会资本不能发展。所以美国的社会，有矛盾就去法院，鸡毛蒜皮的事情也要找两个律师去法院，这样才有社会学家和人类学家提出社会资本消失的问题。如果在充分了解这些现实的前提之下，我们反观自己，可以有更好的判断，所以我谈主体性认同的问题。我们长期以来有没有一套属于中国的社会资本，作为我们的智慧，可以帮助我们发展，不仅帮助我们发展了过去，还帮助我们应对现在的变化。不能除了西方学术界，我们就不再拥有自己的话语了。如果中国的左派讲的是美国的左派的话、中国的自由主义讲的是美国的自由主义的话，那么中国自己的学术声音在哪里？这二三十年来，我们发展出了什么有价值的学术资源，可以引领我们进行制度创新？这是一个严峻的问题。我在西方待的时间越长，越是担忧这个问题。我接触过哈佛燕京的很多访问学者，我听到的基本都是西方的学术声音。虽然有些年轻的学者在努力改变，但是受到西方的影响和局限还是太大了。中国这么巨大的变化不能转变成为学术，这无论对于中国还是西方都是巨大的损失。我们应当有这个自信，在全球化时期，如果没有中国资源的带进，对于世界这是一个相当大的缺失。所以真正的全球社会一定是中国智慧可以发挥影响力的社会，因此要努力去发展一个主体性的中国学术，去培养进行制度创新的使命感，这对于中国今天的学术界最为重要。西方一定要学，他们积累了宝贵的经验。对于那种简单的反西方的观念，我不能接受。我们要真正了解他们之后，才能反观我们自己，看清哪些是真正有价值的东西。

刘涛：对。美国不存在中西汇通的问题，但是我们自晚清以降的知识分子一直有中西汇通的焦虑。您在哈佛，我想会对西方汉学有比较深刻的了解。我想西方汉学之意不在汇通，不在于放低自己去学习中国。

黄万盛：我在费正清中心作过一个讲演《中国观念的意义及其影响》。当我们讲"中国"这个词的时候，到底在说一件什么事情？所谓中国指的是什么东西，其背后是什么话语？我们去检讨，发现在近现代学术界，"中国"这个观念的主要含义都是从西方过来的。我们从哈佛说起，费正清（John King Fairbank）教授讲"中国"的时候，他说"中国"就是一个刺激反应的存在。西方打击了中国，中国就跳一下；西方撞击了中国，中国就反应一下。这就是中国，只是一个被动反应的存在。言外之意就是中国本身已经不重要了，甚至没有了，因此研究中国就是研究它对西方的反应。近代中国只是对西方的反应的存在。这个观念影响了很多美国的学者和政治家，某种意义上也影响了美国的对华政策，事实上对中国极不尊重，因为你除了反应，什么都不是。甚至连苏珊·桑塔格（Susan Sontag），这么了不起的思想家和知识分子，也说："中国是不存在的，中国是物件。"她对中国是有同情和了解的，尚且这么想。现在国内的很多学者在做什么工作？很多不过是在将费正清的观点丰富化。近代中国面对西方列强时做了什么，无数反应的事件构成了"中国"。这基本上也成了中国学术界的立场和看法。费正清的一个学生叫保罗·库恩（Paul Kuhn），他的问题就是针对费正清而来的。他觉得费正清只是将中

国看作刺激反应的存在似乎不对，一个有几千年文明的国家只是反应性存在恐怕是不够的，应当把它当作自主的对象，才能了解中国。这个比较接近中国主体性的工作不是中国学者做的，而是美国人做的。但是，因为支撑他的是美国的学术背景，所以他对于中国的理解仍然不免带着西方的烙印。他认为，我们要进入中国内部去发现中国。可是什么叫中国自己的历史？库恩用了一套西方的标准。西方民主、自由、平等、法治的观念出现才导致西方从近代走向现代。我们看看这套标准在中国是否不依赖西方也能出现？库恩从黄宗羲等人的著述中找到平等、个人等观念，于是他说中国本土就有民主的思想，不只是我们西方送过去的，中国有自己的历史。库恩以为自己做了一件与费正清完全不同的工作，其实他与费正清没有本质的区别。库恩依然以西方的这套价值作为评价的标准。中国有这套价值则被认为是自我发展，没有怎么办？难道中国就没有在发展自己的历史，就没有属于中国自己的现代性的主体性？我想对于现在的很多中国学者而言，需要的是将西方的价值标准放下，真正地深入中国的内部去，了解中国自身的发展，看看中国是如何在它自身的谱系上面对现代性的挑战，面对西方的进入。这样或许可以开辟出很多新的视野和境界，这对于中国资源转化为普世价值会有重要的意义，也会对全球化的健康发展产生积极的贡献。特别是转变现代性的物质主义、世俗化的趋向，使之成为更有品位、更有精神性的未来生活方式。

刘涛：是。我们学习西方，不仅放低了自己，还俯下身去，甚至匍匐在地。西方汉学总会带着高傲的姿态和自己的"前理解"去俯视中国。其"前理解"形成的原因多种多样，这既是对中国的理解，亦是对中国的误解，用佛家语即是"我执"。如果不破除这个"我执",他们总是会戴着眼镜去看待中国的。

黄万盛：是的。库恩依然将西方当成一个模式,并且作为一套衡量的标准,看中国是否可以不经过西方的启发,自己也能发展出一套与西方相同的价值。但是,我更在意的是,中国内部是不是有一套东西,并不是用自由、民主和宪政所能涵盖或者理解的,它也是一套价值体系,引领中华民族和东亚的广大地区承前启后、继往开来。现在西方的话语太强了,于是对中国固有的价值就视而不见,甚至中国的大部分学者同样如此。

哈佛大学校园里的广告栏

　　西方近代的那些价值之所以不能自洽,是这个价值本身的问题,一个独立的价值其本身的结构不完整,必须附加前提条件,才能作为价值而存在,因此有时价值的必需条件甚至比价值本身更重要。比如我们讲自由的问题,我

常举这个例子：哈佛有一个非常著名的教授，叫诺齐克（Robert Nozick），英年早逝，非常可惜，他做过哈佛哲学系系主任，他曾经在政治哲学研究中涉及美国的南北战争。你知道南北战争，北方代表自由和民主，他们是正义之师，他们要去南方解放奴隶、摧毁奴隶制。结果诺齐克在处理这些史料的时候发现，南方的军队是奴隶主和奴隶在同仇敌忾地抵抗北方。

刘涛：《乱世佳人》就是写这个。

黄万盛：是啊。对抗的结果是北方胜利了，将这些奴隶当成俘虏抓起来了。诺齐克找到了审讯这些俘虏的记录。法官问："我们是去解放你们的，你们为什么还要和奴隶主联合起来抵抗？"那些黑奴说："谁要你们来解放？你们将我们解放了，给了我们自由，但是我们去哪里吃饭？我们没有文化，怎么去工作？我们这么穷，哪一个女人会要我？你解放了我，就再没有人对我负责了。"诺齐克在他的研究中提了一个尖锐的问题：人有没有选择做奴隶的自由？这是深刻的问题。这是由自由本身内在的不完整造成的。通常来说，自由意味着不受外力威胁的选择。你是自由的，意味你可以选择你的生活，选择你的目标，选择你的领袖。可是，如果他拥有自由，而他选择的是放弃自由，你能不能接受？诺齐克是非常坚定的自由主义者，是我们称为libertarianism 的那类人，他当然不会赞美奴隶制。他的这个问题的意味相当宽广、深刻。从哲学方面，可以反思自由的悖论。在政治学、社会学方面，可以进一步思考选择的能力和条件是不是包含在选择之中，如果答案是肯定的，那么自由的选择如何可能；选择的对象都是给定的，怎么来确定给定的合法性，是否可以讨论这些合法性，等等。这些都是非常重要的问题。正是在这个意义上，所以我才说，自由背后有更深刻的问题，即责任。当你追求自由的时候，你对自由所负的责任是不是有清醒的认识。自由不是无条件的许愿，不是一个空洞的权利，自由是一种生活，一种需要负责任的生活。当然，自由更不是胡作非为，自由不是想干嘛就干嘛，自由意味着你得到的自由越大，责任的承担就越自觉。如果不充分发展责任意识，只是发展自由，那么这个自由会给社会带来很多负面作用。因此，我不必再去讲自由与其他价值之间的关系，就是自由价值内部的张力我们亦没有充分的认识。我们以言论领域为例，现在西方对中国批评最多的是言论领域，因为这是老百姓参与政治的必要条件，毫无疑问应该有言论自由，而且是必需的，这是现代政治最基本的条件。但是，我们打开网络看一下，上面充斥着暴力语言、不负责任的谩骂，甚至还有人格侮辱的言辞。这到最后会伤害真正的言论自由，亦将使人们对言论自由感到恐惧，因此后面就是言论责任的问题。我拥有言论自由，意味着我须对我所说的话负责任，而不是滥用自由去攻击别人。自由一定要和责任相联系。

刘涛：我觉得孔子说的"七十而从心所欲，不逾矩"，才是真正的自由。黑格尔亦区分自由王国和自然王国。胡来不是在自由王国，而是在自然王国。

黄万盛：孔子的自由境界是相当精深的，我在以前的文章中有专门的讨论，你只说"七十而从心所欲，不逾矩"还不够，还有"三十而立，四十而不惑，五十而知天命，六十而耳顺"，这才是最精彩的，你要达到"从心所欲，不逾矩"，不是一蹴而就、忽然得道，而是一个长期的培养和修炼过程，所以孔子是把自由看作一个成长的过程，是生命历程的无止境的追寻和成全，这是真正了不起的大智慧。前面提到的诺齐克的困惑，在孔子这里就不存在，当作一种权利,和当作一种成长、当作一种自我修炼是很不一样的。正是因为西方存在这些问题,一些较前沿的思想家,也在思索这些问题。比如波士顿大学的皮特·伯格(Peter L. Berger)等,都在考虑是不是还有其他的文化资源,可以帮助西方的价值资源。罗尔斯之所以那么看重正义的问题,就是因为他知道平等还不是最深刻的问题,平等背后隐藏着更为重要的东西,公正应当是更深刻的价值。但这条路能否走下去,我看也很成问题。问题是提出来了,可是留下的是一堆剪不断、理还乱的话语。也许它最终就是语言学的困境,对平等和公正的状况很难有实质性的改善。我常常会为罗尔斯感到一些莫名的惋惜,他是那么杰出的思想家和哲学家,可惜他完全沉浸在西方的哲学氛围里,他几乎没有受任何东方智慧的影响,如果他有这种自觉,也许他的解决方案会很不同。哈贝马斯(Jürgen Habermas)也是同样的问题,甚至比罗尔斯更严重,他是访问过中国的,但充其量也只是个游客吧,我没有看到在他的论述中有任何东方智慧的痕迹,即使是在他访问中国之后。这大概和中国学者有一定的关系,我们太宠惯他们了,所到之处都是前呼后拥、花团锦簇,完全是学生为老师鸣锣开道、抬轿捧场,都是请教聆听,都是如雷贯耳。毫无疑问,向他们学习是应该的,尊重这些大师的学术成就也是应该的。但是,这不够,中国有深刻的智慧,这个智慧应当发出声音,它可以给西方学者以帮助,让西方学者受惠。你看当年胡适请杜威到中国讲学,鞍前马后、低眉顺眼、诚惶诚恐,可是,杜威向中国学到了什么?除了好为人师地在中国丢下"五大讲演"外,什么是属于他的收获呢?他甚至连中国的皮毛都没看明白。他回美国写给中情局的报告完全误判中国的形势,认为共产党根本成不了气候,这是他轰轰烈烈地访问中国的结论。快过去 100 年了，中国还是那样膜拜西方学者。我们应当向西方学习，这是毫无疑问的，但是，不是唯命是从，不是拾人牙慧，不是学得忘了自己是什么！学习最重要的目的是完善和丰富自己的主体性，而不是成为他者的传声筒。再看哈贝马斯，他提出了另外的问题，即交往理性。人与人沟通的时候应该存在一个理性的原则，他是在反思和发展启蒙以来的这些价值。在这方面中国有很多重要资源可以参与建设，比如张载"民吾同胞，物吾与也"，比如"推己及人"，比如"诚"，比如"信"，交往的形而上学、存有论、功夫论和德目原则，两千年来一直是中国的关注重点。这些深刻资源为什么不能参与西方价值的改造建设呢？

所有这样的问题都需要学术研究，只有如此才能将这些概念的丰富性打开。前一阵子我是做了这样的工作，将平等、自由、人权、法制这些西方的基本观念存在哪些缺失，其问题靠其本身的资源能否解决，作了一些非常初步的梳理。比如民主。什么是民主？美国的熊彼特说，一人一票、多数决定，就是民主，民主就是一个选举机制。假如我们接受这个说法，不妨从现实角度来看看美国的情况。美国选总统，四年一次，一人一票，每个人都很亢奋。前一段不太亢奋了，故投票率越来越低，但是现在社会问题严重，故投票率又上来了。每四年投一次票，但是投票完了呢？总不能说这四年只有这一天是民主吧。小布什是老百姓选出来的，他当上总统之后去打伊拉克，所有冠冕堂皇打伊拉克的理由都是编造出来的。一直到战争后期，美国 70% 的老百姓要求撤军，因为战争的代价过大，现在估计是 2 万亿—3 万亿美元的投入。可是小布什就是不撤军，即使其任期结束了还是不撤军。这不是一个民主国家吗？

怎么这么大的民意就不能表现为民主决策呢？所以仅仅从选举看民主，就是仅仅将民主看作一个政党轮替的方法原则，而没有将其视为社会管理的原则。选举之后更为重要的是社会管理，如何让民主真正落实在社会管理的全部过程中，这是民主进一步发展的方向。民主当然是一个深刻的价值，可是西方在实现民主的过程中不仅积累了经验，还积累了很多教训。我们不仅要吸取其经验，也要吸取其教训，这样才能实现制度创新。

罗尔斯提出公共理性（public reason），认为建设公共理性比一人一票更为重要。每个人都是一定程度的偏执的人，该怎么办？我们怎么能从政治哲学上说明多数人就一定是正确的，多数一定就是合理的？历史上由多数造成的灾难比比皆是，可是民主必须是由多数决定，所以这其中有一些深刻的矛盾。正因为如此，才应该有更高的标准提出来。罗尔斯提出了"公共理性"，这只是一个政治哲学的话语，怎么能够转化为可以操作的制度，这是个问题。阿玛蒂亚·森（Amartya Sen）基于印度的经验，提出另外一个词叫Public Reasoning，即公共理性化或公共论理，将其变成一个动态过程。国家的重大决策一定是各利益集团和广大群众的广泛参与、论辩的结果，这样就将民主从选举机制转变为管理机制。

三　中国的价值原则

黄万盛：现在的问题不仅仅是要了解这些价值的发生和变化，更应该了解我们的资源能够做什么，这才是我们主要的任务。中国在未来的制度创新中将扮演一个非常重要的角色，它有一个广大久远的地方经验，有几千年的历史，管理了几亿人的族群，一旦进入世界的制度中，这将是多么大的力量啊！

刘涛： 这些年您或许也会有感受，中国从官方到民间，都有儒学热的倾向。我们上次也谈到过于丹现象，她之所以能引起这么大的反响，背后自然有更大的力量在支撑。无论如何，这都是一些好现象，从中我们或可以见出一些迹象。中国有一个道统，政统要与道统恰合，这样国家方能健康发展，国家方能有历史根基和道统根基。我们此前提建设"有中国特色的社会主义"，现在提"小康社会""和谐社会"等，都有类似的迹象。

黄万盛： 孔子讲"君子和而不同，小人同而不和"。在处理"和同"问题上，孔子将其当成对立的关系。这个问题我们有些人不了解，从张艺谋的奥运会就可以凸显出来。"和"是从音乐中来；"和谐"也是，和声谐音，都与音乐有关。孔子闻《韶》三月不知肉味；他最讨厌的是郑声，靡靡之音，谓之淫乐。音乐的最高境界就是和，敲鼓拉琴各司其职互相不同，但是他们能够相互配合，而且正是相互配合才产生美妙的音乐，之所以美妙是与你的心神和为一体，提升你的情操和境界，这就是和谐。所以"和"一定以"不同"为前提。和就是充分尊重每个人的独立性，尊重人与人的差异，只有每个人充分独立了，在这个基础上才能和，这叫"君子和而不同"。张艺谋导演的奥运会，打鼓啊，表演啊，全部是高度规范、动作一致、保持一律，跟军队训练差不多，这叫"小人同而不和"。我们长期以来就是保持一致，保持一致恰恰是对"和"最大的伤害。和的问题是心和德层面的交流。真正的和谐社会是每一个人都能畅所欲言，都能尽情发挥，以一己之力汇入公共家园，让这个世界合乎人意、温馨美好。和谐社会不是靠警察，不是靠行政命令。这也就是我讲的"经典解读",如果不去好好地解读,非但这些深刻的意义都出不来,反而将其用歪了。

刘涛:您对张艺谋的批评很有意思。对,"经典阐释"不仅仅是书本的问题,还是国家、民族和人民依托的问题。阐释错误或理解偏差将带来巨大的灾难,经典关乎国计民生。我们刚才讨论了西方的强势资源,您觉得中国的"文化资本"中哪些比较值得注意?

黄万盛:我想,中华民族起码有四个价值资源,要比自由、平等、民主更为重要,而且从价值结构来说也更完善,它不需要另加条件前提,这叫作核心价值。第一是安全。天道人心,体恤苍生,以民为本。很多人努力将民本对接民主,以为是提升了民本的价值,甚至认为"民本"包含了朴素的民主观念。这是本末倒置,天方夜谭。凭什么古代的就一定是"朴素"的,现代的就一定是"高深"的?人文学不是线性标准,不是简单的进步史观。我在国内讲学时,有位青年学生愤愤地问:难道我还不如2000多年前的孔子吗?因为我是中国培养的,我了解他的语境,所以我不惊讶。假如在西方有学生问,难道我还不如柏拉图吗?那是要出大洋相的。我回答他,孔子不如你,因为孔子不会用电脑,孔子不会上网;你不如孔子,因为你还不知道"三人行,必有我师",如果你知道了,你就不会问那样的问题了。把民本对接民主,我认为太委屈了民本。

刘涛:近代孟子的地位一直在上升,跟民主有关系。很多人努力将民主接到孟子那里去。

黄万盛:民本不是工具理性,而是"本体论"。所以我讲第一是安全。人民有免于贫困、免于战争、免于迫害、免于恐惧的权利。安全是民本的最大要务。安是安身立命,不是动物性的存在，是真正知道自己怎么生活；全，是全及他人，由自我而及他者。北大一个教授曾经问我，儒家在现实政治生活中最大的课题是什么？我说，就是平民怨，不让老百姓有怨气，老百姓抱怨，就是政治经济没搞好。第二个价值是公益。公益比公义要大，公义主要是精神原则，但公益是转化为社会现实和社会福祉。要做到公益社会，不发展信赖这不可能，真正做到我中有你、你中有我，发展宽广的同情。第三个是信赖。从诚道可以推出信赖，从信赖可以发展连续的社群意识，由此而及大同。我讲的信赖是在公益的基础上推己及人，所谓天道无欺、一视同仁。第四个就是学习。不通过学习，永远达不到目标。一个人活着若知道要学习，这个人的暴戾之气会减少，往大的方面说，战争亦会减少。学习才是和平的保障。美国人现在的傲慢是因为他们完全成了文明的教导者，他们自认为拥有最好的制度，故要将民主等送到世界的四面八方。有西方学者曾经问我，中国不是宗教传统的国家，它的精神世界是怎么维持的？它的社会生活准则是靠什么建立的？这是非常非常重要的问题。中国不是把终极关怀建立在宗教基础上，它的终极关怀不是可以感性化的天堂，不是生前赎罪、死后兑现，不是末日审判、成圣成魔。中国智慧中的终极关怀是一种信念、一种向度，它坚定地相信人具有无限完善的光明前景，人可以在现实生命中不断超升，而这种信念的达成，这种完善和超升的通途，就是学习。向传统所积累的群体智慧学，向自然自在的智慧学，向生活学，向他者学，学习本身就是一个伟大的开放体系。所以《论语》第一个字就是"学"，"学而时习之，不亦说乎"。学习是快乐的人生，所以孔子说"三人行，必有我师"。这一切必须落实在现实生活中，所以中国才那样重视

生。生命本身就是责任，生命本身就是无限创造的可能性，所以才"生生不息"，所以才"不孝有三，无后为大"。生命是如此宝贵，因此凡俗社会是如此重要，所以不诉求于天堂，而是直接扎根在凡俗，所以才执着地在红尘中转变红尘。生命是多么壮丽，活着是多么美好！

哈佛校园的秋色

刘涛：只有孔子智慧这么大的人，才能说出"三人行，必有我师"。我记得章学诚有一个说法，叫"圣人师民"。

黄万盛：对啊。我认为这四个价值比自由、平等、民主更为深刻，自由、平等、民主正日益沦为工具理性。所以我们要真正成为一个大同社会，仅仅靠这几个西方的价值远远不够。如果懂得安全，就不会去随便蔑视和攻击别人，就会知道每个生命都是值得重视的。安全首先是生命存有的问题，再是推己及人的问题，再是超越的问题，但都应以安全为基础。如何实现安全？不发展公益不行。公益是什么？公益不是西方特别看重的"人有权力自由地支配自己的财产"的原则，公益不是功利主义。功利主义的前提就是个人财产权。没有权力支配自己的财产，不是一个独立的法人，那选举的身份怎么会有？所以民主是从自主的个人出发，自主的个人是建立在财产自由的基础之上。事实上，民主的基础就是财产权。个人主义加私有财产，这是西方社会最重要的支柱。正因为这样，西方贫富的差距已经超过了历史上的任何时期。如果将世界拥有的财富总量均分，每个人大约可以分到25000美元。可是只是很少的人垄断了世界上巨大的财富，30%的人就会一贫如洗。这样的情况下，不发展公益怎么能行呢？只是靠西方的价值，不可能解决这样的问题。无论如何，将公益作为核心价值是应该的。一个人的创造是在为公益创造，而不是为我个人，钱赚得越多越体面。这一点，现在的中国社会要特别警惕，我们的贫富差距甚至已经超过西方。孔子的警言值得记取："不患寡而患不均。"中国传统的儒商就跟西方的商人不同，他们发了财，会去发展公益，会让弱势群体分享他们的财富。公益使得理想社会、和谐社会、大同社会成为可能。大同不是要消灭地方，而是各个地方的共同参与。早期的美国即是这样，四面八方的移民整合出一个美国精神，能够相互学习、取长补短，因此朝气蓬勃。现在从"移民"变成"居民"，则可怕了，他们丢失了学习的精神，教导被凸显，变得好为人师，到处指手画脚。美国最近20年的最大的问题是从学习文明转变成教导文明。因此，也是它陷入困境、麻烦不断的20年。什么时候都不能傲慢，所以我将学习总结为最深刻的价值，将其放在这四个结构中的最后面。安全是存在，公益是社会结构，信赖是伦理原则，学习才是超越的存在。学习是提升，让人

不断成长。这些都是埋藏在中国深处的文化资本，现在的学者都热衷做"小学"，没有人在这方面有研究，这才是真正严峻的问题。

刘涛：其实很多学者已经在付出努力了。这些年回到传统的呼声比较高，很多学者和学生已经在身体力行了。只是传统的文化资本被闲置了很多年，可能被灰尘蒙蔽了。

黄万盛：若是真正的文化资本，就不会被闲置，在草根社会中依然会发挥作用。如果一个文化资本完全不发挥任何作用，这个文化就已经死掉了。我们从那些政治人物身上依然可以看到这种文化资本，比如温家宝等人喜欢跑到民间去，去关心民间疾苦，去跟老百姓聊聊。这些都是中国传统的政治智慧，这些都已经融合到现在的政治行为之中了。

刘涛：对。某种意义上这是《大学》所说的"亲民"。我第一次读1939年刘少奇写的《论共产党员的修养》时，非常惊讶。刘少奇征引的理论资源固然包括马克思、列宁等人，但是时刻挂在嘴边的还是孔子、孟子和荀子等人。他对共产党员修养的要求，是做到君子的程度。我想儒家不仅在上面，亦在下面起作用。

黄万盛：美国一个汉学家叫列文森（Joseph Levenson），他也是费正清的学生，但却是学生中反叛力度最强的一位。后来在加利福尼亚大学伯克利分校大学任教，对他的老师有很多批评和挑战。他对中国的命运有着很大的同情感。列文森写了《儒教中国及其近代命运》（*Confucian China and Its Modern Fate*），他对这个大文化传统感同身受。他是犹太教的，对传统有深厚的体认。他认为，儒家的道德、伦理等，真的是好。但是儒家是和帝国联系在一起的，现在帝国崩溃了，帝制也解体了，很可惜，儒家就成了孤魂野鬼。他对这个情况有着无奈的沧桑感。我的问题是，列文森这样理解儒家是不是正确，儒家到底是不是皇家学说。在我看来，儒家真正的问题意识是扎根在日常生活中的，儒家面向的是每一个人，不仅仅是皇权政治，政治只是人的实现的不可或缺的条件。在中国社会，儒家是平常人的文化生命，普通人的信仰原则、生活方式都是基于之上的。皇权可以垮台，但是这并不意味着皇权垮台后儒家亦将无用了。

刘涛：这个中间有个变化。此前强调周孔，后来宋代推孟子，强调孔孟。周孔是和皇家联系的，孔孟是和民间联系的。

黄万盛：我有一个法国朋友叫杜瑞乐，他曾经带了一个工作小组到中国华南的农村作田野调查，看看华南农村老百姓日常处理人际关系和生活方式的标准到底是什么。几年研究下来，他发现老百姓解决各种问题的方式、对各种问题的判断以及价值标准、他们的立场，依旧是儒家的，完全是传统的。不论科学怎么发展，社会怎么发展，这些百姓的待人接物、评判标准，甚至对政治的态度，其背后真正的资源还是儒家的。这就是大传统体现的天道人心，它是不以时间计的。

四　知识分子的使命

黄万盛：文化资本的运用，如果是自觉的最好。但即使是不自觉，它依然在潜移默化地发生作用。文化是有生命的，它能产生各种各样的影响。所以如果运用得不自觉，其负面影响也会暴露出来。

刘涛：对。我们有责任将我们的传统从不自觉起作用

变成自觉起作用，不仅仅在中国起作用，还要进入世界价值之中。

黄万盛：一个国家形象的建立，不仅仅靠财富，还要靠其背后的价值。很多小的国家事实上积累了宝贵的生活经验，比如基督教的经验是在耶路撒冷发展出来的，那是多么小的地区。所以孔子重视文化的力量，而不是靠政治暴力来维持一个社会。任何一个社会如果靠军队和警察来维持，那一定是短命的。这是黑格尔的观点，他认为现代国家的出现主要就是靠税收、军队和警察。在这方面，哈贝马斯有突破，他看到对话、聊天、茶馆、圆桌对现代国家和社会的意义，这就接触到文化资本的运作了。对一个社会而言，经济的价值当然有，而且很重要，但是价值更高的是文化气质和精神面貌。我们是不是有文化资本可以和经济资本一起参与到世界的转型和发展之中？如果没有这一点，钱再多，也不过是醉生梦死，也不过是更加惨烈的朱门酒肉和路边冻骨的差距。学术创新和制度创新，这才是我们知识分子的使命。所以孟子说，士农工商中，士不是去发展生产力的，而是去引领社会向更好的方向发展。

刘涛：士是四民之首。我想近代很多知识分子慨然以士自任，自觉去"弘道"，这从近现代中国史上可以清楚地看出。您对毛泽东怎么理解？

黄万盛：我和哈佛研究毛泽东的马若德（Roderick MacFarquhar）等人的看法有很大的不同。因为毛泽东在"文化大革命"中的错误，不少人容易从所谓封建皇权的角度剖析毛泽东。我能理解这种立场，但并不同意。我的家庭也像许多人的家庭一样在"文化大革命"中遭受痛苦的磨难，到1969年，我离开家庭走上社会时，我的父亲还在

"走资派"的牛棚中不能解脱。从那场苦难中出来的人，会有怎样的激愤，一点都不难想象。但是，如果我们要永远不再回到那种梦魇中，我们就必须找到它产生的真正的历史原因。我认为理解毛泽东必须放到中国现代性叙事中去，从中国现代性的找寻中去理解毛泽东，这是中国现代性探索的历程中最为悲剧和苦难的一段。毛泽东年轻的时候受到过意志论的很大影响，强调道德意志的作用，另外他在湖南的时候，亦受到过维新运动的影响。这些都是他年轻时候得到的滋养。维新运动中梁启超提出"新民说"，谭嗣同在《仁学》中提出"新人"的概念，康有为在维新失败后更强调孔教的问题，在他们的思想中，都有革新人的强烈愿望。道德意志和人的革新这是毛泽东青年时代的世界观构成。在毛泽东之前，现代性前辈所相信的坚船利炮，或者立宪政治都不能救中国，经过那些努力之后，中国仍然深陷在昏暗的动荡中。毛泽东和五四运动的主流看法非常接近，他也希望通过"文化大变革"来改造中国，通过改造人进而改造中国。而西方列强在中国的胡作非为使得志在图强的毛泽东根本摒弃了西方的道路，这也是同为"五四"的骁将，为什么毛泽东会厌恶胡适而心仪鲁迅的原因。毛泽东的思路比较接近鲁迅，所以毛泽东说自己的心和鲁迅是相通的。"五四"时期的人物还是书生意气，君子动口而已，讲的都是大的文化问题，鲁迅提倡改造国民性，胡适主张文字和文学的革命，都是针对文化意识形态方面的大叙事。他们的影响范围主要在青年知识分子方面，对于底层社会并没有真正的触动。我很难想象假如鲁迅掌握政治权力成了国家一把手，五四运动的实际进程将会怎样。毛泽东是政治家，政治家的特质是要动手，即是要付诸实践，思想层面的结果不落实到政治生活领域，对政治家而

言就没有任何意义。五四运动在思想意识方面的结果终究是要由人来实践的，毛泽东一直在准备着，即使为了夺取政权的战火硝烟也不能阻挡他的目标。他在延安时就不断强调"全心全意""高尚的人、纯粹的人"等，这些话语后来成为"灵魂深处的革命"的核心原则。他要彻底革除旧文化对人的腐化，因此他不能信任任何旧文化的载体，文本的和现实的，因此他警告知识分子，要么洗心革面、脱胎换骨，抛弃旧文化、接受新文化，要么就落到世界最肮脏的地方去。可是"新文化"究竟是什么？其实毛泽东也不全然清楚，他在摸索探寻，这就造成他的追随者的无所适从，并且产生日益尖锐的矛盾。所有后来的演变，事实上早在1949年以前都有脉络可寻。1949年革命胜利，政权到手，毛泽东的想法终于可以付诸实践了，他甚至等不及战乱之后必需的经济恢复，就迫不及待地开始了文化改造的浩大工程，50年代初批判《清宫秘史》，因为那里面充满了对变革的错误理解，紧接着批评《武训传》，因为武训的教育尽是封建遗毒，而后是俞平伯的"《红楼梦》研究"遭到清算，因为他醉心于旧朝代的才子佳人而完全没有理解《红楼梦》展示的旧制度、旧文化无可救药的崩溃。随后开展的反右，干脆把对毛泽东所代表的思想路线的怀疑通过行政权力严厉地清扫出局。1958年，毛泽东开始实践用制度的变革把人变成社会主义新人，人民公社、大食堂、大锅饭，试图把人变成彻底无私的新人，可是那些"旧人"却毫不客气，很快把大锅饭吃了个底朝天，甚至连来年的种子也吃掉了，加上不解人意的自然灾害，合作制造了惨痛的挫折。毛泽东的做法引起了广泛的怀疑，即使同他出生入死的战友，也发出了不和谐的声音。1959年的庐山，让毛泽东了解到这条路线真正的巨大危机在哪里。毛泽东是真正有紧迫感的，文化的革命要远比军事的革命旷日持久，而人是在日渐老去的，毛泽东开始严肃地考虑为中国建立一个可以保证新文化不断探索、不断革新的垂之万世的基础和机制。60年代后，他明显地加快了节奏，毫无疑问，苏联的转向加剧了毛泽东的危机感。通过反修，他进一步强化了思想意识形态对中国的作用。1963年他通过树立雷锋典型，把每个人的灵魂革命变成一场无人身处其外的政治运动。几年前，那些吃垮大食堂的"旧人"的教训，迫使他必须回到对于世界观的改造上来，没有世界观的转变，好的制度也会被腐化。1964年的"四清"，本来是经济方面的整顿，毛泽东强行把它改变为"社会主义思想教育运动"。他走得太快太远，以至于他的追随者不仅无法赶上他的步伐，而且日益怀疑这条路线的正确性。毛泽东真正感到孤独了，那些旧时代过来的遗老遗少基本上不能成为新时代的创造者。他把目光转向了中央以外，从1965年起，毛泽东离开了北京，在全国的漫游中完善他的文化改造的计划，同时寻找新的动力。1966年毛泽东开始了他最大的变革，那年他73岁。孔子是在73岁时过世的，孔子过世的时候，中国的传统文化规模已经被他奠定了。而乐意接受"伟大导师"称号的毛泽东，在73岁时还在苦苦地为他的文化抱负焦虑着，他的文化理想、社会理想甚至没有基本的雏形，相反却屡屡遭到怀疑。无论这个年龄有没有象征意味，73岁都是人的晚年了。来日无多，"只争朝夕"，大约是毛泽东心境的自我写照。毛泽东利用1964年、1965年京剧革命的余绪，号召在全国范围开展"文化大革命"，破"四旧"，以彻底铲除封、资、修的土壤，保证中国的新文化可以永远进行。让毛泽东意外惊喜的是，红卫兵出现了，毛泽东孜孜以求的新文化的动力竟然这样解决了，年轻的红卫兵没有受过旧式教育，没有旧时代的包袱，完全可以成为新世界的基础，可以彻底告别那些多多少少总是带着旧时代烙印的知识分子，摆脱他们的纠缠。"文化大革命"很快变成对文化载体知识分子进行的革命，进而扩大到党的内部。学校停课，行政瘫痪，几乎整个国家被"文化大革命"的狂欢解构了。毛泽东期待已久的文化风暴终于刮起来了。可是新的社会并没有如愿降临，相反却是不可收拾的尴尬，而毛泽东的看法是，这说明革命得还不够，必须继续革命，七八年就得来一次，直到永远。我几乎是用天马行空的方式描述毛一生的基调。毛泽东毕生以求的就是革除旧思想文化、建立新人新文化，他要通过这个途径来解决中国的现代性问题，这是其一生的主要愿望。可以看到，这是五四新文化运动的延续，它的主题早就蛰伏在"五四"反传统的新文化诉求中。如果不拘泥于细节，可以粗略地说，五四运动是没有政权的"文化大革命"，而"文化大革命"是掌握了政权的五四运动。我们不能将毛泽东看作一个孤立的个人，整个中国现代性的诉求是扭曲地集合在他的身上的。所以我不能接受哈佛那两个教授仅仅把"文化大革命"看作权力斗争、把毛泽东当作政治权谋的看法。那样太肤浅了。我们真正应该研究：从近代以来我们的现代性叙事出了什么问题？为什么中国现代性的努力会认为追求现代性必须通过思想革命来完成，必须通过打倒传统才能实现？这个疯狂的想法到底是怎么形成的？大约在这个意义上，我们才能理解毛泽东为什么会不断革命，继续革命。我最近一直在准备写一本有关"现代性和毛泽东"的书，探讨这些问题。

刘涛：我也在思索康有为、鲁迅和毛泽东三人之间的联系。我甚至觉得这三个人的精神内核是共通的。康有为要通过"维新"去"新民",鲁迅是通过文学去"改造国民性",毛泽东是通过"革命"去改造我们的民族。尽管手段不同,但目的是共通的。

黄万盛:康有为那里传统资源还在起作用,鲁迅是对日常经验的反抗,毛泽东是全盘性的文化变革。

哈佛大学学生乐团为2009年度毕业典礼助兴

刘涛:您有一本书《革命不是原罪》,在国内影响很大。革命是近代知识分子为拯救中国而作出的最后选择,而且近代以来革命是中国最为强势的话语。

黄万盛:物质器用的问题简单,制度问题简单,但是人的思想头脑问题最难。毛泽东的思路是通过思想革命来改造社会,把思想的作用无限夸大。这种对主观意志的过分倚重是近代儒家思想中的一种派别,对"日常生活本身就是深刻的价值"缺乏理解。毛泽东在这方面是有困境的。其实毛泽东受阳明后学的影响非常之大,相反先秦儒学对其影响不大,所以他比较喜欢李贽之类的人物。我们需要严肃考虑革命的问题，革命一直伴随着毛泽东。这个背后有深刻的哲学问题，被人们弄得肤浅了。汤武革命，强调天道人心。Revolution，这个词是从拉丁文来的，volution是"旋"的意思，revolution就是要转回到原点。这实际上和中国汤武革命相通，历史走偏了，我们需要将其矫正过来。革命变成杀人如麻、造反有理，完全是近代化的产物。此前叫起义造反。近年来，西方学术界关于革命的研究，多半都把革命当作负面经验，因此有很多否定性的看法，这与近代的特殊语境有关。我对这些研究有很大的保留意见。比如现在在国内比较有影响力的汉娜·阿伦特（Hannah Arendt），通过纳粹、斯大林来研究权势、极权主义和革命的关系，而且得出一些关于革命的普遍观念，我认为这是很危险的。比如她认为极权主义之所以能够成功，是因为老百姓太听领袖的话，即所谓"邪恶的平凡"。这样的历史观念让我非常不安，把老百姓当作历史责任的承担者，这是中国现代最主要的教训。最近奥斯卡提名电影《生死朗读》可以看作是对阿伦特之流的反思。德国思想的传统特点，就是看不起日常生活，理性的光芒遮蔽了日常生活的深刻意义。我很奇怪甘地领导的印度人民运动为什么没有进入阿伦特的视野，如果有这方面的资源，恐怕她的很多结论都要修改了。西方现在关于革命的研究都是受西方语境的限制，如果他们换一下立场，对西方帝国主义时代在西方以外的所作所为而引起的回应有同情的了解，关于革命的研究也许会有不同的见解。政治的、军事的、经济的、文化的殖民地心态和革命的关系是比近代革命研究更紧迫的课题。人们是否了解伊斯兰对现代世界的真切感受呢？是否了解频频出现的中国过分夸张的民族主义背后的情节呢？是否了解非洲、拉丁美洲、南亚的广大非西方地区如何看待革命的呢？我们生存的当今世界种种的"革命"风潮到底是怎么形成的？当 200 多年前，美国人揭竿而起，把英国人打回去的时候，他们的革命难道也是该受谴责的？怎么没有人为埋在康考得（Concorde）小镇北桥边的那些无名尸骨鸣冤叫屈，相反还要竖起铜像、刻上铭文，大书特书呢？我不是个革命论者，过去不是，将来也不会是，但是当处理关于革命的一般理论时，我们应当有足够宽广的视野，仔细思考革命的复杂性。

刘涛："革命"一词是从日本转译而来的。梁启超在 1902 年写了一篇文章《释革》。他先将 reform 和 revolution 区别开来。革命，他举的例子即是法国大革命；改革，他举的例子是英国。

黄万盛：现在我们将革命只是理解为暴力革命和改朝换代的工具，这样不够。我举过一个例子。罗尔斯在课堂上讲无知之幕（veil of ignorance）问题时，一个学生说，老师您讲得很好，您的观念我也可以接受，可是我请教您，假如您碰到希特勒会怎么办。这是一个严肃的问题。罗尔斯在课堂上思考了 10 分钟，然后说，只能将他杀了，才能讨论公正的问题。因为罗尔斯假定所有的人都是讲公共理性的，但就是有一个人不管这一套，他的存在让所有的公正都成为不可能，这该怎么办？

我反对目的论的革命，但是我能接受这种作为手段的革命，能够接受当所有的改良都失败之后不得不进行的革命。

刘涛：孙中山和毛泽东的革命不一样。比如清末有排满的倾向，邹容的《革命军》正是此意，孙中山强调"民族主义"，亦有民族革命的意图在；毛泽东则是阶级革命，所以有《中国社会各阶级的分析》这样的文章，以阶级重新理解和塑造中国的社会结构和体系。

黄万盛：对，这是因为马克思的进入。《中国社会各阶级的分析》是受了马克思阶级理论的影响，然后以之为基础去理解中国社会。但这和马克思的观念不太一样，马克思是以生产关系来决定阶级属性，毛泽东则完全不在乎生产关系，直接拿财产多少来划分阶级，因此产生了"农民是了不起的无产阶级"这样的中国特色，背后有很多教训。这是马克思主义理论要处理的课题。当然毛泽东有另外的意图，他要以此去发动群众，去赢得革命的合法性。

刘涛：对，毛泽东对马克思的接受是有所选择的。毛泽东注重的是马克思的《共产党宣言》，对于《资本论》则未必重视。

中国的士君子一直心系民间，这与西方的知识分子不同。您可否就此问题再谈谈？

黄万盛：朱熹、陆象山之后，修身被强调了，儒家更是和民间联系在一起。这是一个族群智慧，本身就是开放的。这不仅是一个解释系统，而且是生成的体系（developing system）。儒家的人物往往在朝廷当官，孔子、孟子、董仲舒、二程（程颢、程颐）、朱熹、王阳明等都是如此。学与政，中国有一套独特的经验，这就是我一再强调的"在红尘中转变红尘"。中国的知识分子对朝政有着极强的参与意识，就是要参与其中，使得这个政治系统符合天道人心。这和西方不一样，西方知识分子对政治绝不信任，这是自觉的体制外的批评意识。所以，我说西方是批判的建设性，中国是参与的建设性，这有很大的不同。和谐社会，重要的就是参与。中国名留青史的知识分子往往是因为抗议精神，但构成中国知识分子大传统的不单纯只是抗议精神，亦有合作参与。为民请命不能只用抗议精神来理解。中国知识分子志在为"君王师",要教育君使之合乎天道,其责任比君还要大。所以他们的参与不是空洞的:一是教育和培养;二是辅佐;三是批评;四是抗议。如果这个朝廷真是无药可救了,知识分子可以跑到民间,成为抗议的领袖,所以知识分子是处在庙堂和江湖之间的。这个参与是既参与社会,又参与政治,而且更为重要的是将改变社会当作政治的目标,而不是将政治利益当成最高的目标。西方的批评传统,当然有价值,对政治可能的作奸犯科始终保持警惕,防止政治的腐化,但其问题在于,他们不能将政治的有价值的方面凸显出来,只是强调了政治的阴暗面。法国当年甚至有这么极端的言论:"宁可跟着萨特(Jean Paul Sartre)犯 100 个错误,也不跟着雷蒙·阿隆(Raymond Aron)做一件正确的事。"雷蒙·阿隆是西方的异数,他参与政府政治,做文化部部长;萨特则是连诺贝尔文学奖也不要,热衷于游行和抗议的街头政治家。西方知识分子对政治的理解可以极端到如此程度,所以他们对中国的智慧所起的作用更值得检验。

我们与此不同,我们有独特的资源,问题是我们的资源被灰尘蒙蔽得太久了,我们要将其打扫出来。首先使得这些资源可以参与我们自己的社会,然后在全球化的时代使其进入世界的文化价值之中。我有一个信心,如果参与的建设性得以充分发挥,民主可能会发展出新的形态,民主的成本也会大大降低。这既是学术创新,也是制度创新。这是需要有使命感的,下一代年轻的知识分子成长起来,或许情况会好些,至少我有这样的期待。

中国的和平崛起与新时期对外关系

受访人——柯伟林（William C. Kirby）
采访人——张梅

柯伟林教授

柯伟林，美国著名的中国历史学家，曾获哈佛大学杰出贡献教授称号，现任哈佛大学中国基金会主席。作为一名现代中国历史学家，柯伟林的研究关注国际语境下的中国商业、经济和政治发展，其著作涵盖现代中国商业发展（包括国有与私营商业）、中国公司法和公司组织、中国自由史、20世纪50年代国际范围内的社会主义经济、海峡两岸关系、中欧及中美关系等。他目前从事的研究包括当代中国商业研究和中欧美三地高等教育比较研究。柯伟林在1992年加入哈佛大学之前，曾任华盛顿大学圣路易分校历史学教授、亚洲研究中心主任以及本科生院长。在哈佛大学，柯伟林历任历史系主任、亚洲研究中心主任和哈佛文理学院院长等职务。柯伟林先后获得达特茅斯学院、哈佛大学、柏林自由大学（哲学荣誉博士）以及香港理工大学的学位，先后被北京大学、南京大学、复旦大学、浙江大学、重庆大学、华东师范大学、上海社会科学院等聘任为名誉教授。此外，他还是海德堡大学和柏林自由大学的访问教授。2017年11月，柯伟林获颁香港浸会大学荣誉文学博士学位。其主要著作有 Germany and Republican China（《德国与"中华民国"》）、Realms of Freedom in Modern China（《中国现代自由世界》）等。

主编手记

国家留学基金委公派美国哈佛大学访问学者、中国与全球化智库研究员张梅博士在哈佛大学访问交流期间旁听了柯伟林教授主讲的《现代中国商业发展》课程，在课程结束之际她请柯伟林教授谈谈他对当前中国经济发展以及中国的地缘政治和对外关系的看法。本文刊载于《东南亚研究》2016年第3期。

一 全球化背景下的中国经济发展

张梅：尊敬的柯伟林教授，非常感谢您在百忙之中接受访谈。拜读您的著作，让我印象深刻的是您对于中国商业、经济和现代发展有着深刻认识。您的著作也曾探讨全球化与国际化，您如何看待在全球化背景下的当前中国经济发展？

柯伟林：在我看来，中国经济一直是在全球化和国际化的背景下向前发展的。你知道，在世界历史上中国曾长期占据主导地位，只是到近代以来才开始落伍了。事实上，要想弄清楚中国今天为什么是这个样子，不仅要在当前中国的时代背景下理解，而且要将中国放在全球化的背景下加以研讨。从历史上来看，中国对外封闭的时间很短，在我看来，中国始终是世界潮流中不可或缺的重要组成部分，不管在历史上中国曾经是领导者还是跟随者。因为中国政治、经济、文化等与世界紧密联系，所以我认为中国始终未脱离过世界潮流，即使是在20世纪50年代也不例外，尽管从西方国家的视角来看，中国当时是社会主义国家阵营的成员，但中国仍然是世界的一部分。现在的世界与19世纪20年代的世界在我眼中差不多，那时候中国人是世界上

最有钱的一族，现在也是。

现代中国的经济发展史和商业发展史都很独特，我觉得用"中学为体、西学为用"可以概括中国当前的商业和经济发展。中国人在采用西方管理技术方面非常到位，不管是采取股份有限公司形式还是董事会制度，中国人都特别善于利用国际化的商业组织形式。但是，中国的某些传统在家族企业、小规模的企业中也在运行，也就是说，中国的商业管理不仅要看商业运作，而且要看人际关系、交际圈等（与什么样的人打交道、信任什么样的人等）。换句话说，中国的公司组织形式（硬件）可能很西方化，但是软件却是非常中国化的。不仅私营企业如此，国有企业也是如此，尽管国有企业和私营企业的历史不同，但两者都是非常中国化的。

张梅： 事实上，中国经济经过改革开放30多年来的飞速发展，已经成为世界第二大经济体。有人说，"21世纪是中国的世纪"，您如何看待这一论断？在您看来，未来中国能否引领全球经济发展？

柯伟林： 我看待中国经济问题的角度与其他人不一样。在我看来，在20世纪的头30年中国经济发展非常迅速，比同时代世界其他地区的发展都要好，中国从全球经济大萧条中恢复过来的速度也比其他国家快。可是，后来在中日甲午战争、国共战争中中国经济饱受摧残，虽然50年代出现了短暂的经济增长，但是在1958—1978年发展又停滞了。在中国经济发展停滞甚至倒退的时候，亚洲其他国家的经济都在前进。当前中国经济的赶超速度非常快，这其中的部分原因是强有力的政府管控，这是西方的弱势政府做不到的。举例说来，你看中国基础建设发展很快，像火车、地铁等使得人群的流动性增加，人们可以从一个地方转换至另一个地方工作，这比20多年前要好得多。还有由于政府在教育方面的投入，尤其是对大学的投入，使得人民受教育的程度也提高了，这些都是国家基础建设能力提升带来的好处。其实，有人就曾经预言过"20世纪是中国的世纪"，我觉得20世纪是中国的世纪，但我希望21世纪也是，因为中国目前拥有世界上最多的人力资本：优质的大学、人才和企业家等。如果中国政府可以找到某种途径去激发这一群体的创造力，那么中国的发展前途将是无可限量的。除此之外，中国当前还需要持续推进改革。

张梅： 您认为当前阻挠中国经济持续增长的可能因素是什么？

柯伟林： 首先，我认为当前中国经济的一个挑战在于国有企业改革。如果你从历史的角度去观察中国企业的发展历程，可以发现它们大多拥有悠久的历史。作为中国经济发展的动态体现，这些企业大部分为私营企业，且在近百年中，发展甚为国际化，即使是在当代依然有很多类似于荣氏家族那样的大型家族式企业。自20世纪50年代开始，中国出现了很多大型国有企业，它们确实起到了一些非常好的作用，但同时也会阻碍相当多领域内私营企业的发展道路。

其次，当代中国经济发展的另一个劣势，我认为是土地公有制，当然这个问题已经存在很久了。自古以来，中国土地属于公有制，我认为，这就给农业发展、农民带来了很大的问题。如果你将中国与东亚其他国家和地区做一下对比，例如与日本、韩国、中国台湾等对比，你会发现，它们在第一次工业化进程后之所以能保持持续发展的势头，是因为它们拥有繁荣的农业，而这是中国所没有的。这也意味着中国的农民很贫穷，他们离开农村前往城市，如果不是做大生意,将很难获得良好的经济收入。因此,加快农业发展对于一个拥有 8 亿农民的国家是非常重要的,而在这其中存在的问题可能是政府力量过于强大。例如今天上课我们讨论的一个案例——政府涉入了太多的制酒企业,在我看来,这一行业就根本没有必要国有化,因为这样做与安全、与帮助农民都没有任何关系,反而容易形成垄断。

再次,我认为中国经济持续增长的另一大阻碍是,缺乏针对政府管控经济的一系列经济改革。虽然每个国家的政府都在某些领域对经济具有控制权,但是在中国,政府对经济的管控权是比较强的。

张梅:您认为当前应该如何解决国有企业改革问题?

柯伟林:在我看来,国企改革最大的障碍,不仅体现在被认为是战略行业的大型国有企业领域,被认为可能是战略行业的高速公路和电信等领域,而且体现在能否将地方上市一级以至省一级的成百上千的国有企业交给私人去管理。我给学生上课经常用葡萄酒企业举例,我问我的哈佛学生:你知道中国的红葡萄酒生产和消费总量是全世界增长最快的,可是葡萄酒行业为什么会被认为是战略产业?为什么在中国排名靠前的葡萄酒企业都是国企?有部分学生对中国知之甚少,就想当然地回答:那可能是因为中国政府想帮助农民增收;还有的回答说,中国政府非常关心老百姓的食品安全问题,所以这个领域要由国家控制。事实上,像中国销量较高的长城、张裕等品牌的葡萄酒在市场上占据的份额已经很高,这些企业在我看来可能缺乏进一步提升的动力,所以,我认为中国经济要想保持长期的稳健发展,并且下一阶段还能像现在这样增长的话,新一代消费者的消费需求必须要被考虑在内。

当然,国有企业也不是不可能发展得很好。在每个国家都有国有企业，在我看来，国有企业改革的挑战在于对国有企业合资化而不是私有化相关政策的诉求。国企合资化，企业可以拥有更多资金，但是并不一定改变其原有的管理模式。我觉得中国的合资企业，尤其是国有合资企业的管理权不是很清晰，因此投资的问题不容易解决。有些企业可能会由于垄断获利不菲，但一旦有竞争对手，就不见得是实力强劲的企业，而这样的局势对中国企业的发展很是不利。因此，在我看来，我很希望中国的经济改革能够持续，仅仅把国有企业改制成股份有限公司，这样的改革力度是不够的。因为如果没有引入竞争性企业，私有企业或者国有企业虽可能会因此获利，但是无法变得更加强大。

张梅：根据商务部的统计，改革开放以来至2007年底，中国引进外资中的近65%是来自海外华侨华人。可是现在海外华商企业面临没有接班人的问题，请问您怎么看待这个问题？

柯伟林：说到海外华商的家族企业，我认为这是一种很不错的商业模式，中国政府引进华侨华人资金从中获益颇丰，比如说正大集团就是海外华商向中国投资的很好的例子。事实上，这些家族企业中，有一些是非常成功的。如果我们倒回到200年或者300年前，我们会发现中国的家族企业几乎遍及了整个东亚，甚至遍及了美国、欧洲，这就是中国的伟大力量所在——作为中国人，你可以生存在世界的任何地方，你可以在世界的任务地方受教育，在任何地方做生意，同时，你还可以与中国保持紧密的联系（不管是投资方面的联系，还是教育方面的联系抑或其他方面的联系）。中国是一个国家，某种意义上它又是一种文明，这是与其他国家情况非常不同的，就像我课上所说的，当中国人需要祖国时，他们总会回国寻求帮助。可是对比之下，俄罗斯移民离开自己的故土之后，他们就再也不会回去了，他们可能会去以色列，会去美国、德国、英国，但不会回去。所以我认为海外侨胞这个群体对中国经济社会发展来说是一支非常重要的力量。

张梅：您认为解决海外华商家族企业的传承问题将来应该往哪个方向走？

柯伟林：我觉得有一个思考方向，就是这些家族企业对女性成员的力量还没有足够重视起来。这可能是出于传统习惯的考虑，但是我觉得形势是会变的。你会发现，今天中国称自己为 CEO 的人中，有 20% 是女性，这个比率是美国的两倍。这很可能是因为中国的女性在政治上、军事上发展前途有限，所以她们就只能在商业上崛起了。当然，这也可能是独生子女政策带来的一个意料之外的收获吧。家族企业现在全球到处都是，我认为，在世界任何一个地方，75%—80% 的企业都是以家族企业的形式存在的，家族企业其实是主导经济发展的一个企业形式，对于社会、国家都有很深远的影响。家族企业有一些共有的现象。事实上，关于海外华商家族企业的接班人问题，我觉得，不同家庭成员去共享这个企业，或者不共享这个企业，或者什么时候开始让职业经理人去进行管理以及这些职业经理人的职责是什么，还有他们的所有权怎么样，或者是由自己家人进行管理，这些要依据具体情况而定。事实上，我希望中国本土的家族企业也能变得像海外华商家族企业一样成功，可是以前的独生子女政策让这点变得有些困难。

二 和平崛起的中国能否领导世界

张梅：党的十八大召开以来，以习近平同志为核心的党中央提出了实现中华民族伟大复兴中国梦的奋斗目标,您如何看待中国梦?

柯伟林:在我看来,此前的中国领导人如孙中山、袁世凯、蒋介石、毛泽东、邓小平提出的"富强""重振国邦""自立于世界民族之林"等概念,从某种意义上来讲,与中国梦有相近之处。事实上,自孙中山以来,中国的历届领导人都曾谈到民族复兴。特别是在20世纪40年代后,中国摆脱了帝国主义强加的一系列不平等条约,结束了中国近代的屈辱历史,这一愿望更加强烈。

很多中国人认为中国梦很大程度上是指国家的荣誉,强调集体、国家、民族,而美国梦主要是个人主义的表现。其实从物质方面来说,美国人谈论美国梦时,跟中国人谈论中国梦有很大程度上的相似,比如要有自己的房子、自己的车子,子女能上大学、接受高等教育等。就个人生活追求而言,中美两国人民其实是大同小异的。当然美国梦与中国梦还有另一个差异,即任何一个美国人,无论贫富,无论贵贱,在理论上都有成为美国总统的可能性——当然这也可能是一个梦想、一个神话,因为美国社会现实并非如此,这一点你通过观察美国的总统竞选也可以发现,这和中国的高考有相似之处,即理论上每个人都能参加高考,进入优质的大学,但现实是,如果你的父母并没有受过良好的高等教育,或者你的家庭中没有这样的资源,那你在高考中也不见得会有很强的竞争力(当然这在美国也是如此)。

说到中国梦,不可避免要谈到中国崛起,在我看来,中国崛起是必然的,但是实现中华民族伟大复兴中国梦仍然要建立在20世纪中国发展的基础之上。其实,无论是中国梦,抑或是美国梦,最大的挑战在我看来都是如何凝聚和激发社会精英人士的力量。中美两个社会中的精英人士都处于一种迅猛增长的状态,甚至中国的精英人士增长较美国要更加迅速,可是,你看中国,例如北京大学、清华大学,来自贫困家庭或者农村家庭背景的学生比例却在逐年递减——那些来自农村的学生拥有的教育资源甚至可能还不如其祖父辈们当年拥有的多。因此,这将会是一个问题。

张梅:您对中国的未来发展有什么样的预期?据我所知,您与您的哈佛同事合著了一本新书《中国能领导世界吗?》,该书探讨了中国领导世界的可能性以及面临的障碍。请问,您如何看待中国的和平崛起?

柯伟林:在我和同事合著的新书《中国能领导世界吗?》中,我们认为,中国的崛起并不是近10年、20年或30年的事情,而是已有近百年。我们认为当代中国是自中华民国和毛泽东时代的中华人民共和国以来百年国家建设的结合,甚至对于中国现代经济,例如上海、宁波等城市的发展起源,我认为还要追溯到更早的晚清和民国初期。当时中国是世界经济增长的中心,拥有世界最有活力的私营经济,如我开始所言,事实上中国很早就融入了世界体系,是世界潮流不可或缺的重要组成部分。同理,在教育方面,在我看来,中国目前增长很快的优质大学(有些在世界排得上名次,有些在努力成为世界前列学校),不是一夜之间形成的,很多都成立于一百多年前,拥有国际背景和合作关系。例如北京大学、清华大学,1949年前后撤并的中央大学,私立金陵大学、燕京大学等。

我认为,当前中国的基础设施建设在世界上居于首位,你看看当前中国的高铁建设、地铁发展、电信设备等就会明白我的意思。事实上,孙中山先生在20世纪20年代的《实业计划》中提及的铁路建设项目等在今天的中国早已实现。现代中国还催生了一大批有创业精神的企业家，例如阿里巴巴的创始人马云。在教育方面中国的发展势头也很迅猛，中国大学的毛入学率现已超过了20%，有3000万在校大学生，中国已经进入了教育大众化时代。私立高等教育在中国正迅速崛起，世界知名学府都到中国来开拓市场，国际合作办学在中国方兴未艾，例如这些年开办了中欧工商学院、宁波诺丁汉大学、上海纽约大学、哈佛上海中心等机构，这说明大家都认为中国有很大的发展潜力，世界的未来发展应该是在中国。你知道，我是一个历史学家，我习惯从历史视角而不是仅仅从当代中国的视角来关注中国问题，所以从历史的视角来看，中国的崛起有其必然因素。

张梅：您真的认为和平崛起的中国能领导世界吗？

柯伟林：我觉得中国的地理位置可以让它从经济上和平崛起，这不需要使用武力。不过，人们常常无中生有地想象出一些敌人来。以美国为例，军方总是想尽办法向政府要资金。我对中国的未来确实有一些担忧。坦率地说，现在中国的对外投资已经遍及全球，特别是在南亚、非洲一带。然而就像美国曾经经历的那样，我担心中国会抵挡不住在这些地方建军事基地的诱惑，而建军事基地必然会带来混乱。如果你仔细看一下美国近50年的历史，你就会发现美国真是哪里都想插一手，但是在哪里都是白费力气！所以，我认为中国需要从美国的历史中吸取教训，我担心中国会陷入跟美国一样的困境——挣扎不已，赢不了却又想不明白哪里出了错。这是美国现在真实的处境。

三　中国的地缘政治与新时期中美关系

张梅：自第二次世界大战以来，中国一直是国际治理中

的积极力量。现在，随着中国经济的日渐强大，中国在全球政治、经济和文化领域发挥越来越强大的国际影响力。可是，近期中国与周边国家和地区的纷争不断。请问，您怎么看待中国今天的地缘政治和周边关系？最近国际社会对中国政府在外交方面的新政策反应比较积极，您如何看待新一届中国领导人在治理国家方面的一系列新政策？

柯伟林：说到中国的外交政策，我觉得中国自 1979 年对越战争以后，就一直是非常谨慎的。中国积极地团结邻国，与世界其他国家寻求合作关系，中国是联合国中积极的一员，正如 1920—1930 年中国在国际联盟中有着重要作用一样，现今的中国也在各大国际组织中占据着中心地位。我总是对我的中国朋友们说，以我看来，中国正处于现代史上最有利的战略地位，中国现在完全没有敌人，因为没有任何一个国家能真正对中国的领土安全构成威胁。以前中国的领土还有可能受到俄国、日本等国的威胁，可是现在这两个国家已经根本不能对中国构成威胁了。中国台湾也不构成威胁，越南、印度更不是威胁，中国的边境现在不存在威胁。中国过去 35 年来的繁荣发展是由长时期的和平稳定的局势带来的，这段和平时间是自鸦片战争以来最长的一段和平时间。所以只要这种和平局势不受威胁，中国的安全和繁荣也就不会受到威胁。

我觉得中国现在没有必要为了很小的利益跟周边的国家把关系搞僵。中国的南海问题可能在某种程度上有象征的意义，但是你要知道自从中国 20 世纪 30 年代划定南海版图之后，就再也没有人能在南海宣示主权了。

张梅：您怎样评价当前的中美关系？在习近平主席访美后，我们能否说中美双边关系到了一个极为重要的时刻？您对未来中美关系的发展有着怎样的预期？

柯伟林：我认为中美关系是世界上最重要的双边关系，我觉得双方对形势都要有一个清晰的判断，在一些领域要坚持合作。先前你问过我有关中国和美国网络战争的问题，事实上，在这个问题上，中美双方显然都存在误判。我觉得解决这一问题不是美国政府去了解中国的企业或者中国的政府、军队做什么，然后他们做跟中国一样的事情，而是双方政府要达成一系列一致的意见，让这场竞争停下来，因为只要努力，这场竞争是可以被停止的。此外，我认为，中美双方在环境问题上的合作非常成功。奥巴马总统和习近平主席在环境问题上起到了国际性的领导作用，这对于两国来说都极为重要，在这些问题上中美双方必须要团结合作，因为如果中国和美国不做出相应行动的话，那么其他国家就更不可能做出点什么了。

但是，我认为中美两国在一些政治问题上会持续存在争端，因为两国的政治体制差异太大了。现在在中美两国都有一些事件。我希望特朗普（Donald Trump）先生不要赢得大选，因为特朗普先生代表了美国的新民族主义（Neo-nationalism），我觉得他的思想是很危险的。中美关系现在的挑战就是中美双方要尽可能在众多有着共同利益的领域形成合作，比如贸易、投资领域等。我可以给你举例说明某个政策是怎样既损害了中国的利益又同时损害了美国的利益的。以 Google 为例，我们都知道，Google 离开了中国。我觉得 Google 与中国政府的协商做得非常差劲，他们确实不得不走。但问题是，中国没有了 Google，百度的发展也就变得很不令人满意了。百度确实也不错，但是怎么说都没有 Google 强大。没有了 Google，百度在中国就没有了竞争对手，它也就不可能更上一层楼，成为一家更好的公司。这是一个商业悲剧，中国的公司本来有可能成为国际领先者，但是他们需要来自国际上的真正的竞争对手的刺激。这也是为什么我非常欢迎中国的企业家投资进驻美国，因为这可以提高美国公司的竞争意识。总之，我认为中美双方都应该对对方的意图有清晰的理解。

附录　本卷采访人、合作者简介

曹鉴，哈佛大学公共卫生学院流行病学系在读博士生，2007年毕业于清华大学生物科学与技术系，获理学学士学位，同年获北京大学中国经济研究中心经济学双学士，并赴美攻读流行病专业，2009年于美国哥伦比亚大学获得公共卫生硕士（MPH）学位。2009年6月加入"中国项目部"，担任研究助理。曾实习于可口可乐公司健康与饮料研究所、联合国儿童基金会总部健康司、纽约卫生厅传染病处、中国疾病预防控制中心等。主要研究兴趣为肿瘤流行病、疾病预防控制和卫生体制改革。2013年获得哈佛大学公共卫生学院博士。目前担任圣路易斯华盛顿大学（Washington University in St. Louis）医学系助理教授。

陈津竹，女，1985年生于浙江省杭州市。2002年9月至2003年6月就读于清华大学中外文化综合班，之后转入英国牛津大学经济和管理专业，并于2006年7月获学士学位；2006年9月至2007年6月在普林斯顿大学攻读金融硕士，2007—2011年在哈佛大学攻读经济学博士，并于2009—2010年当选为哈佛大学中国学生学者联合会主席，曾任中国工商银行股份有限公司私人银行部北京分部投资顾问经理、中国民生投资股份有限公司国际板块董事、安邦保险集团股份有限公司国际中心副总经理、香港区域负责人等职。现为上海医药集团公司董事会秘书。

陈莉莉，哈佛大学牙学院博士后，华中科技大学附属协和医院口腔中心主任、教授，北京大学口腔正畸学博士、博士生导师，中华口腔医学会正畸专业委员会副主任委员，湖北省口腔医学会副会长、武汉市口腔医学会常务理事，湖北省口腔正畸专业委员会副主任委员，湖北省青联常委暨医药卫生界别副主任委员。国家自然科学基金、教育部博士点基金等评审专家。

福本智之，哈佛肯尼迪学院亚洲项目的客座研究员。福本智之在京都大学法学部获得学士学位，曾供职于日本银行，是日本银行高级金融中心的助理主任。在高级金融中心，福本智之对金融机构风险管理方向的许多研究课题进行了广泛的研究。福本智之也曾于2000—2003年在日本驻中国大使馆工作，研究中国的经济和金融体系。他对中国有广泛的了解。现在，他的研究重点是中国银行的公司治理和风险控制以及中国的金融放松管制进程。目前担任日本银行北京代表处首席代表。

胡必亮，北京师范大学新兴市场研究院院长、"一带一路"研究院院长、经济学教授、博士生导师。取得中南财经政法大学经济学学士学位、亚洲理工学院和德国多特蒙德大学联合理学硕士学位、德国维滕－赫尔德克大学经济学博士学位，在美国哈佛大学继续博士后研究。曾任世界银行驻中国代表处经济官员，亚洲理工学院研究助理，法国兴业证券亚洲公司副总裁兼首席中国经济学家，中国社会科学院研究员，中国社会科学院研究生院教授、博士生导师。北京师范大学经济与资源管理研究院副院长、院长。其研究代表作分别于1994年和2006年两次获孙冶方经济学奖、1997年获国家图书奖提名奖、2008年获第二届张培刚发展经济学优秀成果奖。

靳庆军，金杜律师事务所证券部负责人，执业领域包括金融、证券、投资、公司破产及其相关涉外法律事务。靳庆军是中国最早取得从事证券业务资格的律师之一，曾担任深圳证券交易所首席法律顾问和上市监管理事会理事；现担任诸多金融机构、证券公司、上市公司法律顾问，海外担任世界银行集团国际金融公司、美国及中国香港数家上市公司的法律顾问。靳庆军是中国法学会会员、中国国际法学会会员、中国海商法学会会员、中国政法大学兼职教授、深圳仲裁委员会仲裁员、中国国际经济贸易仲裁委员会仲裁员、华盛顿上诉法院中国法律顾问、深圳证券交易所上诉复核委员会委员，曾任中华全国律师协会WTO委员会委员、中华全国律师协会涉外委员会副主任、环太平洋律师协会会员。靳庆军毕业于安徽大学外语系（1982年获英美文学学士学位）和中国政法大学研究生院（1987年获国际法专业法学硕士学位），2009年在哈佛肯尼迪学院研修经济法律。曾在英国克莱德联合律师事务所（Clyde & Co）律师行以及中国香港马士打律师行工作。现任上市公司金地集团股份有限公司独立董事。

李希强，哈佛大学肯尼迪大学商务与政府中心研究员。先后在波士顿和纽约从事跨国并购、股票分析和投资银行业务。曾代表中国政府参加世界贸易组织多哈回合谈判，并赴美国、巴西和秘鲁解决贸易纠纷。2002 年获得第七届全国英语竞赛一等奖。

李琦玫，毕业于安徽大学外语系。大学讲师，1988—1998 年在深圳发展，从事金融工作。从 2001 年起一直在美国从事教学工作。

李维刚，山东莒县人，先后获得山东理工大学经济学学士、复旦大学经济学硕士、美国哈佛大学公共管理（国际发展）硕士和上海交通大学管理学博士。其中，2007—2009 年以全额奖学金就读于哈佛大学肯尼迪政府学院。2002—2007 年，他曾就职于上海市国有资产监督管理委员会。2009 年先后任上实（上海）管理有限公司投资部副总经理、上海市国资委处长助理。现在香港担任上海实业控股有限公司投资管理部副总经理。李维刚的主要研究兴趣为国际金融与资本市场。

李扬，对外经济贸易大学国际关系学院讲师。李扬出生于河北省唐山市，于 2002 年 9 月进入北京科技大学文法学院社会工作专业学习，2003 年 9 月转入北京科技大学经济管理学院攻读工商管理专业学士学位，2006 年 9 月以优异的成绩保送至清华大学公共管理学院公共管理专业直接攻读博士学位。2008 年 6 月，李扬获得国家留学基金管理委员会全额资助，到哈佛大学肯尼迪政府学院艾什民主治理与创新中心主任进行为期 1 年的学术访问。其主要研究方向是中国能源外交战略与政策、国际能源政治与经济、美国问题研究等。

李湛，哈佛大学统计系博士。其研究主要集中于统计学在各个领域的应用，如信用风险模型、中国环境和能源问题模型等。李湛于 2005 年在复旦大学取得学士学位，2007 年在哈佛大学取得硕士学位，于 2010 年取得哈佛大学博士学位。

刘强，研究员，中国社会科学院数量经济与技术经济研究所资源技术经济研究室主任，全球能源安全智库论坛秘书长。约翰·霍普金斯大学高级国际研究学院（SAIS）中国研究系访问学者，曾在鲍泰利教授指导下进行中美经济政策互动机制方面的研究。

刘涛，男，1982 年生于山东省胶州市，复旦大学中文系现当代文学博士，2008 年 9 月至 2009 年 9 月在哈佛大学东亚语言与文明系访学，主要研究方向为中国 20 世纪文学、电影和西方美学。曾任中国艺术研究院副研究员，中国现代文学馆客座研究员。曾在《学术月刊》《南方文坛》《当代文坛》等发表论文数十篇。

马晶，中美健康峰会组织主席兼秘书长、哈佛医学院人群医学系中国健康创新与转化中心主任，哈佛大学医学院医学副教授，现在哈佛大学医学院附属布莱翰妇女医院（Brigham and Women's Hospital）的钱宁研究所（Channing Laboratory）任职。马晶教授于 1983 年毕业于武汉同济医学院，1993 年在明尼苏达大学获博士学位。自 1994 年起，马晶一直参与著名的哈佛长期队列研究（美国护士健康队列研究、医生健康队列研究），并在生物标记与癌症、冠心病等慢性疾病的研究领域学有专长。迄今她共发表了 100 多篇学术论著，担任美国国立卫生研究院（NIH）、美国国防部（DOD）资助的多项大型课题的首席研究员。马晶最著名的研究贡献在于揭示癌症发病过程中营养元素（如维生素D、硒、叶酸及维生素B_6）与激素和生长因子（如胰岛素和类胰岛素生长因子）的作用及其与遗传变异的相互作用。她首先发现癌症的多个生物通路，可以作为将来化疗或化学预防的治疗靶标。她最近研究兴趣主要关注肿瘤发展及癌症生存中肥胖与炎症因子和脂肪细胞因子的作用，以及其他促成和可用于干预肿瘤发展与转移进程的因子。马晶是美国国立卫生研究院和美国国防部研究项目课题评审委员会委员，并担任国际性杂志《癌症病因及控制》（*Cancer Causes & Control*）的副主编。

王洛忠，山东临沂人，管理学博士，北京师范大学学生工作部部长兼政府武装部部长、管理学院教授、博士生导师，哈佛大学肯尼迪政府学院访问学者（2009年1月至2010年1月），主要研究方向为公共政策分析、行政体制改革，先后承担国家社科基金、北京市"十一五"社科规划项目等课题；在《中国行政管理》《理论前沿》《新视野》等学术期刊发表专业论文近20篇；为本科生、研究生讲授《行政管理学》《公共政策分析》《人力资源管理法律基础》等课程。曾荣获北京师范大学"优秀辅导员"（2005年）、第十届青年教师教学基本功比赛一等奖（2006年）、学生工作先进个人（2008年）、励耘优秀青年教师奖（2008年）等校级奖励和荣誉称号；荣获北京市高校优秀辅导员（2006年）、第五届青年教师教学基本功比赛文史组一等奖（2007年）、北京市"教育创新标兵"（2008年）等市级奖励和荣誉称号。

吴静，中国疾病预防控制中心慢病中心副主任（主持工作），研究员，研究生导师。北京大学医学部流行病学与卫生统计学博士，哈佛大学公共卫生学院博士后（2007—2009年），曾任中国疾控中心慢病社区处副处长、处长，也在中华人民共和国卫生部卫生统计信息中心和卫生部医改办公室任职。

张冠梓，男，1966年8月出生，山东省苍山县人。现任中国社会科学院青年人文社会科学研究中心理事长、研究员、博士，2008年至2009年8月在哈佛大学肯尼迪政府学院做访问学者曾任中国社会科学院人事教育局局长、东莞市常委（挂职）、市政府副市长等。目前担任中国社会科学院历史理论研究所党委书记。主要从事中国传统法律文化、中国少数民族法律文化、法律人类学等领域的研究。

张颖，女，出生于湖南省岳阳市。本科就读于复旦大学社会学系，毕业后曾先后在南非和英国政府部门工作，并在业余时间积极参与当地弱势群体能力建设。2007年赴美国哈佛大学肯尼迪政府学院攻读公共政策硕士学位，并于其间担任肯尼迪学院社会企业社团主席。2009年毕业之后奔赴四川，在当地的天然气开发项目中负责社区发展方面的工作。

赵瑾，女，中国社会科学院研究员、博士生导师，哈佛大学肯尼迪政府学院访问学者。主要研究领域为国际贸易、国际投资、日本经济、中国对外开放、中美经济关系等。研究成果多次获奖，包括中国社会科学院优秀决策信

息一等奖、商务部专著奖、中国国际贸易学会优秀论文一等奖、中国国际关系学会优秀论文奖、安子介国际贸易奖等。

张国祚，中国文化软实力研究中心主任，国家文化软实力研究协同创新中心主任，中央马克思主义理论研究和建设工程"国家文化软实力建设研究"第一首席专家，《文化软实力》主编。教授，博士，博士生导师。中国知名学者、马克思主义理论家、中国文化软实力研究的领军人物，诗人。长期从事理论研究和宣传工作，在中国化马克思主义、文化软实力、意识形态问题、国际问题、科学哲学等领域发表过许多有影响的论著。先后被清华大学、北京大学、中国人民大学、北京师范大学、武汉大学、厦门大学、湖南大学、四川大学等高校聘为特聘教授或客座教授。曾任中宣部理论局副局长、全国哲学社会科学规划办公室主任。

张梅，国务院侨务办公室侨务干部学校副教授，国家留学基金委公派美国哈佛大学访问学者，中国与全球化智库研究员，在哈佛访学期间就中国政治、经济问题与多位学者交流，载于《华中科技大学学报》《环球时报》等学术期刊、报刊。

张泽，女，陕西西安人，中国社会科学院法学系在读博士生，研究方向为传统法律文化、法人类学，获香港中文大学硕士学位，曾工作于金杜律师事务所，西安某法院。